LIFE IS
in the
TRANSITIONS

布魯斯・費勒◎著　吳凱琳◎譯
BRUCE FEILER

獻給下一代：

馬克思、海莉、伊登、奈特、馬雅、猶大與伊薩克

說出你們的故事。

「人生會經歷不同轉變階段與過渡期。」

——威廉・詹姆斯（William James），美國心理學家

目次

每個人的故事不盡相同，但其實反映了同一件事：人生被打亂，夢想破滅，自信心被擊潰。我跑遍全美各地，四處尋找願意分享精彩人生故事的人；我花費好幾個小時採訪這些人，聽他們訴說生命的轉變、中斷與重生；然後找出這些故事的模式與意涵。這些故事呈現了許多你難以想像的人生經驗：失去雙腿、丟了工作、沒了家園；改變宗教信仰，轉換生涯跑道，改變性別；有人成功戒癮，有人離婚，有人退出邪教；還有許多人經歷了希望、再生、復原的轉變過程。線性人生已不存在，非線性人生會經歷多次轉變，人生轉變是一種技能，我們可以、也必須學會這項技能。

第一部　你的人生形態

THE SHAPE OF YOUR LIFE

作者說明：

書中引述的採訪內容都有錄音與逐字稿紀錄。為了遵循學術界對於人生故事採訪寫作的長期傳統，我允許受訪者使用他們自己的語言講述故事。我沒有為了尋求其他觀點，聯繫故事中提到的人。我的整體想法是尊重、仔細考量與分析每個人的人生故事；我也清楚，關於故事中提到的事件，其他人可能會有不同的詮釋。

我除了在書中大量引述我蒐集到的故事，也會大量引用敘事心理學、正向心理學、應用神經科學、社會學、人類學、經濟學、混沌理論，以及歷史、哲學、文學與藝術史等領域的文獻，我將隨章列出本書中所有引述內容與參考文獻。

前言：人生故事專案

當童話故事變調，會發生什麼事？

INTRODUCTION: THE LIFE STORY PROJECT
What Happens When Our Fairy Tales Go Awry

以前我一直相信，通電話不會改變人生，直到某一天我接到一通來電，我的人生就此轉向。是我媽打來的。「你爸企圖自殺。」

「他做了什麼？」

她立即跟我解釋，但我沒有很認真在聽。我只聽到她說浴室、刮鬍刀，用力刺進自己身體，一心求解脫。

「我的老天。」

「這不是最後一次。後來有一次我在炒蛋，他就想要爬出窗外。」

身為作家，常有人問我，我是不是跟父親學會寫作的。並不是。我爸爸為人超級友善，眼神散發著光芒，我們都稱他是專業的薩凡納人（Savannahian），薩凡納是位於喬治亞州的濱海城市，我爸在這裡生活了八十年。不過，他很願意傾聽、行動力強，卻拙於言辭、寫作。他是海軍退役人員、民間領袖、南方民主黨員，他這一生從沒有陷入憂鬱過。

直到後來他得了帕金森氏症，這個疾病會影響一個人的行動能力和心情，我祖父晚年也罹患相同疾病，在我中學畢業前一個月，他朝頭部舉槍自盡。有好多年我爸爸向我們保證，他絕不會和他爸一樣。「我知道那樣做會令親人痛苦和羞恥。」

但是後來他改變想法，至少改變了他能控制的部分想法。「我的人生已經圓滿，」他說。「我不想別人哀悼我；我希望大家為我慶祝。」

接下來十二個星期，我爸爸六度想要結束自己的生命。我們嘗試所有能想到的治療方法，從諮商到電痙攣療法都試過了。但是我們一直無法解決他的核心難題：他已經失去了活下去的理由。

我們家人都非常有執行力，所有人全跳下來幫忙。我哥哥接手家族房地產事業，我妹妹幫忙研究各種藥物療法。

但是，我是說故事的人。過去三十年，我一直努力蒐集賦予我們人生意義的故事，從遠古世界的部落集會，到現代吵吵鬧鬧的家庭聚餐。我一直很想知道，在社會層面，故事會如何凝聚與分化群眾；在個人層面，故事又會如何定義我們或是減損我們的自我價值。

正因為如此，我開始懷疑：如果我父親的問題（或者說部分問題）是不知道如何述說，那麼或許他需要的是找到方法解決敘事難題。或許父親需要一點生命火花，重新啟動他的人生故事。

某個星期一早晨，我坐下來，做了一件我能想到最簡單、最能夠幫助我父親恢復健康的事。

我傳了一個問題給他。

小時候你最喜歡什麼玩具？

接下來發生的事不僅改變了他，也改變了他身邊的每個人，促使我重新思考，我們要如何同時創造生命的意義、平衡與歡樂。

我會在這一章描述接下來發生的事情，以及我們從中獲得哪些啟發。

這是一則關於人生故事專案的故事。

你的人生故事

現在，先暫停一會，靜靜聆聽你腦海中浮現的故事。它就在那，在某個角落，在內心深處。當你第一次見到其他人，你會對他們說這段故事；當你造訪某個有意義的地方、當你翻閱老照片、當你慶祝達成某個成就、當你趕去醫院時，你會告訴自己這段故事。

這個故事透露了你是什麼樣的人、你來自哪裡，以及你對未來懷抱什麼夢想。

它代表了你人生的高峰、低谷與轉捩點。

它說明了你相信哪些事、為了哪些事奮戰、最看重哪些事。

它是你的人生故事。

那個故事不僅成了你的一部分。從本質上來說，它就是你。

你的人生，就是你對自己描述的故事。

但很重要的一點是，你要如何說這個故事？你究竟是英雄、受害者、愛人、戰士、照顧者或是信仰者？更重要的是，你要如何改編這個故事？也就是當你的人生出現變化、偏離常軌或是出了差錯時，你要如何修改、重新思考、重新撰寫你的個人敘事？

最近我發生了一件事，促使我開始關注這些議題：我無法控制盤據在我腦海裡的故事。有段時間，我不知道自己是誰，我不知道何去何從。

我迷失了。

直到此刻我才明白：雖然這幾年說故事的議題愈來愈引起學術界與大眾興趣，但是提到個人說故事，卻很少人關注其中一個面向：當我們的人生劇情出差錯時，會發生什麼事？如果這段期間，我們接連遭遇各種不幸、不斷搞砸事情或是財富縮水，人生受到受到束縛，會發生什麼事？一旦我們的童話故事變調，會發生什麼事？

這就是那年秋天發生在我父親身上、在我生活周遭，以及在某個時間點發生在我們所有人身上的情況。

我們困在樹林裡，走不出去。

不過這次我決定要做一點事情。我要開始學習如何脫困。

我如何成為人生故事家（lifestorian）

接下來我做的就是在國內四處旅行，蒐集數百則尋常人物的人生故事，然後從中篩選出在我們人生出現轉變時，能引領我們繼續前進的故事主題和重點。我之所以這麼做是有原因的。

我出生於喬治亞州薩凡納市，是第五代南方猶太人，所以我身上同時承襲了兩種外來移民的說故事傳統。長大後我離開南方，前往北方讀大學，大學畢業後搬去日本。我住在一個小鎮，距離東京遙遠，像是生活在另一個平行時空，我開始用皺巴巴的航空信紙寫信回家。你一定不相信今天我發生了什麼事。不論我去哪兒，每當我回到家，人們都會說，「我很喜歡你寫的信。」

「太好了，」我說，「我們見過嗎？」

原來是我祖母影印我的信傳給大家看。那些信件透過老派方法，像病毒一樣被四處傳閱。我心想，如果這麼多人覺得內容很有趣，我應該寫成書。我的運氣不錯，順利簽下出版合約。更重要的是，我因此找到了自己的使命。說故事讓我能夠探索自我，用條理清晰的形式說出我為何感到不安、為何覺得自己是外人。

接下來二十年，我寫了很多故事，包括書籍、文章、電視節目，故事內容來自六大洲、七十五個國家的人物。我花了一年擔任馬戲團小丑，又花了一年與葛斯．布魯克斯（Garth Brooks）〔i〕一起巡演。我重新回想人類史上廣為流傳的偉大故事，從諾亞方舟到出埃及記等等。後來我結了婚，成為一對同卵雙胞胎女孩的父親。此時我的人生正在上坡路上。

隨後我經歷了一連串人生歷練，我的人生不再是線性發展，徹底打破了我有能力掌控自己人生敘事的幻想。

i　美國鄉村音樂歌手，二〇二一年曾受邀在拜登的總統就職典禮上演唱〈奇異恩典〉（Amazing Grace）。

首先，我的左腿診斷出罹患罕見的惡性骨癌。我的病相當非線性，屬於成人型兒童癌症。我經歷了殘酷的一年，接受十六次以上化療和長達十七小時的手術，切除我的股骨，改用鈦合金替代，小腿肚的腓骨被移植到大腿上，這段期間死亡陰影一直籠罩著我。有整整兩年，我必須拄著拐杖走路；接下來一年，改用手杖。此後我每踏出一步、每吃一口東西、每一次擁抱，都會感到恐懼、脆弱。

後來我幾乎破產。我父親辛辛苦苦創立的房地產事業，因為經濟大衰退（Great Recession）嚴重受創。傳承三代的夢想被澆熄。我的存款也已見底。但是屋漏偏逢連夜雨，我工作二十年的出版業因為網路興起遭受巨大衝擊，朋友一個接著一個失業。一星期有三個晚上我會突然驚醒，臉色發白、直冒冷汗，雙眼盯著天花板發呆。

接下來就是我爸多次企圖自殺。那年秋天我們幾乎無法好好溝通，很難找到適當的話好好討論當時面臨的抉擇。不過對我來說，這段經歷有種強烈的熟悉感。我想起每當我面臨危機時都會做出相同反應：一旦生活出現動盪，我就會轉向敘事。我覺得說故事是回應挫折的好方法。〔1〕

如今這個觀念早已被大眾接受。一年前，我開始研究一本探討高功能（high-functioning）家庭的著作，某天我前往埃默里大學心理學家馬歇爾．杜克（Marshall Duke）的住家拜訪他。馬歇爾和同事羅賓．菲伍仕（Robyn Fivush）長期研究某個重要現象，這個現象最早是馬歇爾太太莎拉發現的。莎拉是特教老師，她發現她指導的學生若越理解自己的家族歷史，就越能掌控自己的人生。於是馬歇爾和羅賓設計了一份問卷以驗證他們的論點：你是否知道你的祖父母在哪裡相遇？你是否知道你父母年輕時得過什麼疾病、或是受過什麼傷？你是否知道你出生時發生了什麼事？得分較高的小孩，比較相信自己可以掌控周遭環境。這是預測小孩能否擁有情緒幸福感（emotional well-being）的第一項指標。

為什麼了解家族歷史能夠幫助你掌控自己的人生？「所有家族敘事（family narrative）都不脫以下三種類型。」馬歇爾解釋。第一種是向上流動型家族敘事：我們是白手起家，努力工作之後，終於飛黃騰達。第二種是向下流動型家族敘事：我們曾經擁有一切，後來失去了所有。

接著他說：「最健康的敘事是第三種。」他稱之為振盪型家族敘事。我們家族的發展有起有落。你祖父是銀行副總裁，但是他的房子被大火燒毀。你阿姨是第一位上大學的女孩，但後來得了乳癌。小孩如果知道人生會有各種樣貌，就更能做好準備，明白遭受打擊在所難免。

我看到這項研究之後，簡直喜出望外，後來我在《紐約時報》刊登了一篇文章探討這項研究，讀者也覺得很興奮。這篇文章標題為〈將我們凝聚在一起的故事〉（The Stories That Bind Us），用現在流行的話來說，這篇文章簡直被瘋傳。世界各地的父母、學者和各界領袖都向我反映，他們全都印證了一點：故事能夠將我們凝聚在一起，讓不同世代之間產生連結，在看似最無望的時候，讓我們有勇氣去冒險，翻轉人生。[2]

那年秋天我原本已覺得人生無望，但上述想法給了我希望。如果我讓我爸開口說出自己的故事，會怎麼樣？不需要太長，我心想；一、兩頁就好。我問他第一個問題，也就是小時候他最愛的玩具是什麼，沒想到真的奏效了。所以我接著問他第二個問題。你跟高中的朋友還有聯繫嗎？然後是第三個：你小時候的住家是什麼樣子？當他變得更有自信之後，我會在每星期一早上用電子郵件問他問題。你後來怎麼加入鷹級童軍（Eagle Scout）？[ii]怎麼加入海軍？怎麼遇到媽媽的？

那時候我爸的手指已經無法動彈，所以不能打字。他會花一整個星期思考問題，然後對著Siri口述他的故事，接著把草稿列印出來修改。他這輩子熱愛收集各種東西，於是開始加上照片、新聞剪報、寫給我媽的情書。他的寫作越來越大膽，我的問題也越來越深入。你最後悔的事情是什麼？你如何熬過第一次低潮？整個過程持續了四年，後來我父親開始寫自傳——以前他可是從未寫過比備忘錄還長的東西。這是我們家人在他身上見過最明顯的轉變。

要如何準確解釋這個轉變？為了更深入理解，我開始研究與說故事有關的神經科學與生物化學理論；我採訪了多位專家，請他們談談人生回顧（life reminiscence）產生的心理與情感效益；追查早期建立敘事老年學（narrative gerontology）、敘事青春期（narrative adolescence）與敘事醫學（narrative medicine）等學科的先驅。我發現，這個領域的研究歷史雖然不長，但是發展迅速，它的核心思想是：重新想像、重新建構我們的個人故事，是擁有充實人生的關鍵。

但是，我認為目前的研究仍有所不足。包括我父親、我自己以及我認識的所有人在內，我們經歷的某個面向似乎沒有被討論到。但是馬歇爾認為，這個被忽略的面向，是家族故事的關鍵要素：故事的形態。

我開始思考，我們的個人敘事就和我們的家族一樣，會有各種形態。每個人的心裡都有一套默認的假設，這些假設決定了我們對人生的期望。這些期望來自四面八方，對個人的影響比我們以為的還要深刻。例如，我們一直被引導，深信自己的人生會一直往上爬，卻不會料想到，原來人生會有高低起伏。社會告訴我們，我們會不斷進步，而且樂在其中，可是實際經驗卻告訴我們，我們會因為犯錯而懊惱。這種落差或許能解釋，為什麼這麼多人感到焦慮。

我萬萬沒想到，這些問題竟然全在某一天同時爆發。那天我正要去參加大學畢業三十週年同學會。可是之前我不小心閃到腰，我同學大衛剛好跟我一樣也住在布魯克林，便提議開車載我過去。我心想，正好可以和同學聊聊近況。沒想到，那天大衛正要成交一筆數百萬美元的房屋買賣，他一邊開車，一邊忙著跟情緒亢奮的律師、快要抓狂的同事來回通電話。而且就在前一天，大衛的某個生意夥伴九個月大的寶寶，在睡午覺之後再也沒有醒來。大衛一方面沉浸於成功的喜悅之中，另一方面又覺得心痛。

當天下午，我要主持一場傑出同學座談會。我事先蒐集了這些同學的履歷，每份履歷表都寫得有條有理，讓人印象深刻。但是，大衛分享的故事讓我震撼不已。於是我走上台，面對禮堂內滿座的觀眾，拿起履歷表，直接撕成兩半。「我不想聽你的成功故事，」我說，「這些故事說給你媽聽。我想要知道你有哪些掙扎、哪些挑戰、晚上為了哪些事情睡不著。」

那天傍晚，八七年畢業的校友齊聚在大型帳篷內。帳篷的一端設置了酒吧，另一側擺放了烤肉架。我花了整整兩個小時才從這一頭走到另一端，因為不斷有同學來告訴我他們的心碎故事。

我太太因為經常頭痛而去了醫院，隔天早上就走了。

我十三歲的女兒割腕。

我媽酗酒。

我的老闆是無賴。

ii 鷹級童軍是美國童軍的最高榮譽。

我被指控怠忽職守。

我正接受憂鬱症治療。

我好害怕。

每個人的故事不盡相同，但其實反映了同一件事：我的人生被打亂，我的夢想破滅，我的自信心被擊潰。以前有人告訴我，人生會往上爬、是可預期的，「只需要一顆藥丸、一個應用程式、或是五分鐘冥想，任何問題都可以解決。」可是現在，我被迫接受人生是不穩定的、不可預測、不斷變動。這兩種敘事存在明顯落差。

我現在的人生並非是我預期的人生。

我現在的人生亂了套。

那天晚上，我打電話給我太太。「發生了一件事。再也沒有人知道要怎麼說自己的故事。我得想想如何幫助大家。」

「告訴我你的人生故事」

於是我開始做一件事：啟動人生故事專案（Life Story Project）。我跑遍全美各地，四處尋找願意分享精彩人生故事的人；我花費好幾個小時採訪這些人，聽他們訴說生命的轉變、中斷與重生；然後找出這些故事的模式與意涵。我自然而然地先從身邊認識的人開始，之後篩選的條件越來越嚴謹，我希望能涵蓋所有族群。所以我做了一件你能想像得到最老派的事：直接找人聊天；另外我也運用了最當代的方法：在客廳、臥室、醫院病房、船上、酒吧、露營車、美洲原住民保護區、百老匯劇院、方濟各會修女院等地方，採集人生故事；我會透過面對面、手機、電話、Zoom、FaceTime和Skype等方式進行訪談。

兩百年前，一生充滿傳奇的獨行俠、丹麥哲學家索倫·齊克果（Søren Kierkegaard）常會中斷獨處狀態，投入他所謂的群眾沐浴（people bath）活動：在哥本哈根街道上四處遊走，一整個下午不停與人交談，只要見到認識的人就攔住對方，或是直接占用陌生人的時間。這正是我的感覺：我等於是進行了長達三年的群眾沐浴活動。〔3〕

以下是我的成果：我總共蒐集了二百二十五則人生故事，受訪者涵蓋各個年齡層、背景與社會階層，遍布五十州。這些故事呈現了許多你難以想像的人生經驗：失去雙腿、丟了工作、沒了家園；改變宗教信仰，轉換生涯跑道，改變性別；有人成功戒癮，有人離婚，有人退出邪教；還有許多人經歷了希望、再生、復原的尋常轉變過程。以下列出部分案例：

- 華爾街債券交易員轉型為言情小說家。
- 卡車司機轉行當護理師。
- 發現薩達姆·海珊（Saddam Hussein）藏身處的美國陸軍遊騎兵。
- 兩度抗癌成功的倖存者登上聖母峰。
- 中情局分析師辭職後改行訓練搜救犬。
- 雜誌作家轉行當禮儀專員。

- 理論物理學家辭去終身教職，轉而經營自己的 YouTube 頻道「忍者性愛派對」（Ninja Sex Party）。
- 鄉村音樂創作者轉行當路德教教會牧師。
- 美國史上得獎最多的帕拉林匹克運動會選手。
- 藥廠執行長在妻子自殺後，辭職在家撫養三個兒子長大。
- 美國參議員。
- 葛萊美獎得主。
- 前白人優越主義者。
- 改過自新的酗酒者，挨家挨戶向她過去酒醉時闖空門行竊的住戶道歉。
- 三位更生人。
- 四位死而復生的人。
- 五位企圖自殺、最終獲救的人。
- 六位變性者。
- 最後是我朋友大衛的事業夥伴，他的寶寶某日午睡時過世了。

我和這些人一起完成了我所說的「人生故事採訪」（Life Story Interview）。三十多年前，默默無聞的哈佛大學博士丹・麥克亞當斯（Dan McAdams）設計了一套流程，教導人們如何進行訪談，好讓受訪者說出他們的故事，藉此了解他們如何成長及修正自我認知。丹後來成為西北大學心理學系系主任，持續投入敘事研究，至今累積了許多新發現，從青春期到老年都有。〔4〕

於是我聯繫丹，他非常熱心地在專案執行過程中提供指引。他鼓勵我採用他在一九八〇年代設計的範本，只需要針對我有興趣的議題稍做修改。「不要想著成為學者，」他說，「做你自己就好。」一如他所料，許多讓人意想不到的新主題立刻開始浮現，但是先前我在翻閱與生命歷程、人類發展及個人改變等方面的文獻資料時，都沒有看到這些主題。

沒多久我就發現，有許多前所未見的力量，正在重塑當代生活，包括科技、政治、精神與性愛層面，但是我們創造人生意義的方法卻沒有跟上。我們的人生比過去更常發生轉變，可是用來應對生命轉變的工具箱卻沒有更新，無法趕上外界變化的步伐。

我進行採訪的目的，就是要了解與應對這個現象。我的第一個提問是開放式問題：「請用十五分鐘，告訴我你的人生故事。」多數人都會花費超過一個小時。接下來，我請他們談談重要的人生時刻，包括：高峰、低谷、轉捩點；一段有意義的經驗；順利度過的重大轉變，或是沒有妥善處理的轉變。

由於「如何因應人生中的轉變」隨即成為主要議題，然而這個現象長期以來沒有被充分討論，於是我花了很多時間深入研究它。我詢問受訪者，他們人生中最重大的轉變究竟是自願發

人生故事專案：年齡

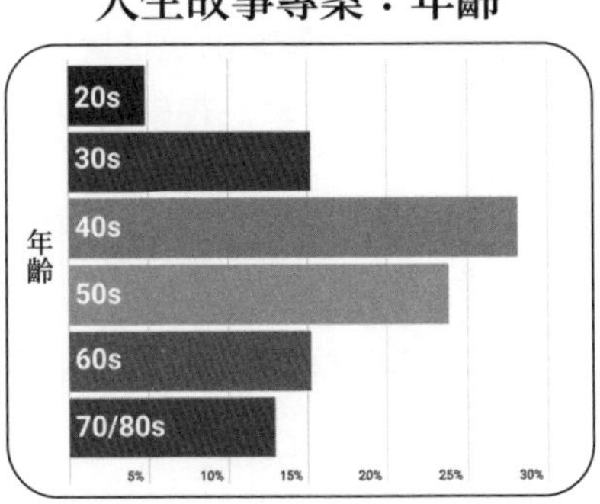

人生故事專案：地區

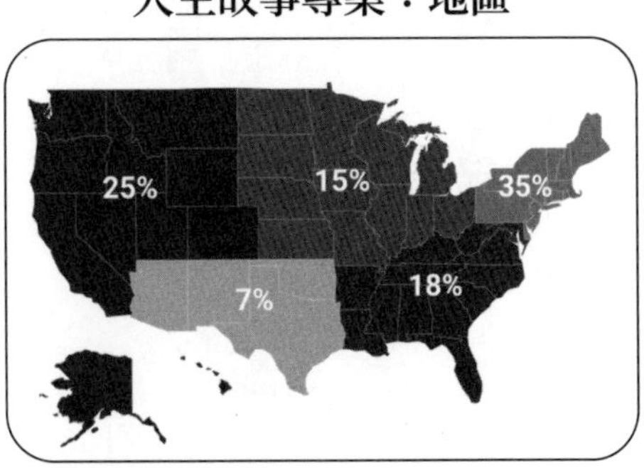

人生故事專案：職業

模仿班傑明	拉比
富蘭克林的演員	消防員
學院校長	滑冰選手
保險經紀人	水電工
市議會議員	禮儀專員
獨木舟活動業者	空服員
言情小說家	機長
堆高機駕駛	禮儀師
釀酒師	牧師
密宗性愛教育師	船員
帕奧選手	農民
兒童泌尿科醫生	除魅師
警官	麵包師傅
卡車司機	執行長
籃球教練	遊戲設計師
中情局分析師	修女
電台製作人	建築師
調酒師	學校老師
音樂家	YouTuber
美國參議員	職業曲棍球選手
彈珠台操作員	心理學家
部落客	歌曲創作者
美髮師	色情作家
喜劇演員	……

生的？還是逼不得已？他們是否會運用某種儀式，幫助自己度過這段時期？最難化解的情緒是什麼？他們如何安排時間？他們會捨棄哪些舊習慣、培養什麼新習慣？這個轉變會持續多久？

到了最後階段，我詢問受訪者，哪些重要的故事主軸決定了他們的人生。我提出我最愛問的兩個問題作為結尾，也聽到了最具有啟發性的見解。這兩個問題分別是：

回顧你這一生的每個篇章、每個場景、每個挑戰，你能歸納出某個核心主題嗎？

再用另一種稍許不同的方式回顧你這一生，你覺得你的人生屬於哪種形態？

後來我取得非常豐富的原始資料，受訪者的回答非常感人，甚至令人覺得難受。所有訪談結束後，我累積了超過一千小時的素材。所有採訪都是公開的，也都有錄音存檔，轉成逐字稿後多達六千頁，如果把所有紙張疊在一起，高度可以到達我青春期女兒的肩膀。我花了整整兩個月才讀完逐字稿。〔5〕

下一步就是挖掘這些素材。我仿效我朋友、管理大師吉姆．柯林斯（Jim Collins）與丹．麥克亞當斯的做法，組一個團隊協助我分析故事內容。〔6〕我們花了一年建立龐大的資料庫，依據五十七個變量為每則故事編碼。這些變量包括：人們覺得哪個轉變階段最困難，哪種建議最受用；什麼時候發生了決定他們人生未來的事件，他們未來的夢想是什麼。我們開了好幾次持續一整天的謀殺委員會（murder board）〔iii〕，逐一討論所有分析結果，每個想法都受到挑戰，每個人都必須重新回頭看逐字稿內容和既有的研究報告，再三確認我們的發現是否有任何疏漏。我可以自信地說，我們新發現的模式當中，有高達九十％以前從沒有人寫過。我們手上有資料可以提供佐證。

轉變即將發生

在深入探討資料與資料背後的故事之前，我想先分享一下我的整體觀察。如果我能將自己得到的啟發轉換成簡單的公式，結果如下：

iii 在接受外部採訪或質詢前召開的內部模擬會議。

線性人生已不存在

↓

非線性人生會經歷多次轉變

↓

人生轉變是一種技能，我們可以、也必須學會這項技能

我明白這些陳述聽起來有些老生常談，又有些含糊不清。你說的「線性人生」是什麼意思？你如何確定人生轉變會比以前還要常發生？如果我不知道它們是什麼，又能如何掌控它們？這麼說確實有道理。但是在我看來，趨勢非常明顯，警示燈也開始閃爍，每個人都應盡快採取行動，重新修正我們理解人生、創造人生意義的方法。

提醒完之後，我想先談談，我認為我們多數人的不安主要是什麼造成的，接下來我會說明希望這個專案達成哪些目的。具體來說，我為這本書設定了三個目標、兩個警告、一個承諾，以及一個不太可能實現的夢想。我們就先從目標說起。

首先，我要為當代生活中少有人理解的一個現象命名，這個現象嚴重影響了我們會如何看待自己：我們的人生不再遵循傳統線性路徑。在我開始執行這個專案時，如果你要我描述我的人生形態，我會說它像一條線。我的人生可以往回追溯到我的家族歷史，然後向未來延伸，過程中有起有落，而且我的人生主要是依據外在成就來定義。我以為每個人都有類似想法。

但是我錯了，錯得離譜、而且危險。更糟的是，我忽略了影響現代生活方式的核心關鍵。

當今世上最聰明的頭腦，包括那些研究電腦、生物學、數學、物理學的人，都開始理解這世界已不再遵循可預測的線性指令運轉。相反的，現在的生活充滿了混亂與複雜，有序與失序、線性與非線性時期交錯出現。觀察者看到的不再是平穩的直線，而是循環、反覆、無常、碎裂、轉折、紛亂與劇變。

我很想知道，這個新現象如何影響我們的日常生活，所以我開始詢問遇到的每個人：「你的人生形態是什麼？」大家的回答真是出乎我意料。受訪者提到的形態五花八門，包括：圓形、心形、蝴蝶、回力鏢、河流、樹林、山脈、螺旋。當我請他們解釋時，他們說出了壓抑許久的渴望、挫敗與失望，這些內心糾結全都反映在他們形態各異的個人敘事中。

以前人們相信，人生會遵循精心設定的不同階段依序發展，從兒童時期到成年期、中年期與老年期；從約會到結婚、生小孩，然後進入空巢期；從基層職務到中階職務、再到資深職務，最後退休。不過，這種想法現在看來不僅非常荒謬，而且早已過時。事實上，我們的人生並非依照預先設定好的人生階段發展，也不一定是年齡遇到十的倍數，就會面臨危機。相反的，我們這一生會遭遇各種紛亂，在我們有生之年，會經歷慶賀、挫折、勝利、重生等許多時刻。

此外，與戰後嬰兒潮世代相比，X世代的感受較強烈，千禧世代的感受又比X世代更強烈。以前人們總是認為，從青春期到老年只會擁有一份工作、一段關係、一種信念、一個家、一副身體、一種性向，但是現在這種期望徹底落伍。這就是非線性人生的本質，它會對我們的日常決策造成重大影響。

其中最大的影響是，儘管過著非線性生活可以帶來各種好處，例如擁有自由、表達自我、過自己想要的生活，不需要滿足別人的期望，但是我們一定會遭遇無數次人生轉變。因此我立下第二個目標：了解人生事件如何頻繁發生。

衝突是故事成立的前提之一。必須發生意料之外的事情，才有可能形成故事，這就是好萊塢的行話「超展開」(plot twist)，或是亞里斯多德所說的「轉折」(peripeteia)。[7]「所有人都同意，故事會開始是因為原本預期的事物狀態發生了異常，」敘事心理學先驅傑羅姆．布魯納(Jerome Bruner)說。「因為某件事出了差錯，要不然其實沒什麼好說的。」[8]換句話說，故事就是用來填補破口的工具。

完成訪談之後，我發現了一個重要事實：近幾年這些擾亂(disturbance)出現的頻率急速增加，這讓我有些不安。我們現在面臨的情況是：反常事件頻繁發生，我將這些事稱為「干擾事件」(disruptor)。有很多原因可以解釋這個現象（請見第二章），但是現在先容我簡單說明一下。我們分析了各種擾亂人生的事件，最後歸納出五十二種形態，也就是引發衝突、動盪或壓力的五十二種來源，我們每個人都有可能遇到：從自願（減肥、成立公司）到非自願（被開除、發現你的小孩有特殊需求）；從個人（戒癮、失去摯愛）到群體（參加社會運動、受到天然災害衝擊）。一個人在成年之後大約會遭遇三十六次干擾事件，平均每十二到十八個月就會遭遇一次。

我們會設法克服這些事件，盡可能不讓它們打亂生活。我們會調整自己，獲得至親好友的支持，重新修正我們的人生故事。但是，有時會出現了某個干擾事件——更多時候是連續出現兩、三個甚至四個——導致我們迷失了方向，生活大亂。我將這些事件稱為「人生地震」(lifequake)，因為它們會造成毀滅性破壞，如果以芮氏地震規模來衡量其最終破壞程度，它們屬於強震，而且餘震會持續多年。一般人在成年之後，會面臨三到五次改變人生走向的大規模人生地震；根據我的分析資料，人生地震平均會持續五年。如果你仔細計算就會發現，我們有將近一半的人生是在回應人生地震。

你個人或是某個你愛的人，想必現在正經歷人生地震。

很少人能事先料想到，會發生這麼多次翻轉人生的重大事件，所以我立下第三個目標：由於我們遭遇人生地震的次數超乎預期，而且未來只會更多（稍後我會說明原因），所以我們必須盡快學會必要技能，好順利度過這些事件。人生地震之所以發生可能是自願，也可能是被迫的。但是順利度過人生地震造成的轉變，只能是自願的。我們要願意使用這些技能。

那麼，這些技能是什麼？最讓我開心的一件事，就是我發現了一套明確、詳細的技巧，幫助讀者度過人生轉變。許多人憑藉直覺就能運用其中幾項，但是很少人知道（或是應用）全部的技巧，尤其是其中許多概念與過去一世紀以來，人們對於該如何應對人生轉變的想法相互牴觸。

建立這套技巧，是我在執行專案期間最大的改變。一開始我認為，每個人在應付個人生活、工作生活或精神生活的危機時，做法會很不一樣。每次轉變都有特定的遊戲規則。但是我錯了。我發現相似之處其實比我原先以為的還要多，而且大家採行的技巧也非常一致。這本書的後半部（從第七章開始）會詳細、具體的介紹這些技巧。

所以，現在我要提出兩點警告：

轉折即將發生。請做好準備。

以下是我的承諾：我認為我們能提供幫助。這裡的「我們」指的不只是我，也不只是協助我將這些結論量化的團隊，更是指和我一起探究這些議題的數百人，這些人有足夠的勇氣、而且願意坦誠告訴我，他們運用哪些大膽、創新做法面對個人的成敗。書中提到的想法都源自於我；如果覺得有任何誤導或是偏差，我一個人負責。但並不是我將這些想法強加在我遇見的每個人身上；我只是發現了這些技巧。所以這些技巧不是由上而下形成；而是由下而上產生的。我相信，這些技巧反映了真相，讓我們知道，一般人實際上如何回應前所未見的人生變化。

所以，我設定了一個遠大夢想：我決心要化解重重阻礙，改變我們的文化。我要重新定義何謂人生轉折。只要每個人一生中必須經歷這些動盪，而且不只是一兩次，是三次、四次、五次，甚至更多次；只要我們所有人必須承受這些壓力與苦惱、悲傷與心痛；只要我們必須重新調整個人敘事、重新設定我們的優先順序、重新平衡賦予我們人生意義的不同形態；為什麼我們在談論人生轉折時，堅持把它們看作迫切需要解決的問題，是必須咬緊牙關、硬著頭皮、拚盡全力應對的悲慘磨難？

既然人生充滿了各種曲折劇情，為什麼不多花一點時間，學習如何掌控它們？

現代心理學之父威廉．詹姆斯在一個半世紀以前說過的一句話，我覺得最為中肯，可惜他的智慧早已被人們遺忘。他說人生一直在轉變。（Life is in the transitions.）〔9〕他的論點其實更符合現在的環境：我們不可能忽略人生的關鍵時期；我們不可能期望或是設法讓它們不存在。我們必須接受它們、為它們命名、標記它們、講出它們，最終將它們轉化成不可或缺的新燃料，重新建構我們的人生故事。

童話中的大野狼

人生總是在我們意想不到的時候，發生天翻地覆的變化。義大利人有一句話形容得非常貼切：*lupus in fabula*（童話中的大野狼）。*Fabula* 的意思是童話，代表我們對人生的幻想，代表理想中的人生版本，永遠順風順水。*Lupus* 是豺狼，代表麻煩、衝突，或是造成威脅、摧毀周遭一切、令人害怕的重大事件。〔10〕

這句話正好反映了我們的人生。

Lupus in fabula 指的是「童話中的大野狼」，但義大利人說這句話的意思有點類似「說曹操，曹操就到」。每當我們的人生一帆風順，就會突然出現魔鬼、食人怪、惡龍、疾病、裁員、死亡。眼看童話似乎就要成真，大野狼卻出現了。

這就是那些年發生在我身上的情況，我爸陷入絕望時也同樣經歷過，幾乎我認識的每個人，都會在某個時刻面臨類似處境。

我們困在樹林裡，走不出去。

我們看不到自己會從此過著童話般的幸福生活。

但是現在，我不這樣覺得。對我來說，這個專案就是一個巨型野狼殺手。它讓我擁有更多工具解決問題；讓我更有惻隱之心，能夠幫助其他人；更有能量拓展、改寫我的人生故事，成果超乎我想像。在這過程中，它促使我願意接受自己的疾病、職業不穩定、誤判與疏失。我每天聆聽這些故事，才發現人類的生活經驗無所不有，真的是大開眼界；但是另一方面，我也心懷感激，覺得自己夠幸運，避開了許多不堪的人類苦難，至少目前是如此。

這個專案教會我一件事：我們都在承受痛苦。我們都會受傷、掙扎、心生渴望。我們會懊惱做出錯誤決定，哀悼損失，煩惱身體有缺陷、選擇不當、錯失機會。我們明知道，如果自己沒有做這些事會更快樂、更滿足，或許更有錢，但就是沒辦法克制自己。我們似乎天生就喜歡反覆講述自己的故事。有時候，我們會不自覺花太長時間描述自己最糟糕的表現、最脆弱的時刻。

我們沒辦法越過野狼這一關。

不過沒有關係。因為如果你趕走了狼，等於驅離了英雄。如果說，執行專案過程中我有得到任何啟發，那就是：我們都必須成為自己故事的英雄。這就是為什麼我們需要童話故事。這些故事會教導我們如何緩和自身的恐懼，從而在晚上能安然入睡。這也是為什麼我們要年復一年、日復一日，不停說這些故事。

這些故事讓我們的噩夢變成了夢想。

原註

1 我在日本的經歷，在《學會彎腰》（*Learning to Bow*）這本書中有詳細描述；馬戲團的經歷可參考《大帳篷下》（*Under the Big Top*）；在中東的經歷可參考《聖經之旅》（*Walking the Bible*）、《亞伯拉罕》（*Abraham*）和另一些書籍。癌症治療的詳細過程可參考《爸爸委員會》（*The Council of Dads*）。這裡提到的所有書籍都是由威廉莫洛（William Morrow）出版。

關於馬歇爾・杜克與羅賓・菲伍仕的家族史研究，可參考我的另一本著作《幸福家庭的奧祕》（*The Secrets of Happy Families*），同樣是由威廉莫洛出版。

2 〈將我們凝聚在一起的故事〉這篇文章刊登於二〇一三年三月十七日的《紐約時報》。若想要知道如何購買我們自費出版的我父親的自傳，可參考：www.brucefeiler.com.

3 可參考：Sarah Bakewell's *At the Existentialist Café* (Other Press), p. 17–18.

4 丹・麥克亞當斯（Dan McAdams）在以下兩篇文章中有提到敘事心理學的發展歷史："The Psychology of Life Stories" (*Review of General Psychology*, 2001, vol. 5, no. 2) 與 "Personal Narrative and the Life Story" (*The Handbook of Personality*, 2008)；另外可參考兩本重要的著作：*The Stories We Live By* (Guilford Press)，*Power, Intimacy, and the Life Story* (Guilford Press)。

5 若要了解完整的人生故事採訪題目，可參考本書最後幾頁內容。

6 吉姆・柯林斯（Jim Collins）在《從 A 到 A+》（*Good to Great*，HarperCollins 出版）書中有詳細描述合作編碼的技巧。

7 *Poetics*, Section VI, 350 BCE.

8 *Making Stories* (Harvard University Press, 2003, p. 17).

9 摘錄自威廉・詹姆斯在一九〇四年發表的論文："A World of Pure Experience" (*The Journal of Philosophy, Psychology and Scientific Methods*, vol. 1, no, 21).

10 Umberto Eco, *Six Walks in the Fictional Woods* (Harvard University Press, p. 1).

PART 1
你的人生形態
THE SHAPE OF YOUR LIFE

1

和線性人生說再見

我們的生命歷程再也無法預測

FAREWELL TO THE LINEAR LIFE

The End of Predictability

克莉絲蒂．摩爾（Christy Moore）一直很討厭上學。「打從第一天我就不喜歡上學，」她說。「我會假裝在公車站嘔吐。到後來我媽會要求我指出到底是哪裡不舒服，她才會讓我待在家休息。」如果克莉絲蒂說不出來，就必須上公車。「但是到了學校，我還是會設法生病，這樣她就不得不來學校接我回家。」

克莉絲蒂像個男孩，凡是女孩喜歡的事物，例如洋裝或娃娃，她一概不感興趣。「聖誕節早上我把我妹的芭比娃娃屋給拆了。」上了中學之後她變得叛逆。「我不知道自己要做什麼。我只知道我不喜歡上學。」她開始和一名足球員約會；加入啦啦隊，因為在喬治亞州南部，十六歲女孩都會加入啦啦隊；她會翹課，到海邊和朋友鬼混。

十一年級結束那年的暑假，她懷孕了。

「我坦白告訴羅伊，『我懷孕了，』」克莉絲蒂提到當時的男友。「『如果你要和我們一起生活，我就留下這個孩子。如果你不想，我就交給別人領養。』」羅伊覺得被冒犯；他說，他當然願意一起生活。於是克莉絲蒂告訴母親她懷孕了。

「當時我不知道我媽酗酒，」克莉絲蒂說。「事實上她是偷偷喝酒；每天晚上她會躲進衣櫃裡喝酒，醉到不省人事。我們一直以為她很早睡。」克莉絲蒂和母親一起坐在沙發上，說她們需要談談。結果她母親先開口：「你和羅伊越來越親密了，或許你們需要避孕。」克莉絲蒂心想，嗯，現在說這個有點晚了。

克莉絲蒂的母親提議一起去買幾件孕婦裝，還買了一本隔代教養的書給她父親。她父親通常工作到很晚，於是母女倆把書放在他的枕頭上。「那天半夜我突然驚醒，聽到我爸對我妹大吼，罵她是『壞孩子』。我妹說，『是你另一個女兒。』這就是他知道我懷孕的經過。」

六星期後，克莉絲蒂和羅伊結婚。羅伊從大學休學，在肯德基找到工作。克莉絲蒂從中學休學。兩人住在一間雙拼住宅裡。

「當時我認為這不僅毀了我們的人生，更徹底改變了我們的人生軌跡，」她說。「原本我真的不想有小孩，只想當個好阿姨。但是原本絕不生小孩的我，突然間立志成為最棒的全職媽媽，把小孩養育成優秀的公民。」

八年內，克莉絲蒂和羅伊生了三個小孩。羅伊在速食業做過好幾份工作，一路從副理升到經理；克莉絲蒂則在每天早上三點到六點送報。由於原本的社區排擠她，他們只好從衛理公會教堂轉到浸信會教堂。後來他們終於累積足夠信用，申請到貸款，買下一間位在喬治亞州威明頓島（Wilmington Island）商店街的日本料理店。但是羅伊的潰瘍性結腸炎反覆發作，動了兩次大手術，有好幾個月不能工作，兩人因此欠下一大筆醫藥費。「我們就是典型的有兩個半的小孩、少了一份薪水就可能露宿街頭的家庭，但我們不希望變成那樣。我們需要安穩。」

接著發生了意想不到的事。

克莉絲蒂經常帶女兒到公立圖書館參加幼兒活動。某天孩子在圖書館學習美術和手工藝，當時克莉絲蒂正懷著第二胎，累得腰痠背痛，她跌坐在距離最近的休閒椅上動彈不得，只好伸長手臂拿起唯一搆得著的書：《咆哮山莊》。「有一半內容我根本讀不懂，所以必須讀兩次。」看完後她又拿了另一本：《梅岡城故事》。「那本書改變了我的人生，」她說。「直到現在，我每年都會重讀一次。我會從感恩夜那天慢慢讀起，一直讀到聖誕夜。我的孩子都會嘲笑我，媽，這樣做改變不了什麼的。但是每次你讀這本書，都會有所收穫。」

每個星期二和星期四，克莉絲蒂都會去圖書館，坐下來，拿起一本書閱讀。她慢慢看完書架上所有經典名著，包括《傲慢與偏見》、《大亨小傳》與《白鯨記》。就是在那裡、在那張椅子上，在那個書架上，她找到了她和羅伊一直在尋找的答案。她要回到學校。她要重拾小時候一直厭惡的一件事——教育。

某天克莉絲蒂送孩子去幼稚園之後，直接開車到阿姆斯壯亞特蘭大州立大學（Armstrong Atlantic State University）。「我一直哭一直哭。我到底在做什麼？我現在是全職媽媽。好不容易熬到第一堂心理學結束，我心想，我完全聽不懂這個人說什麼。那些坐在我身邊的十八歲孩子一定都聽得懂，因為他們不停搖頭晃腦、抄寫筆記。我回到車上，忍不住哭了出來。你瘋了。你是中學輟學生。你不夠聰明。」

但是克莉絲蒂哭過後立即下車，去上第二堂課，接著繼續上第三堂課。每天她開車載最小的孩子到學校之後，就直接去上課。「我會向上帝禱告，『我不知道自己能不能做到，把所有資訊塞進腦袋。』」她終於撐過第一個學期，接著報名了第二個學期。她的成績開始有起色。雖然克莉絲蒂的生活已經滿載：不僅要照顧三個小孩、生病的丈夫，還要排練芭蕾舞、參加棒球賽，但是她精準安排好日常生活的所有行程。她會用不同顏色的色筆在日誌上寫下每件事，然後把日誌塞進里昂比恩（L.L.Bean）的藍色書袋。她還製作了一大疊學習字卡。

「我的孩子現在都知道，遇到紅燈時我會拿出字卡；轉綠燈時，他們會喊：『媽！』我就會放下字卡，開到下一個地方。我甚至會在迪士尼樂園複習功課。」

克莉絲蒂在四年內取得呼吸治療學士學位。在懷孕前一直不想要有孩子的那個女孩，後來有了自己的孩子，如今還成為拯救早產兒性命的專家。接下來她又花了三年攻讀碩士學位。後來她得了甲狀腺癌，在治療過後做出了此生最華麗的一次跳躍——開始攻讀成人教育博士學位。

六年後的八月，也就是她在圖書館拿起《咆哮山莊》那本書十六年後、自中學休學二十四年後、第一天上幼稚園故意嘔吐三十八年後，克莉絲蒂穿著無袖背心與短褲，頂著攝氏三十九度的高溫，戴上皇家藍帽子、套上長袍，走向走道的另一端。她成功達成此前無法想像的成就：原本她只有高中同等學歷證明，現在卻取得了博士學位。她說，那是她一生中最快樂的一天。

「雖然我的人生亂了套，但是如果我按部就班，就不會遇到我先生，不會生下我的小孩，或是擁有我熱愛的人生。我可能會在街角吸毒，或是在哪個地方煎漢堡，一事無成。」她說。

反觀現在，她有一份工作，為那些不愛上學的邊緣學生提供諮詢，告訴他們打破傳統生涯路徑、繼續完成教育可以帶來哪些好處。她認為找到自身的人生道路很重要，而她那發展順序顛倒過來的人生就是絕佳的證明。

生命循環

凱倫．阿姆斯壯（Karen Armstrong）在她出版的《神話簡史》（*A Short History of Myth*）中提到，每當人類向前邁進一步，就會重新調整、修正他們對這個世界的認知。每次修正都會牽涉多項議題，從宗教信仰到性禁忌等等。〔1〕多數人都同意我們正處於轉型時刻。彷彿在一夕之間，科技突飛猛進，宗教機構式微，性別角色重新調整。但是似乎很少人承認甚至理解，我們在思考人生應當呈現什麼形態時，也必須調整自身的期望。

我知道在談論人類生活時，「形態」（shape）一詞似乎有些不知所云。等等，你是說我的人生是圓形、三角形或是直線的？就某方面來說，的確是如此，因為社會告訴我們就是如此。我採用這個字及其背後的概念時，是依循過去幾世紀以來的做法，用來指稱根深柢固的假設與不成文典範，這些假設和典範，將會決定我們如何定義什麼是理想的人類生活。具體來說，就是我們的人生軌跡是否反覆循環、步步高升、向下沉淪、上下波動，還是其他形態。儘管這些差異聽起來很抽象，卻會在現實生活中造成各種影響，主宰了人生的所有事情：從我們何時該結婚，到我們何時該工作；從我們何時該生病，到我們何時該冒險。

簡單的說，就是誰應該掌控我們人生中的「應該」？

了解這個變化的最簡單方法就是檢視過去的文化，看看當時人們如何理解這些形態與「應該」。整體來說，人類對人生形態的理解歷經了三次重大演變，它們直接影響了人類的時間概念。最早我們是依據自然時間（natural time，季節性、週期性）形成某種概念，之後改為依據機械時間

（mechanical time，規律、切割、線性），到後來我們對時間的認知更加多變，知道時間是動態、難以預測、非線性的。[2]我們先從最早期的認知談起。

從最早期人類衡量時間的方法，就能得知當時的人用什麼方式觀察周遭世界。從巴比倫到埃及等早期文明，人類還未發明計時器，所以是依據大自然變化（例如季節、天氣、反覆出現的規律週期等）去推測時間。在遠古世界，還沒有出現年表、歷史、某個生命事件影響另一個事件等觀念。多數文化認為，人類是遵循某種早在人類出現之前就已經存在的生命循環（cycle of life）。（下圖中吞食自己尾巴的埃及銜尾蛇圖案，便是早期文明的代表性符號）。在這種循環世界觀裡，最高等的生命形式不是去開創自己的生涯路徑、不是成為自身故事的英雄，而是要重新體驗已經發生過的一切，也就是複製宇宙故事。

直到古代晚期（late antiquity）線性時間概念出現，人們對世界的認知才有了轉變。《聖經》在這件事情中扮演了關鍵角色。在《聖經》中，時間會依循某種歷史進程，從亞當、夏娃，到族長、君王、先知等等。根據基督教觀點，這種時間觀的發展在耶穌出現時達到高峰。人生形態逐漸從週期循環，轉變為更

接近線性、持續前進的形態。現在，我們每個人都可以依循某種發展路徑，改善自身條件；現在，每個人都渴望過上能實現自我的人生。因此，在西方出現了全新的人生形態：人生是由一連串不同的階段（stage）組成。

「事情很快就鬧大了！」

達文・谷德溫（Davon Goodwin）的人生沒有週期循環。他經歷非常多次意外轉變，他覺得自己的人生是五角形。

達文自小住在匹茲堡的公共住宅，由母親撫養長大。他父親因為毒品罪名入獄服刑。「我哥一直覺得很不爽，」他說，「但我的想法是：是啊，每個人都有爸爸陪著玩耍。太好了，我有媽媽！」某年夏天，達文到北卡羅萊納州探望祖母，在祖母家後院挖地。「那些泥土改變了我的一生，」他說。「我想要成為植物學家。我想要捻花惹草。我身邊大多數的人會說：『你是同性戀，你一定是同性戀。』但我只不過是很喜歡植物而已。」

達文回到匹茲堡之後，他就讀的學校校長請他幫忙看管一座廢棄的溫室，他每天有一半時間待在溫室裡建造熱帶雨林，其餘時間就去練摔角。「我開始搜尋同時開設摔角和植物學課程的大學，居然不多！」他說。「後來他獲得北卡羅萊納大學彭布魯克分校的獎學金。

念大一時，他決定退出摔角隊。「我告訴教練：『謝謝你，但是我想要跑趴，我想要一天不只吃一餐，我想要體驗大學生活。』」過沒多久，他的成績一落千丈，喪失獎學金資格，因此無力支付學費。一名軍隊招募人員願意提供達文六萬美元，幫他支付學費，於是達文決定從軍。他的母親嚇壞了。「你到底為什麼要這麼做？」達文向母親保證，他是在軍中擔任卡車司機，他所在的部隊不會被派駐前線，服役時他還是可以兼顧學業。

但是之後他就被派往前線。一開始是科威特，這地方相對安全一些，但後來中士走進來宣布：「我們接到命令要前往阿富汗。立刻收拾自己的物品，我們一小時內出發。」這下挫屎了，很快，達文心想。「飛機一降落在跑道上，我就知道大事不妙了。他們打開後艙門說：『跳下去！』」

有段時間，局勢還算穩定，達文甚至可以休假回家。他返回部隊兩星期後，被指派駕駛陸軍最大型運輸車——奧什科什M一〇七〇（Oshkosh M1070）重型裝備運輸車，前往坎達哈（Kandahar）西部的赫爾曼德省（Helmand Province）執行任務。「到處是塔利班，」他說。執行任務的前一天晚上，達文有不祥的預感，一直無法入睡。他告訴指揮官：「我不知道怎麼回事，但就是有個聲音告訴我，不要開車。」指揮官回說：「那你至少要坐在副駕駛座上。」

十五分鐘後，運輸車輾過重達五百磅的簡易爆炸裝置，就正好在他腳下。運輸車被炸得粉碎。「我只記得當時我要求：『老天，把我拉出這台運輸車。』」

那天早上，達文的L1和L2脊椎骨斷裂，「腦部有多處嚴重外傷。」他被抬上飛機先飛到德國，緊接著轉機到北卡羅萊納州的布拉格堡（Fort Bragg）。他罹患了急性背痛、憂鬱症和嚴重的猝睡症（narcolepsy）。〔i〕「我開始瘋狂酗酒，甚至動了自殺的念頭。某天晚上我走進浴室，盯著我的醫藥櫃。我對自己說，就算我吞下所有藥丸，我會有什麼損失呢？接著電話響了。我心想，不要接。但是我看了一下手機，是我媽打來的。她告訴我，她辭掉了匹茲堡的工作，要搬來北卡羅萊納住。

『如果你需要幫忙，我就在那。』」

她到北卡羅萊納的那個星期，拉著達文一起上教堂。做禮拜時，宣教士邀請新教友分享他們的故事。達文有些猶豫，但是他母親堅持。「你一定要說出你的故事，因為你的故事很重要。」所以他說了。「我一直哭不停，她對我說：『看吧，現在你終於說出來了。你不需要覺得丟臉。』就在那天，我又重新活過來了。」

達文的康復師堅稱他再也無法閱讀，但是達文壓根不相信，於是他退出原本的康復治療計畫，重新申請大學。他先從一堂課開始，然後慢慢增加。後來他結了婚，有了一個孩子。「那樣我更有理由活下去，」他說。雖然他順利畢業，找工作時卻四處碰壁。沒有人想要雇用猝睡症患者。「大家都說：『你很優秀，但是我們不能讓你做任何事。』」

就在達文手頭上的存款只夠付一個月房租時，他遇見一位當地醫生，這名醫生經營一座占地五百英畝的農場，正打算找個農場經理。達文前去面試，他把手伸進土壤中，立刻回想起小時候自己多麼熱愛園藝。

「這很難解釋，」他說，「但是我感覺土壤有某種療癒效果。原本我早就忘了過去的夢想：成為植物學家、治療癌症、環遊全世界。我在阿富汗被炸傷的那天，我的第一個人生使命就此結束。但是現在我有了新使命：協助有色人種社群取得新鮮農產品。我只能說：那顆炸彈並不是炸彈；它是祝福。它讓我不得不重新建立夢想。」

i 猝睡症患者大腦調控睡眠和清醒的機制出了問題，導致過度嗜睡。至今醫界仍不清楚引起猝睡症的真正機轉。

人生的階段

在倫敦黑衣修士區，距離泰晤士河僅幾步之遙的地方，矗立一棟粗獷主義風格的混凝土辦公大樓，這裡正是英國電信集團的辦公室。影星湯姆．克魯斯之前在這棟大樓為第六集《不可能的任務》（*Mission: Impossible*）拍攝特技動作時，不小心扭傷了腳踝。大樓中庭擺放一座圓騰柱鋁製雕塑作品，共有七個面。這個作品是為了向莎士比亞創作的喜劇《皆大歡喜》（*As You Like It*）中最出名的一段臺詞致敬，這段臺詞正好反映出人類對於人生形態有了全新理解，這可是史上最劇烈的轉變。

全世界就是一座舞台
所有男男女女不過是演員
有下場的時候，也有上場的時候
每個人一生中會扮演許多角色
演出共分成七個階段〔3〕

到了現代初期，生命會依循週期性規律的想法終於被取代，新的想法認為，人生會經歷不同的年齡（age）、時期（phase）、階段，持續前進。很少人知道或在意他們的實際年齡；一般人的認知是，人的一生是由各個時期組成，例如：年輕、實習、結婚、育兒、生病、死亡等等。為了呈現人生必須經歷不同階段向前進展，人類創造了新的詞彙。現在，我們所有人都會遵循某種生命歷程（life course）、生命期限（life span）與生命循環。生涯（career）這個字源自拉丁語，意思是「有輪子的車輛」，在這時候發明這個字，正好可以完美呈現人們度過人生歷程的實際感受。

最能貼切描述這種生活方式的形象化比喻，就是往上與往下的階梯（staircase）。我們通常會預設，每個人都會在人生初期往上爬，到了中年時期達到顛峰，接著便逐漸衰敗。每個男人與女人都有自己的階梯，但它們的整體形態是相同的：小時候我們可以任意玩耍，到了黃金年華就得全力投入工作，老年時身體會開始衰弱。不過值得注意的是，這種新思維模式和之前有個明顯的差異：現在，中年時期才是人生高峰。

由於人類生活越來越都市化，城市娛樂隨之興起，首先是戲劇。由於戲劇是在舞台上演出，舞台立即成為談論人生的主要方式。你是這齣偉大戲劇的演員，階梯的每個台階就是一個舞台，你便是在這個舞台上表演人生戲劇的演員。莎士

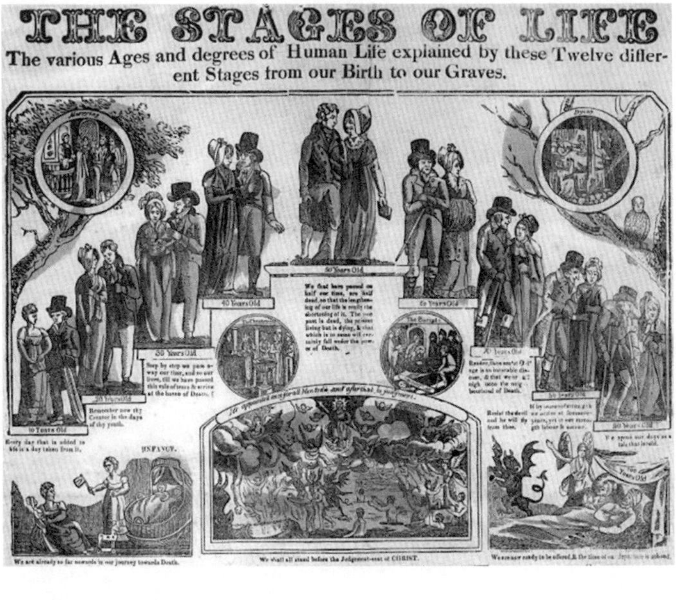

比亞所說的七個舞台包含：嬰兒、學童、愛人、士兵、老頭，老頭其實就是第二個孩童階段：「沒有牙、沒有視力、沒有味覺、沒有了一切。」

這些觀念影響深遠。自此之後人們普遍認為，生命是普遍一致、固定不變、殘酷無情的。一開始人生必定會往上爬，然後往下走。沒有例外，也沒有第二次機會，你不可能在四十歲時重新來過，不可能在六十歲時再次找到真愛。你只有一次機會，從此之後就是下坡路。為了強化這個訊息，階梯上隨處可見計時沙漏，每個人都在與時間賽跑，直到死神來敲門，告訴你：「時間到了。」

你或許以為，在現代世界，我們可以拋棄這種末日世界的悲觀想法。我們會盡己所能解放自

前頁圖說｜

現代初期，一般人認為人生由各個時期組成，我們必須經歷不同階段往前邁進，就像上下樓梯一樣。

本頁圖說｜

男人與女人有各自的階梯，但它們的整體形態並無二致。與此前的思維不同的是，這時認為中年時期才是人生高峰。

己，不再受限於先爬升、後下坡的僵化形態。然而事實正好相反，我們讓情況變得更糟。

「他對我說：『我期望你能做出一番事業。』」

大衛．帕森斯（David Parsons）可以證明，僵化的先上後下模式完全行不通。

大衛生於一九五二年，出身底特律的美國汽車大亨世家，當時美國汽車業是全球羨慕的對象。他家裡共有八輛車，「一人一輛。」他有三位祖父母是經由埃利斯島（Ellis Island）移民美國。其中一個是瑞典的馬鈴薯農夫，後來搬去密西根，發明了隱藏式門鉸鍊，因此賺了大錢，建立豐厚的人脈，之後成了共和黨員。他的兒子——也就是大衛的父親——也走上相同的道路。他是美國國家科技獎章（National Medal of Technology）第一屆得主，同屆得主還包括史蒂夫．賈伯斯（Steve Jobs）與史蒂芬．沃茲尼克（Stephen Wozniak）。

「上中學後，大家都以為我會成為運動選手，」大衛說，「我原本想去達特茅斯，可能去踢足球，或是就讀法律先修課程，但是到了十二年級，剛好有機會出演《奧克拉荷馬之戀》（*Oklahoma!*）音樂劇中的庫爾利。」劇中有一幕是庫爾利親吻勞莉，然後轉身向台下觀眾宣告他的愛情。「我徹底愛上了戲劇。」

大衛告訴他父母，他想要申請長春藤音樂學院。他爸爸帶著他與密西根州長、該州資深參議員，以及曾是全美最佳四分衛的球員一起吃飯，這四人當時全是律師，都想要說服大衛改變心意。但是全都失敗了。

大衛最後進入密西根大學音樂學院就讀，取得表演學士與碩士學位。但是他和其他同學不一樣，他還獲得演出機會，先是在聖塔菲歌劇院（Santa Fe Opera）與休士頓大歌劇院（Houston Grand Opera）登台，後來他搬去紐約，參加五部歌劇試鏡，全都被錄取。「如果你試鏡十次能得到一次演出機會，就算很不錯了，」他說，「可以勉強維生。至於我，當時已經開始建立自己的職業生涯。」《紐約時報》對他讚譽有加，《CBS新聞星期日早晨》（*CBS News Sunday Morning*）為他製作專題報導，知名劇院主持人阿利斯泰爾・庫克（Alistair Cooke）邀請他前往愛丁堡演出。

最重要的是，大衛娶了美國小姐。他倆是在辛辛那提歌劇院演出時相遇的，那次大衛再度飾演庫爾利，女方則飾演勞莉。女方為了和大衛出遊，甚至取消了與棒球傳奇強尼・班奇（Johnny Bench）的約會。「我們陷入了熱戀，」大衛說。他們過著人人稱羨的生活，經常四處旅行，與音樂為伴，在歐洲的住所充滿藝術品味。他們的家在紐約，兩人一直對舞台燈光念念不忘。可是在所有光鮮亮麗的背後，大衛一直守著一個不為人知的黑暗祕密。

他嚴重酗酒。

「我從十一歲開始喝酒，」大衛說，「我真的是瘋狂灌酒，非常可怕。在我成長的環境，每到聖誕節就會有人送我菸灰缸。我爸媽有一個酒櫃，裡面擺滿了各種你想喝的酒，地下室還有備用的整箱酒。太容易到手了。」

結婚後，大衛開始失控。他接受聲帶手術，但不成功，從此斷送了他的歌劇生涯。之後他投入教學，加入教堂合唱團。他在專門販賣滑雪設備的運動用品店工作。「我告訴自己，我的人生完了。我唯一會做的事情就是唱歌。我覺得，哎，有些人就是沒辦法得到自己想要的。」

情況變得越來越糟。大衛的大哥卡爾（Carl）罹患愛滋病，病情嚴重。自一九六十年代晚期開始，卡爾就一直住在洛杉磯，曾經擔任莎莎．嘉寶（Zsa Zsa Gabor）的祕書，為明星設計過豪宅。卡爾和大衛的感情非常好。只要大衛有演出，卡爾一定會飛來捧場。可是現在卡爾必須搭機返家，搬回去與父母同住。「他們根本不知道他是同性戀，」大衛說，「否認是很有效的工具。」

大衛最後一次去探望卡爾時，卡爾身邊擺滿紫色花朵。「他看起來就像全身散發紫色光芒，」大衛說，「他對我說：『我期望你能做出一番事業。』」

十二月第三個星期，卡爾撒手人寰。四天後，大衛前往奧克拉荷馬西部，他岳父在當地擔任牧師，立場保守。大衛詢問岳父，能否讓他在聖誕禮拜時唱歌。「那是我唱得最好的一次，」他說，「我回到家後，怒灌了一瓶蘇格蘭威士忌。隔天早上醒來，我跪在地上說：『我不能再這樣下去了。』」大衛說他不知道要怎麼戒酒。他從沒有參加過匿名戒酒會。「我只是說：『上帝，請幫我今天不再碰酒。如果我成功了，今天晚上我會感謝你。明天早上我會再求你一次。』」他停頓了一會兒，說道：「從那天開始，我再也沒有碰過酒。」

過沒多久，大衛告訴太太，他得到上帝召喚，要他加入路德教會傳道。他說他花更多時間待在教堂，親眼目睹許多像他哥哥一樣的男、女同志遭到排擠，他希望能擴大教會使命，變得更加包容。「我可以支付你的法學院學費，」大衛的太太說，「我不要當宣教士的太太。」但是大衛依舊決定遵從自己的心願。他申請進入紐約協和神學院（Union Theological Seminary），第一年學業結束時，他太太打電話告訴他，她不回家了。「我一直告訴她一切都會好轉，但是她說不會。」

後來大衛在布魯克林的聖約翰聖麥修艾曼紐路德教會（St. John- St. Matthew-Emanuel Lutheran Church）

工作，上班第一天正好是九一一恐怖攻擊發生前兩天。我認識他的時候，他和第二任妻子與兩人生下的十一歲女兒，一起住在教區宿舍裡。他在路德教會積極推動包容多元性別的信念。他加入合唱團，夢想有一天能重返舞台。當我問說，他的人生是什麼形態，他都會回答：「十字架。」

「所有牧師都是十字架神學家，」他說，「但是以我的情況來說，我真的相信耶穌的故事。我知道很多人聽到這故事就會抓狂，尤其是紐約人。但是，以前我過著荒唐的生活，現在我全心全意奉獻自己。在某個非常特殊的時刻，上帝降臨，觸碰了我的生命。就是那個十字路口，把我帶到今天這個位置。」

線性人生

自近代開始，人類就對時間感到著迷，到了工業時代變得更加狂熱。十九世紀之後，人類成了時間的奴隸。時鐘告訴他們該吃飯了，他們才會去吃飯；時鐘告訴他們該工作了，他們才會開始工作；時鐘告訴他們該睡了，他們才會上床睡覺。[4]人類之如此規矩地按表操課，很大一部分原因是，鐘表用品變得非常普遍。一八〇〇年代懷錶開始流行，緊接著是腕錶和落地大擺鐘。一八七六年創作的一首歌曲，描述了一名老人非常喜愛與珍惜在他出生那天，家人添購的一座落地大擺鐘。這一座鐘陪他度過人生不同階段，直到他離世，「大擺鐘停頓了，再也不走了。」[5]這首歌的樂譜總共賣出了一百萬份。

當人們開始依照時鐘安排日常作息，必定也會依照時鐘安排人生。到了二十世紀，絕大多數的人生形態都非常機械性、工業化，強調按部就班，例如：節節上升的箭頭、人生輸送帶。靠自己奮鬥、白手起家。或是套用英國桂冠詩人阿佛烈德．丁尼生（Alfred Tennyson）說的話：「前進、前進，讓我們齊頭並進。」

在這種氛圍之下，新興的人類心理學領域也難怪會採用類似語彙了。一旦人們習慣依照時間安排日常作息，必定也會依照時間安排人生。大約自一九〇〇年代開始，許多新的時間分段說法開始流行起來，例如：青少年、中年、退休、老年。[6]每個新出現的人生時期，都各自發展出相對應的研究領域、疾病分類與勵志產品。

例如，西格蒙德．佛洛伊德（Sigmund Freud）認為，所有人從出生到十二歲，會經歷不同的性心理發展期（psychosexual stages），包括口腔期、肛門期、性徵期等，這些發展期將永久決定一個人的人格特質。尚．皮亞傑（Jean Piaget）則提出了不同的人生發展階段，時間劃分方式也與佛洛伊德不同，例如感知運動階段（出生到二十四個月）、前運算階段（二到七歲）等等。這些新觀點顛覆了我們對兒童的理解，是人類思想發展史的重要里程碑。[7]

不過，這些觀點也引發了長期後果，但是人們不一定理解後果是什麼，這些後果也不完全是正面的。也就是說，我們接受這些觀點，相信兒童與成年時期的人生必定會依照統一的時間表，經歷一連串被預先設定好、所有人都認同的蛻變（metamorphose）過程。就連人類發展（human development）這個概念，也把人類比擬成汽車或洗衣機。一開始我們還沒有被製造完成；經過一段時間之後，我們終於可以派上用場；然後到了某個時間點，我們就會變得過時。

不難想見，自從與兒童發展有關的概念出現，與成年期發展相關的概念也開始大量湧現。突然間，我們聽到「道德發展六階段」與「自我實現五階段」等各種理論。英國心理學家約翰・鮑比（John Bowlby）解釋了兒童如何在不同發展階段，與親人建立依附關係，他推論，我們會以相反過程擺脫依附。伊麗莎白・庫伯勒・羅斯（Elisabeth Kübler-Ross）提出了如今大家耳熟能詳的概念：每當我們面臨死亡或是陷入悲傷，必定會經歷以下五個階段：否認、憤怒、討價還價、沮喪、接受。〔8〕約瑟夫・坎伯（Joseph Campbell）發展出知名的「英雄旅程」（hero's journey）概念，說明人類心靈成長的不同階段。〔9〕

到目前為止，在所有線性模型中最有影響力的，就是愛利克・艾瑞克森（Erik Erikson）提出的「人生發展八階段」模型。艾瑞克森出生於德國，父親是丹麥人、母親是猶太人，但是父母很早就離婚，在學校他被嘲笑是猶太人，在猶太會堂又被當成異教徒。他逃離納粹的魔爪，輾轉來到美國，將自己的不凡經歷化作寶貴經驗，幫助其他人應對人生的各項挑戰，例如：嬰兒時期的信任與不信任、成年初期的親密與孤獨、老年時期的完整與絕望。如果人們無法依照「預先設定的順序」度過任何一個階段，就不可能擁有健康的生活。〔10〕

艾瑞克森公開承認，他的思考確實受到工業化隱喻影響。他寫道：「因為我們把這世界想像成是一條單向道，永遠不會停止進步，所以我們認為人生也是一條通往成功的單向道。」〔11〕艾瑞克森的主要貢獻在於，他將皮亞傑的兒童發展階段模型延伸至老年。但是他的模型也帶來不小的負面影響。他只是更進一步強化原本就站不住腳的論點，即：人類的成年期會經歷三個明確劃分的階段。如今重讀他的作品，你會覺得難以置信，因為他的說法充滿以下偏見：不論你是否依照既定的時間表，進步永遠不會停止。

但是，如果你在錯誤的時間點懷孕（如同克莉絲蒂．摩爾的情況），或是在剛邁入成年期的時候受傷、危及性命（如同達文．谷德溫），又或是發現自己不是在「預定」的時間點上癮、丟了工作、失去兄弟、結束婚姻，該怎麼辦？

某種程度上來說，如今所有發展階段理論已失去效力，或是被揭穿缺乏事實根據，又或是得不到人們認可。這些理論都太過簡化、狹隘、籠統、以男性為主。任職於哥倫比亞大學的悲傷研究權威喬治．博納諾（George Bonanno）曾寫道，發展階段模型都過於簡單，只是基於美好的想像，缺乏實證數據。這些模型帶給人們過多壓力，強迫人們必須符合別人的期望。博納諾甚至說，這些模型是「危險的」，帶來的「傷害遠大過好處」。〔12〕

這又是「應該」與否的問題。在人生特定期間，你「應該」要有這種感受；如果沒有，一定是你有問題。

不過，上述概念雖然造成了傷害，卻不如另一個概念來得嚴重。提出這概念的人，是線性人生的重要代表人物。她提出的概念非常吸引人，卻會產生誤導。此人名叫蓋爾．希伊（Gail Sheehy），她提出的概念是：人生是由一連串旅程（passage）組合而成。

「癌症不斷出現在我的生活中，就像下雨一樣」

安．拉默（Ann Ramer）的人生並沒有遵循線性發展模式。她說，她的人生原本像一雙舒適的拖鞋。直到某天，那種舒適感徹底消散。與克莉絲蒂．摩爾正好相反，安一直以來只想要當母親。

「當時我是全職媽媽，真的覺得很快樂，」她談到自己在俄亥俄州克里夫蘭市的生活時說道。「我沒什麼企圖心。我的想法是，我不需要在這世上做出什麼重要或了不起的事。我需要的是培養優秀的人。」她的計畫也確實奏效。安和她丈夫、建築師丹（Dan）先是有了大兒子艾力克斯（Alex），之後又生了二兒子布蘭特（Brent），再後來生了女兒蘿倫（Lauren）。她說：「我心滿意足。」

但是，蘿倫十七個月大時，開始長陰毛。「兒科醫生告訴我，這是因為我在餵母乳時服用避孕藥。」安不相信，於是打電話給她的婦產科醫生。「不是，絕不是那個原因。你今天帶她來給我看看。」

結果蘿倫被診斷罹患腎上腺癌。「這種病非常罕見。」安說。後來蘿倫接受手術切除腫瘤，接著進行化療，最後醫生宣告她體內已經沒有癌細胞，還說「可以當作這一切從沒發生過」。安還想生一個小孩，但是被她先生阻止。「如果這個小孩也得了癌症怎麼辦？」他問。最後還是她贏了，三年後她生下奧莉薇（Olivia）。再過了三年，癌症再度來襲。但這次不是奧莉薇，也不是蘿倫，是十一歲的布蘭特。

某天布蘭特放學回家，說他的足球教練不讓他下場練球，理由是他的腿有問題。「腿會痛嗎？」安問。「不是，是我走路一拐一拐的。」隔天，布蘭特甚至無法跑步穿越球場。「我檢查了他的骨盆後面，發現完全沒有肌肉，」安說，「這樣不行，他可是運動健將欸。」

後來布蘭特被診斷出骨源性肉瘤（osteogenic sarcoma），這又是另一個極為罕見的癌症。

安說：「當時我就覺得情況很不妙，我說，『我必須馬上去找遺傳科醫生，而不是先找腫瘤科醫生。』」遺傳科醫生證實了她最壞的預感。布蘭特患有李－佛美尼症候群（Li- Fraumeni syndrome），這是超級罕見的遺傳性疾病，原因是p53基因出現變異，這種人容易罹患多種癌症。布蘭特不是唯一基因出現變異的小孩；蘿倫也有。另外兩個孩子沒有。

「我和丹也做了檢測，」安說。「結果是好的。遺傳科醫生走進來告訴我們這個好消息。『你和你先生都沒有這種基因變異，』接著醫生問說：『我必須要問一下，你們確定這些孩子的親生父親是誰嗎？』」

「不會吧？」我說。

「喔，這真是太誇張了，」安說。「我告訴醫生：『這好像說我一天到晚在癌症病房徘徊，是為了擺脫我先生。』」

安和家人問過的醫生，幾乎都說布蘭特的大腿需要截肢，除了一位醫生例外：他是紐約市史隆凱特琳紀念癌症中心（Memorial Sloan Kettering）的骨科醫生約翰．希利（John Healey），就是這名醫生治好了我的腿。布蘭特開始接受化療，並安排在一月初動手術。他們全家人決定，提早在十二月二十三日過聖誕節。「那天早上，電話鈴響，」安說，「是蘿倫的醫生打來的，他說他們在她大腦內發現一顆高爾夫球大小的腫瘤。」

十二月二十八日，九歲的蘿倫接受腦部手術。當她在俄亥俄州的醫院休養時，十一歲的布蘭特在紐約接受手術。

「我的意思是，事情不該是這樣的。」

「你說的事情是指人生？」

「你想想看：癌症不斷出現在我的生活中，就像下雨一樣，沒有人預料到會這樣。」

過沒多久，原本下著的雨變成了狂風暴雨。接下來幾個月，布蘭特又動了三次手術，夏季時又接受三次療程。「他能走路，能上學，看起來恢復得很不錯，」安說。「後來我接到電話，說他得了轉移性黑色素瘤，需要接受一年的干擾素（interferon）注射治療。有整整三個小時，我們懷抱希望，覺得一切都會好轉。」可是最後治療失敗。布蘭特的病情迅速惡化，轉成急性骨髓性白血病。唯一的選擇是進行骨髓移植。

就在布蘭特的病情急轉直下之際，蘿倫的腦瘤復發。「所以我們又有兩個小孩同時接受癌症治療，」安說。蘿倫的手術時間與布蘭特骨髓移植時間正好撞期。他們的大兒子艾力克斯同意捐贈骨髓給布蘭特。「所以在同一個月，我的三個小孩同時待在腫瘤科病房。」

蘿倫手術成功，布蘭特也恢復健康，重新回到學校上課。但是平靜的日子只持續了一段時間，隔年布蘭特又因為感染食肉菌，罹患壞死性筋膜炎（necrotizing fasciitis）。原本他是某項藥物試驗的理想人選，卻因為未成年而不符合資格。來自他哥哥的皮膚移植雖然有效，但只維持很短時間，他的身體越來越虛弱。同時間，蘿倫罹患了骨肉瘤（osteosarcoma）。蘿倫和布蘭特再度同時住院，這次兩人住進休士頓同一家治療中心，一人在九樓，另一人在七樓。

不過，這次治療時間並沒有太長，十二月三十日布蘭特・拉默離世，也就是他十八歲生日兩個月後，這代表他已經有資格接受藥物試驗。

「我們全家人都在他身邊，」安說，「我帶蘿倫離開她的病房，讓全家人團聚。」

安是個舉止溫和的全職媽媽，原本沒什麼抱負，後來卻變成社會運動份子。她遊說華府民選官員，修改藥物試驗的資格要求；四處拜訪醫學研究人員，懇求他們重新考慮對未成年病患的限制；她在網路上成立李－佛美尼症候群後援會。「我和後援會的女性成了很好的朋友，但是後來我不得不退出，因為我的故事嚇壞了新成員。」

不過，安的故事反而讓她變得更堅強。在我們聊天的過程中，安很少提到她小時候的生活、早期擔任學校老師的經歷，或是熱愛園藝和烹飪的事情，這點讓我有些意外。「經歷過這整件事情之後——我是指在我女兒得了五次癌症、我兒子花了六年半辛苦對抗癌症，也就是在我說的『癌症期』之後——過去的所有事情都不重要了，」她說。

或許最大的挑戰在於：這個女人原本只想要當母親，卻一直無法成為她心目中母親的模樣。安說：「有很長一段時間，我甚至無法照顧自己的家人，得靠其他人幫忙張羅餐點。你可以想像，我在紐約待了兩個月，艾力克斯要參加訓練，奧莉薇要上幼稚園。別人會來幫忙。我是全職媽媽，我的身分認同就是照顧好家庭，所以這對我來說是很大的改變。放棄掌控所有事情，接受別人的好意。」

但是，她真的接受了，也開始認同新的自我敘事。

「我對人生有很多體悟，以前我自認無法理解這些事，」安說，「我開始想辦法挑戰自己，以前我認為自己辦不到。我學會尋找答案，勇敢表達意見，去做一些讓自己覺得不舒服的事情。這不是我原先期望的生活，但是後來我過著這樣的生活。以前我只需要照顧好小孩；現在我要一邊對抗癌症，一邊照顧我的孩子。但我還是覺得心滿意足。」

蓋爾・希伊與可預測性幻滅

發明「中年危機」概念的人確實經歷了中年危機：因為他提出的這個概念被打槍。一九五七年，加拿大心理學家艾略特・賈克（Elliott Jaques）在倫敦發表演講，台下觀眾全是知名人士，他宣稱人們在三十多歲時會經歷一段低潮期。面對這個人生階段，一般人會出現某些行為，例如：擔心健康、強迫性虛榮、濫交、宗教覺醒等。但台下觀眾根本不買帳，所以他決定放棄這個概念。

將近十年後，他重新提起這個概念，這次是因為他讀了一篇論文〈死亡與中年危機〉（*Death and the Mid-life Crisis*）。[13]賈克說，許多人在談論人生形態時都過度簡化，因此激發了他的靈感。「到目前為止，人生似乎就像一條永無止境的上坡路，只能看見遙遠的地平線。」接著他繼續寫道，現在他已經抵達山頂，「前方是向下延伸的坡道。」最後的終點必定是死亡。他認為，這個危機最常出現在三十七歲那年。

賈克提出的概念有些聳動，但缺乏研究基礎。這是他閱讀三百一十位名人傳記後得出的結論，這些傳記包括米開朗基羅、巴哈等各領域的人。他解釋說，他的閱讀清單沒有納入女性是因為更年期會「蒙蔽」她們的中年轉變。這也難怪倫敦的聽眾對他提出的概念嗤之以鼻！

不過，還是有人進一步發展他的論點。在一九七〇年代初期，加州大學洛杉磯分校的羅傑・古爾德（Roger Gould）發送一份中年危機問卷給數百位受試者。耶魯大學的丹尼爾・李文森（Daniel Levinson）採訪了四十個人（全是男性），發現了他所說的男性的人生四季（four seasons of a man's life）。[14]他寫道：「每個生命階段多半會從某個年紀開始，分別是十七、四十、六十和八十歲。」[15]每個人都會在相同的時間點，經歷相同的發展階段。如此僵化的觀點令人咋舌。他的時間劃分精準到脫離現實，他堅稱中年危機必定會從四十歲開始，將會在四十五歲又六個月時結束。他說，有百分之八十的男性會經歷中年危機。

美國人接受了他的說法，這很大一部分要歸功於一位女性的聰明才智。蓋爾．希伊大學時主修家政學，後來成為一名自由記者（freelance journalist）、離婚的單親媽媽。一九七二年，她在北愛爾蘭採訪一個男孩時，男孩當場被射殺。她因此深受打擊，陷入了生存危機，她開始思考，對於自己即將邁入三十歲這件事，心裡有什麼感受。她開始翻閱古爾德和李文森的研究，然後以此為基礎寫了一篇文章，刊登於《紐約》（*New York*）雜誌上。

但是她沒有在文章中提到古爾德，所以古爾德指控她抄襲，最後打贏了官司，獲得一萬美元賠償，以及《旅程》（*Passages*，見下圖）一書百分之十的版稅。《旅程》在一九七六年出版，內容主要來自刊登在《紐約》雜誌的那篇文章，出版時恰逢美國社會經歷重大變革，性解放運動、離婚率攀升、經濟焦慮等問題同時發生。後來這本書賣了五百萬本，被翻譯成二十八種語言。長達三年占據暢銷書排行榜，更被美國國會圖書館評選為二十世紀深具影響力的書籍。〔16〕

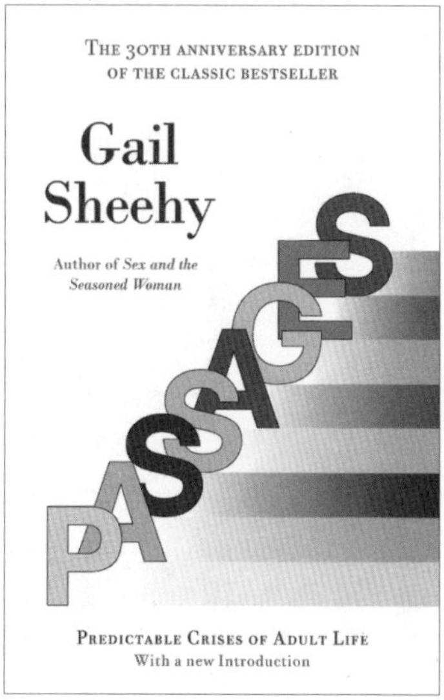

《旅程》的副書名是「可以預測的成年人生危

機」（*Predictable Crises of Adult Life*），這是一本談論內在人生的「聖經」。希伊非常懂得如何設定名稱，她說所有成年人都會經歷四個階段：二十歲時是試探階段（Trying Twenties），大約到了三十歲那年是「第三十條軍規」（Catch-30）階段〔ii〕，三十歲之後是最後期限的十年（Deadline Decade），四十歲則是融合階段（Age 40 Crucible）。（希伊並沒有提到四十歲之後的人生階段，後來她承認這件事讓她覺得難堪）。

自從希伊提出四大階段的概念，中年危機不再只是空泛的理論，它變成了生活現實。甚至在四十年後，當我開始採訪時，很多人都會說：我的第一個中年危機、我在二十歲或三十二歲或五十四歲那年出現中年危機、我是退休後才出現中年危機等等類似的話。事實上，「中年危機」這個說法有太多模糊空間，或許背後隱藏了更重要的真相。

希伊的想法完全錯誤。她確實挖掘了一座蘊藏豐富的文化礦脈；她將一世紀以來強調依照既定時序的線性發展思維，從學術象牙塔中解放出來，帶到日常的廚房餐桌上。但是後來有無數研究顯示，她幾乎是單憑一己之力，創造了許多不切實際的期望。她宣稱，我們所有人不只有可能，而且是將會、應該要經歷這些轉變。

以前我期待人生會依照某種可預測的順序發展，但是過了大半人生之後，我相信，這種期望正是我個人與數百位受訪者感到不滿的主要原因。克莉絲蒂・摩爾在十六歲和三十歲時面臨了人生重大轉折；達文・谷德溫是在七、十七和二十三歲時；大衛・帕森斯是在十一、十六、三十八和四十三歲；安・拉默是在二十八、三十四和四十八歲時。他們並非特例。大多數的人生不會遵循明確的線性模式。他們的人生呈現了完全不同的形態。

ii 這個說法源自英文常見的說詞「第二十二條軍規」（Catch-22），用來形容人們陷入某種進退兩難的困境。例如：一個人因為沒有工作經驗，所以找不到工作，但是他又因為沒有工作，所以無法累積工作經驗。用「Catch-30」來形容三十歲，意思是許多人在三十歲這一年會陷入某種困境，想要超越自我或是重新開啟新的人生。

原註

1 *A Short History of Myth* (Canongate).

2 若要了解關於人生形態的演變歷史，可參考：Thomas Cole, *The Oxford Book of Aging* (Oxford University Press) and *The Journey of Life* (Cambridge University Press); Kay Heath, *Aging by the Book* (State University of New York Press); Anthony Aveni, *Empires of Time* (University Press of Colorado); James Gleick, *The Information* (Vintage).

3 這是《皆大歡喜》劇中人物賈奎斯（Jacques）在第二幕第七景說出的一段話，這齣戲劇寫於一五九九年。

4 關於機械時間的緣起，可參考以下書籍：Leonard Mlodinow, *The Drunkard's Walk* (Vintage); Paul Davies, *About Time* (Simon & Schuster); Eviatar Zerubavel, *Time Maps* (University of Chicago Press); and Roy Baumeister, *Identity* (Oxford University Press).

5 Thomas Cole, *The Journey of Life*.

6 Kay Heath, *Aging by the Book*, p. 1ff.

7 莫頓．杭特（Morton Hunt）寫了非常精彩的《心理學的故事：緣起與演變》（*The Story of Psychology*, Anchor Books），描述了佛洛伊德、皮亞傑與鮑比的生平事蹟。

8 *On Death and Dying* (Routledge).

9 *The Hero with a Thousand Faces* (New World Library).

10 關於艾利克．艾瑞克森（Erik Erikson）的生平資料，主要參考杭特的著作；艾瑞克森在以下著作中詳細說明了自己的想法：*Identity and the Life Cycle* (Norton); *Gandhi's Truth* (Norton); and *The Life Cycle Completed*, with Joan Erikson (Norton).

11 *Insights and Responsibility* (Norton).

12 *The Other Side of Sadness* (Basic Books), p. 22.

13 Elliott Jaques, "Death and the Mid-Life Crisis" (*International Journal of Psychoanalysis*, XLVI, 1965, p. 502–14).

14 Dan McAdams, *The Stories We Live By* (Guilford Press); Daniel Levinson, *The Seasons of a Man's Life* (Ballantine); Steven Mintz, *The Prime of Life* (Belknap); Barbara Bradley Haggerty, *Life Reimagined* (Riverhead Books); Kieran Setiya, *Midlife* (Princeton University Press); James Hollis, *Finding Meaning in the Second Half of Life* (Gotham Books).

15 Daniel Levinson, *The Seasons of a Man's Life*, p. 53.

16 蓋爾．希伊在一九七六年出版《旅程》，由杜頓出版公司（E. P. Dutton〔Bantam〕）發行，往後數次改版。她在二〇一四年出版的回憶錄《大膽》（*Daring*）中，詳細描述了《旅程》出版的幕後花絮，包括與羅傑．古爾德（Roger Gould）的官司爭議。

2

擁抱非線性人生

生活失序是什麼意思？

EMBRACING THE NONLINEAR LIFE

What It Means to Live Life Out of Order

我們這個時代的一大特色，就是生活無法預測。它不會依照特定路程、階段、時期或週期發展。生活不是線性的，而且這種趨勢日益明顯。如果你知道如何度過突如其來的轉折與變動，就更能掌控自己的人生、更願意包容失誤，也更能接受每個人都獨一無二。

「我覺得我的人生主題就是改變」

就以麥克連（J.R. McLain）為例。

麥克連在密西西比州西點市（West Point）的一間小醫院出生。他父母經常搬家，先是搬到阿拉巴馬州，之後到路易斯安那州，所以他在十二歲之前讀了九所學校。「我媽說，每次卡車還沒開始卸貨，我就交到新朋友了。」麥克連上國中後，全家人住在一間裝潢精緻典雅的房屋，有一座游泳池。「後來我爸突然心血來潮，決定成為浸信會牧師，後來被指派到這座鄉間小教堂，年收入只有一萬兩千美元。」

有一天，麥克連和七個黑人朋友在教堂前的空地踢足球。「突然一台皮卡貨車按著喇叭開進教堂墓園。一名執事跳下車大吼：『你們這群黑鬼！立刻給我滾出去！』我爸緊握拳頭衝出來說：『只要我在這！這些孩子就可以在教堂墓園玩！』那名執事怒氣沖沖地離開，但是過了幾個星期，我們就被要求搬家了。」

麥克連有注意力不足過動症（ADHD），所以沒能取得中學文憑就離開了學校。他換了好幾份工作，都不怎麼樣，後來加入海軍擔任飛機機師。他曾在佛羅里達州、歐洲和亞洲服役，之後結了婚，但是職業軍人要維持婚姻非常不容易，出於擔心他決定退役，和太太與兩個女兒舉家搬回阿拉巴馬州，改成駕駛十八輪大卡車。

「為了討生活，你得花很多時間在路上。」他說。這也帶給他家人很大壓力。某天他載貨到喬治亞州。「我已經跟公司說了：『這星期我一定要回家幫女兒慶生。』」正當他準備開卡車回家時，公司要求他繞道去一趟芝加哥。調度員對他大吼：「如果你不掉頭，我就去報警，說你偷了我們的貨車！我說：『好啊，那我就把車停在州際公路上，搭便車回家。』」後來他老闆打電話來。「別丟下貨車。我們星期一談談。」那時候麥克連就已經下定決心，辭去卡車司機的工作，報名護理學校。

「我一直希望成為緊急救護技術員（EMT），」他說，「小時候我最喜歡上健康課，很愛看電視影集《緊急情況！》(*Emergency!*) 這個節目。」雖然就讀護理學校的過程一波三折，包括太太在懷第三胎時生了病，麥克連為了照顧她而決定休學一年，但是最後，他以全班第一名的成績畢業。「我真的很開心，小時候我的成績向來很差。」後來奧勒岡的一家醫院提供他工作機會，薪資是他在阿拉巴馬州的三倍，麥克連決定好好把握這次機會。

「老實說，這和我的中年危機沒有任何關係，」他說，「我只是想要給家人更好的生活。」此外，他母親經常打擾他們的生活，他和太太的婚姻遇到了難題，大女兒有社交障礙。「我們都很希望生活有所改變。」

接下來的五年，麥克連經歷了如海嘯般的巨大變動。他轉換生涯跑道、生活區域，改變宗教理念，從浸信會改為非教派基督教。他換了政治立場。他加入護理工會，協助帶領奧勒岡的單一支付者醫療保險推廣活動。但是他說，最困難的改變是轉換育兒模式。「以前我是那種『父母說了算，你不聽話就挨揍』的父母，但是我們希望能和孩子建立更像合作的關係。」

後來他們十五歲的女兒柔伊懷孕時，這種改變真的發生了。「一開始我嚇壞了，」他說。「如果是我闖了禍，我爸一定會修理我。但她是我第一個孩子，我一直回想起她還小的時候，坐在我腿上的情景。我愛她。從現在開始，我們要好好思考該怎麼做。」

柔伊選擇留下小孩，她開始和一名女性約會，最後搬回去和父母同住。當時都四十幾歲的麥克連夫婦，成了孫子的主要照顧者。

這一次劇變帶來的影響起初是實際層面的。「我感覺沒有了壓力。我太太覺得南方很自由；我女兒可以愛她想愛的人。我不需要努力討好別人。」但後來，麥克連看待人生的方式也隨之改變。「我想這是大家共同的體驗，」他說，「但是我感覺，我的人生主軸就是改變。我讀了九所學校、加入過海軍，後來帶著全家跨越整個美國搬回老家。現在我明白：人生本就是不斷變化。有改變，人生才會充滿樂趣。」

蝴蝶效應

現代科學的起源（你也可以說是線性人生大爆炸〔big bang〕發生的時間）是在一五八三年，當時就讀比薩大學的年輕學生伽利略，根據自己的脈搏測量大教堂吊燈擺盪的時間。至於後現代科學起源（也就是非線性人生大爆炸的時間），則是在一九六一年，當時步入中年的麻省理工學院氣象學家愛德華．羅倫茲（Edward Lorenz），觀察到自己辦公室外的雲朵呈現不規則圖案。〔1〕

羅倫茲試圖運用真空管電腦，將反覆無常的變動現象加以量化，雖然不成功，卻因此有了驚人發現，就是後來他所說的蝴蝶效應（butterfly effect）。天氣變化並非規律、週期性的，而是不規律、不具週期的。系統中某個部分的細微影響，可能會改變其他部分的結果。羅倫茲在一九七二年發表一篇論文，標題正是如今大家耳熟能詳的問句：「一隻蝴蝶在巴西拍動翅膀，德州就有可能颳起龍捲風？」〔2〕

羅倫茲並不是唯一觀察到這種不規則現象的人。早在幾個世紀前，達文西就曾提到關於水流的謎團。但是羅倫茲的發現開啟了新一輪競賽，大家爭相探索存在於不同科學領域、但長年遭到忽略的複雜現象，從閃電路徑到咖啡裡的奶油漩渦，再到大腦的神經元傳導。每種現象都是數學家所說的非線性系統（nonlinear system）。

物理學家F．戴維．匹特（F. David Peat）曾寫道，線性思考是以量化、對稱、機械性的觀點看待世界，非線性思考則讓我們擺脫這些束縛。「我們開始想像這世界會變換各種樣貌，時不時出現突如其來的轉折、奇異的鏡像反射、微妙且意想不到的關聯。」〔3〕相當熟悉新興的混沌科學發展史的詹姆斯．格雷克（James Gleick）曾寫道：「非線性意謂著，玩遊戲的行為本身會改變遊戲規則。」〔4〕就好比說，你穿越迷宮時每踏出一步，迷宮的牆面就會自行重組。

以往的科學突破，多半是因為有觀察家辨識出某種現象（例如世界不是線性的），接著其他人就會開始在生活中認識到這種現象。其中有一些已經發生了。我的許多受訪者都曾描述他們的人生不穩定、無常、多變、隨時得適應變化。但是出於某種原因，至今還沒有出現統一說法來描述這種多變性（variability）。

但是，這次我們確實找到了解決方法。正因為我們的世界不是線性的，所以我們應當承認，我們的人生也不是線性的。就和之前的循環人生被線性人生取代一樣，如今線性人生即將被非線性人生取代。

一旦你認可人生不是線性的，就會發現其證據隨處可見：林—曼努爾．米蘭達（Lin-Manuel Miranda）〔i〕在曼哈頓的某家書店隨手拿起一本傳記，寫的是某位被世人遺忘許久的美國開國元勳。知名演員拉娜．透納（Lana Turner）〔ii〕在日落大道上的一家小餐館被發掘。威倫．傑寧斯（Waylon Jennings）〔iii〕在最後關頭放棄了巴迪．霍利（Buddy Holly）〔iv〕包機的座位。麥克連在短短三年內，接連換了工作、住家、教堂、意識形態與教養模式。

i 林—曼努爾．米蘭達是美國作曲家、作詞家、歌手、演員、劇作家、製片人及導演，曾創作與主演百老匯音樂劇《紐約高地》（*In the Heights*）及《漢密爾頓》（*Hamilton: An American Musical*）。

ii 一九二一～一九九五，美國女演員。

iii 一九三七～二〇〇二，美國鄉村音樂歌手、詞曲創鋅者與演員。

如果人生並非線性的，就意謂著我們不該抗拒如上所述的變動與不確定，而應該接受它們。不是只有你的人生遵循某條難以捉摸的路徑，每個人的人生都是如此。

更確切的說，非線性概念有助於解釋為什麼我們時常感到茫然。從小接受的訓練使我們以為，人生就像預設好的篇章，會循序漸進地展開；但是當章節速度變快、順序經常遭打亂，甚至時常相互重疊，我們就會感到錯亂。但現實是：我們都是在地平線上飄動的浮雲、咖啡中旋轉的奶油、瞬間劃破天際的不規則閃電。正因為如此，我們並非異常，只是和其他所有事情一樣。

認清這個現實，才能擺脫已經傳承數百年、以為人生故事必須遵循某種秩序的傳統思維，認識到生活實際上沒有秩序可言；這同時也是一種邀請，讓我們在日常生活看似隨機的事物中，發現比我們所想像還要令人興奮模式。這些模式的根本成分（也就是非線性人生的基本單位），就是重塑我們人生的日常事件，我稱之為干擾事件。最令人意想不到的發現是：這些事件比任何人以為的都還要普遍。

人生干擾事件撲克牌

我們先從定義開始。干擾事件是指「打亂個人日常生活節奏的事件或經驗」。我選擇用干擾事件，而捨棄這些年有些人用的壓力源、危機、問題或其他標籤，是因為「干擾事件」這說法比較中立，不帶有價值判斷。許多干擾事件（例如領養小孩或開始新工作）在傳統上雖不被認為是負面事件，但還是會造成干擾。即使是習慣上視為最負面的事件（例如喪偶或是被解僱），有時反而成為個人重生的催化劑。干擾事件只不過是日常生活中出現的偏差。

我仔細梳理了兩百二十五則人生故事，最後歸納出一份清單，列出了具有重大意義、真正改變人生走向的事件。這些事件非常多元，從結婚到照顧年邁父母，從被開除到被性騷擾，從一夕爆紅到公開被羞辱。總共有五十二起干擾事件，這令我我聯想到一副撲克牌恰好有五十二張，所以我把這份清單命名為人生的「干擾事件撲克牌」。

接下來，我進一步將這份清單劃分為五大故事主軸，原因是我在採訪時發現，這五大主軸是形塑個人身分認同的共同要素。如果依照干擾事件的多寡做排序，五大故事主軸分別是：愛、認同、信仰、工作與身體。涉及「愛」的干擾事件最多，占比達三五%，這裡所說的愛包含了家庭與人際關係等，更廣泛的定義。

如果要進行類比，與這份清單最接近的是「荷姆斯與雷伊生活壓力問卷」（Holmes-Rahe Life Stress Inventory），這是精神科醫生湯瑪斯．荷姆斯（Thomas Holmes）與理查．雷伊（Richard Rahe）在一九六七年設計的問卷。他們找出四十三個生活變動單位（life change unit），依據每個單位造成的壓力程度給予權重。壓力最重的是配偶離世（一〇〇）與離婚（七三）；最輕的是重大節日（十二）與輕度違法（十一）。〔5〕

他們的問卷與我的清單相隔了五十年，兩者有一些有趣的差異。多數項目都很類似，不過他們的問卷包含了日常煩惱（例如重大節日、家庭聚會），但是我採訪時很少有受訪者談到這些。他

iv 一九三六～一九五九，與貓王同時代的美國搖滾歌手。一九五九年二月，正在巡迴演出的霍利租了一架小型飛機，準備搭機到下一個巡演地點，飛機起飛後不久不幸墜毀。

干擾事件撲克牌

愛

結婚
配偶開始／停止工作
離婚／關係結束
不易懷孕
有了新的家庭成員
小孩生病
小孩有特殊需求
小孩監護權更動
小孩離家
兒童時期性創傷
家暴
父母離婚
伴侶離世
親近的家人離世
摯愛之人自殺
摯愛之人上癮
照顧生病的家人
照顧年邁的父母

認同

生活情況改變
在不同國家間移動
改變性實踐
改變性別認同
財務出現重大變動
試圖自殺
無家可歸
公然遭遇羞辱
犯罪受害者
入獄

信仰

開始／結束學校教育
成人教育
政治／社會覺醒
個人召喚
改變宗教習俗
改變宗教／靈性
個人長途旅行
改變社區服務習慣
集體事件（戰爭、暴風、抗議）

工作

改變工作責任
轉換工作
失業／離職
轉換生涯跑道
成立公司／非營利組織
性騷擾／歧視
公開肯定（TED 演講、獲獎）
退休

身體

意外／個人受傷
慢性疾病
心理疾病
個人上癮
戒癮
體重問題
改變個人健康習慣

們的問卷只有一個類別與宗教有關（教會活動的轉變），但是我列了三項（宗教儀式的改變、宗教派系的改變、個人呼召），我認為這樣比較能反映當今靈性認同（spiritual identity）的流動性。

在衡量創業精神興起方面，荷姆斯與雷伊的問卷當中，有八個類別與工作有關，我的清單裡全部都有涵蓋；不過他們的問卷中，沒有任何項目與創辦自己的事業或非營利組織有關。他們有列出離婚這一項，卻沒有包含爭奪監護權，而這個問題現在已經越來越普遍。最不可思議的是，在我們這個時代最具爭議的社會議題，在他們的問卷裡都付之闕如。他們的問卷中沒有性騷擾、家庭暴力、心理疾病、自殺、上癮與公開羞辱，但是隨著網路普及，這些事件越來越常見。這些都是人生故事專案中非常重要且令人心痛的主題。

這些干擾事件會影響後續所有事情，所以我會詳細說明，現在人們普遍會遭遇哪些人生轉變。以下是我的結論：這些干擾事件越來越多元化、發生的年齡層越來越廣，而且數量逐年增加。我們先從其多元化談起。

愛

我們的人際關係受到干擾的原因很多。

蒂芬妮．格萊姆斯（Tiffany Grimes）出生於加州山腳下的淘金古城，家人宗教信仰非常虔誠。她父母各自有七個兄弟姊妹。「我有三十六個堂表親，所以不論是聖誕節、假日還是生日聚會，都非常多人，」她說。蒂芬妮申請就讀南奧勒岡州立大學。「上學第一個月我認識了一個男生，馬上陷入熱戀。」

畢業後，蒂芬妮和男朋友艾瑞克（Eric）到南美自助旅行，結束後回到奧勒岡結婚，兩人親手用稻草隔熱磚打造了一間環保住家。

但是蒂芬妮從來沒有搬進去。「蓋房子的時候，我意識到自己其實喜歡女生。我在基督教家庭長大，所以不認識任何同性戀。我們想過繼續在一起，但是永遠不要有性關係，因為我們深愛彼此。但是到最後，艾瑞克搬進新家，我留在舊家。」

蒂芬妮開始全心擁抱新生活。「南奧勒岡有五個女同志，我全都約會過，」她說。某天她去保齡球館參加了一場名為「女同志在一起」（Les Get Together）的活動，認識了一名水電工。「她非常男性化，沒有塗指甲油，但是也很有女人味。」對方的家人同樣信仰虔誠，當時她剛離婚不久。她們兩人甚至連名字都一樣叫蒂芬妮。

「我們倆笑得很開心。」

兩年後，這兩個蒂芬妮在泰國結婚。為了避免混淆，蒂芬妮二改名叫戴德（Dade）。蒂芬妮開始努力懷孕。「我們很相愛。我們想要生孩子。」

兩人度完蜜月後過了幾星期，一起看了一部紀錄片，片中有個角色是跨性別人士，「故事很有趣，」戴德說。但之後兩人再也沒有討論這個話題。六個月後，戴德接蒂芬妮下班，載她去吃晚餐，然後宣告說她是男人。

「我氣炸了，」蒂芬妮說。「我覺得自己被騙了。我大吼：『我無法跟男人在一起！我才剛離開一個男人！和一個女人在一起！現在和我在一起的女人卻想要變成男人！』」蒂芬妮還鄭重宣告：「要嘛你還是生理女，我們繼續維持婚姻狀態，要嘛你變成生理男，然後我們離婚。」

接下來八個月，兩人再也沒有提起這個話題。「我得了恐懼症。」蒂芬妮說。最後，他們找了治療師，這位治療師說：「蒂芬妮，你要盡量閉上嘴巴，聆聽對方說什麼。戴德，你要盡量說話，讓對方知道你的想法。」

「就在那一刻我突然想通了，」蒂芬妮說，「我太太實際上已經死了，現在在我面前的是個全新的人，他很努力想要做自己。」

接著的那週，他們到太浩湖度假。第一天早上，戴德拿著一杯咖啡走到陽台上打水漂。「那畫面我永遠都不會忘記，」蒂芬妮說，「我記得當時我感覺我不想結束，我愛他。我愛他的一切。所以我告訴他：『我哪都不去。』」

隔週，戴德開始施打荷爾蒙。戴德真正成為男人之後，依照法律規定，兩人必須重新結婚。他們甚至成立了YouTube頻道，分享兩人的故事。過沒多久，蒂芬妮懷孕了。

「一切來得太快、變化太大了，」蒂芬妮說。「直到有一天，我的身體已經轉變成一個母親，他的身體也已經轉變成一個男人，我們說：『現在我們要開始另一段旅程，我們要好好學習如何用現在的樣子相愛。』」

我問蒂芬妮，她現在如何定義自己：同志、異性戀者，還是有其他說法？「我現在四十三歲，婚姻幸福，是兩個小孩的媽媽，」她說，「其他的，誰在乎呢？」

蒂芬妮的故事之所以特別，是因為從許多方面來看其實很常見。現在我們的家庭與人際關係正處於劇烈變動期。有些統計數據證實了這一點。如今婚姻的重要性降至五百年來的新低點。自一九五〇年以來，結婚率下跌了三分之二〔6〕，同居伴侶關係、開放式關係、多重伴侶和其他伴侶關係取而代之。由已婚伴侶組成的家庭，占比不到一半。〔7〕

這些變動顛覆了傳統家庭的結構。有四分之一的小孩由單親父母撫養，自一九六〇年以來成長了三倍。有一半的小孩經歷父母離異，其中又有一半會二度經歷父母離異。〔8〕領養數逐年成長，同志家庭與擁有三個父母的三親家庭日益增加。此外越來越多成年的孩子搬回父母家住。這是史上第一次，十八歲到三十四歲的成年人，與父母同住的人數竟超越了與戀愛伴侶同住的人。〔9〕

再舉幾個我所聽到、涉及到愛的干擾事件案例：

- 喬治亞州保守派議員艾倫．皮克（Allen Peake）原本前途一片看好，但是他在艾希利麥迪遜網站（Ashley Madison）認識一名女子後〔v〕，雙方自願發展婚外情，這段關係維持了非常多年；後來網站會員名單遭到外洩，這段婚外情意外曝光，就此斷送了皮克的政治生涯。
- 詩人與小說家羅絲瑪麗．丹尼爾（Rosemary Daniell）在十六歲那年結婚，但是她先生經常凌虐她，度蜜月時甚至企圖淹死她；第二任丈夫在兩人度蜜月時，坦白說出他家族的黑暗祕密；第三任丈要求維持開放式關係；第四段婚姻至今已維持了三十年。
- 凱西．凱斯（Kacie Case）是第九代墨屬德克薩斯後裔〔vi〕，在學校擔任老師，後來發現她的第一個小孩罹患了血液疾病，無法上學，於是她和先生賣掉房子，搬進露營車裡，一邊旅行、一邊教導孩子學習。

認同

與認同干擾有關的故事也非常多元，而且持續增加。

列夫．斯維里多夫（*Lev Sviridov*）出生於蘇聯，當時正逢冷戰高峰期，他父親是名被政府列入黑名單的記者，母親是單親媽媽，小時候曾經歷過史達林統治。「我媽不喜歡我這樣說，但我確實是私生子。」列夫五歲時，食物供給系統崩潰；十歲那年，蘇聯瓦解。當他十一歲時，和母親拎著兩個行李箱和一個玩具，遠渡重洋來到紐約，參加一項為期半年的研究計畫。就在他們依照原訂行程返回莫斯科之際，蘇聯國內發生政變。在前往機場的路上，列夫懇求他母親留下。

「她同意了，但是這也意謂著我們會變成無證移民，」他說，「也就是說我們將無家可歸。」

接下來一年半，列夫和母親只能在曼哈頓街上流浪。「她會說：『我們是觀光客！我們晚上出來逛逛！』早上他們會去圖書館或公車站洗漱，想辦法小睡一下，然後找個安靜的角落或沙發休息。「後來我得了肺炎，於是我們走路去康乃爾醫院，因為我們很害怕，不敢叫救護車。我總共得過七次不同的肺炎。」

列夫的母親後來終於找到某個人權組織，幫她取得記者身分。他們搬進布朗克斯的一間公寓，列夫進入公立學校就讀。一開始他完全無法適應新生活。「我和同齡人之間連基本交情都談不上，」他說。「我是看著兩個節目長大的：《辛普森家庭》與《價格猜猜》（*The Price Is Right*）。」

v 艾希利麥迪遜網站總部位於加拿大，是主打婚外情約會的網站，因而遭致許多批評。

vi 指的是一八二一至一八三六年間被墨西哥統治的德克薩斯地區。

但是，他也因此深深愛上了美國。

「我對自己人生的看法是，能夠來到這個國家真是莫大的恩典。我們原本一無所有，卻能享有醫療保險，得到很好的教育機會。我開始意識到，美國這個國家有多麼了不起。」

列夫投注畢生心力回報這份恩情。他拒絕進入長春藤名校，選擇就讀紐約市立學院（City College of New York），當上學生會主席。他獲得羅德獎學金，取得化學博士學位，之後回到母校主持一項計畫，幫助第一代學生在美國站穩腳步，成功實現美國夢。他人生的一大成就，就是為母親在洋基球場附近，買下她的第一棟房子。

直到相對近期，多數人依舊認為，他們與生俱來的身分（包括社區、宗教、性取向、性別與階級），是固定不變的。可是現在，這些全都可能改變。大多數人至少會改變其中一項；也有不少人改變不只一個。（我把其中四種身分歸入「認同」這個故事主軸；把宗教歸入「信仰」主軸。）

在社區層面：一個人一生平均會搬家十一．七次；三分之二的人沒有住在出生時的社區。[10]在性取向層面：出現了全新的字母表，除了L（lesbian，女同志）、G（gay，同志）、B（bi，雙性戀者）之外，現在還有T（transgender，跨性別者）、A（asexual或ace，無性戀者）、Q（questioning，疑性戀者[vii]；或是queer，酷兒）、P（pansexual，泛性戀者）、K（kink，特殊性癖好者）。在性別層面：臉書有七十一種性別選項，例如：雙性（不認為自己是男人，也不認為是女人）、性別酷兒（認為自己的性別超越二元性別）、雙靈（北美原住民使用的性別詞彙，指同時擁有男性與女性特徵的人）。[11]在階級層面：有三六％的美國人社經地位向上提升，有四一％的人向下流動。[12]

以下是我所聽到與認同有關的干擾事件案例：

- 阮林（Linh Nguyen）在一九七五年搭乘倒數第二架直升機逃出西貢。他們全家獲得美國聖公會資助，被安置在南卡羅來納州，正值青春期的他成了難民，一句英文也不會說。五年後他成功進入耶魯大學就讀。
- 夏薇．維斯伯格（Chavie Weisberger）在紐約的極端正統派猶太教家庭長大，十八歲那年透過包辦婚姻結婚，沒多久就生下兩個孩子。但是，她也覺得自己喜歡的是女人，後來便決定出櫃，放棄猶太教，打贏了一場具指標意義的官司，與先生共同擁有小孩的監護權。
- 薩爾．詹班科（Sal Giambanco）二十三歲時曾立下貧窮誓言，成為耶穌會會士，但是十年後轉換跑道，成了矽谷百萬富翁，後來分別和三名男子有過婚姻。

信仰

我們的信仰系統或許比我們的身分認同更容易生變。

布莉塔妮．威倫德（Brittany Wilund）於一九九四年出生在南加州西哥倫比亞市。她父母在大學時創辦了一所教會，在家親自教育三個小孩。據布莉塔妮表示，她在成長過程中，一直被灌輸「非常、非常保守的基督教故事」。她是完美主義者，喜歡遵守規則，這有助於她在原本的成長環境中生存；但是她也很叛逆，是「非常規性別者」（gender-nonconforming），這些特質都不見容於她的成

vii 疑性戀者指對個人性別、性取向、性向認同等，仍處在疑惑與探索階段，不願做出選擇。

長環境。「我八歲那年因為頭髮剪太短，不小心被趕出女廁。我只穿我哥的衣服。每次被逼著穿上復活節洋裝，我都會大吵大鬧。」

布莉塔妮進入公立中學就讀後，開始質疑自己的信仰。「我必須搞清楚我到底是不是基督徒。」她說。她尤其不認同地獄的概念：「那些火焰和火，似乎跟一個人是好是壞沒有多大關聯，」她也無法接受，不信基督的朋友會受到詛咒的說法：「這完全沒道理啊，也不公平。這世上還有很多不同的觀點，我都想了解看看。」她說。

她也覺得自己喜歡女人。「年輕的時候我很排斥同性戀，因為身邊每個人都是這樣。但是我也覺得自己有點同性戀傾向，所以感覺很錯亂。」

布莉塔妮上了大學後，逐漸與家人疏遠，沉浸在藝術創作中，將個人情感投注到大膽的表演藝術作品，例如她親手打造一個金屬籠，然後在籠裡播放一段錄音，內容是她曾聽到別人羞辱她、或她貶低自己的評論。

她說：「我父母人很好，我不想讓他們難過，但是最終我還是要坐下來，好好跟他們說：『對不起，我已經不是基督徒了，那不是我的信仰。』我希望他們尊重我的決定，他們說他們會一直祈禱，希望我找到真理。」

大學畢業後，布莉塔妮搬去夏威夷，開啟新生活，為美國零售商 Anthropologie 設計櫥窗〔viii〕，和一名（男性）衝浪手約會，兩人嘗試過著沒水沒電的車旅生活（#vanlife），最後住進一輛報廢的校園巴士，她把巴士改裝成陶瓷工作室。後來她和幾位朋友聯繫了一座廢棄糖廠的老闆，希望將該處打造成藝術家聯合工作室。這令她聯想到父母創辦教會的經歷，也讓他們之間的關係開始緩和。當我詢問她未來有什麼夢想時，她說：「透過藝術，重新與家人建立連結。」

如今美國人的信仰正經歷前所未有的劇烈變動，其中有一部分與宗教信仰有關。美國人有一半在一生中會改變宗教信仰〔13〕，有四成與信仰不同宗教的配偶結婚。有四分之一的美國人表示，目前沒有任何宗教信仰。〔14〕此外，政治信仰的變動程度也超乎預期。有四成的美國人表示，自己不屬於任何黨派，高於二十年前的三成。〔15〕有一半的千禧世代改變政黨傾向。〔16〕旅行有助於思想開放。在美國，每四個人當中就有一個每年會出國旅行，這個數字在過去二十年成長了四倍。〔17〕

以下是我所聽到與當代信仰有關的干擾案例：

- 約翰．莫瑞（John Mury）的父親是美國軍人，母親是韓國人，他九歲時父母離婚，從此他陷入憤怒與怨恨。他的生活被切割成兩個世界，直到十九歲那年，某天他穿越一座積雪的橋樑時，突然感受到上帝召喚，成為宣教士。
- 喬瑟琳．沃茲伯格（Jocelyn Wurzburg）是一名猶太裔家庭主婦，原本在曼菲斯（Memphis）過著安逸的生活，但是馬丁．路德遇刺之後，她決定成立交流餐會，邀請黑人與白人女性一起參加。
- 馬克．萊克曼（Mark Lakeman）原本在波特蘭（Portland）一家建築師事務所工作，卻發現公司某些做法違反道德，便毅然決然辭職。後來他花了一年拜訪全球各地的原住民部落，回國後成立了另類非營利組織，在繁忙的都市十字路口開設露天茶館。

viii Anthropologie是美國服飾及家居用品品牌。

工作

工作是最常發生意外變化的生活領域。

布萊恩．魏契（Brian Wecht）在紐澤西出生，父母兩人的信仰不同。他父親經營一家軍用品店，經常到拉斯維加斯觀看貓王和法蘭克．辛納屈演出。布萊恩很喜歡上學，特別是數學和科學課，還熱愛爵士薩克斯風與鋼琴。「我小時候很胖，經常被霸凌，嚴重影響我的身分認同。我只記得自己沒什麼朋友。」

布萊恩雙修數學與音樂，研究所選擇爵士作曲。但是他的女朋友搬去聖地牙哥後，他決定放棄音樂，就讀加州大學聖地牙哥分校的理論物理學。六個月後，兩人分手；六年後，他取得博士學位。他成功破解了弦理論（string theory）長期懸而未決的問題（四維超共形場理論〔SCFT〕的精確超共形R對稱），成為全球知名的明星學者，先後取得麻省理工學院、哈佛大學、紐澤西普林斯頓高等研究院的研究獎學金。此外他還獲得了非常難得的工作機會：粒子物理學終身教職，地點在倫敦。從此他可以過著無憂的生活。

只除了一件事。

他一直沒有放棄音樂嗜好。他在即興劇團演出時，認識了他太太。後來他和朋友丹成立「忍者性愛派對」（Ninja Sex Party）喜劇樂團。「參加教職面試時，我都覺得是在搬石頭砸自己的腳，因為樂團表演時我會打扮成忍者，唱著跟屌和做愛有關的歌。」

布萊恩抵達倫敦時，樂團演出的影片早已四處瘋傳。他在電話上哭著對丹說：他們是不是應該把副業變成主業。那時候布萊恩和太太已經有了一個女兒，所以這個決定聽起來很荒謬。「別放棄，」他的物理學指導教授說，「你是我班上唯一找到工作的學生。」

他太太雖然支持他，但是她說她不能替他做決定。他心想，如果我決定賭一把，但最後失敗了，等於是為了這個無厘頭的 YouTube 生涯毀掉我的未來。可是他又想到，如果我不跳下去，等到我七十歲時回頭看現在，我會說：「幹，當初應該試試看。」

最後，他終於下定決心。「我寧可帶著恐懼、冒著失敗的風險過生活，也不要為了追求安穩，事後感到後悔。」

布萊恩舉家搬到洛杉磯。「忍者性愛派對」推出了新專輯，登上《康納秀》（*Conan*）節目，接受《華盛頓郵報》專訪，專輯也順利擠進告示牌排行榜前二十五名。他們在全美各地巡迴演出，門票全部銷售一空，其中一場是在拉斯維加斯的布魯克林保齡球場。

現在的美國人經常換工作。一般工作者在五十歲之前，平均跳槽十二次。〔18〕受過高等教育的人可能會跳槽十五次，而且工作技能會經歷三次轉變。〔19〕如果是典型的工作，同一份工作平均會做四年；但如果工作者是三十五歲以下，那大概只會做三年。〔20〕報導指出，有一半的美國工作者可能會被自動化取代。〔21〕這也是為什麼有九十％的美國工作者對工作失去熱忱〔22〕，有六成選擇轉換跑道〔23〕，四成會經營副業。〔24〕所以結論是：現在的美國人不再將他們的職涯視為一條路徑，反而比較像是投資組合（portfolio）。〔25〕

以下是我所聽到與工作有關的干擾事件案例：

- 艾美・康寧漢（Amy Cunningham）是女性雜誌自由撰稿人，兒子正值青春期，他們住在布魯克林。後來她父親過世，葬禮在南卡羅來納州舉行，整個過程讓她深受感動，於是她決定進入葬儀學校進修，最終成為一名倡導環保的禮儀師。
- 吉娜・札克（Gena Zak）曾加入美國海岸防衛隊，退役後一度擔任1-800-Flowers業務員[ix]，五十多歲時辭去在威訊（Verizon）的安穩工作，在緬因州成立一家生活風格企業，提供度假屋維護服務。
- 麥可・米契爾（Michael Mitchell）曾是兒童泌尿科權威，他一直無法適應退休後的生活，後來他開始從事教學工作，指導年輕醫師，並要求他太太列給他一長串待辦事項，好讓他得以彌補孩子年幼時他經常缺席的遺憾。

身體

最後一種干擾事件是人類身體，同樣經常發生變化。

蘭狄・萊莉（Randy Riley）在十三號星期五出生。「這多多少少影響了我的人生，」她說。「我出身藍領階級，從小就很聰明。順利完成學業，也沒有健康問題，一切都非常順利。」她曾是印第安那州壘球冠軍隊選手，還被選為返校節皇后。[x]「那時候真的很開心。」

萊莉在普渡大學讀完大一之後，開始發胖。「原本我以為只是常見的大一新生發胖現象，但是那年夏天我經常跑五千公尺，身上容易瘀血，而且常常胃痛。」某個週末她突然吐血，一位朋友問她：「你是不是肝臟有問題？你的眼睛真的很黃。」

她男友開車載她去醫院。檢查結果顯示她的肝酵素超標，但是當地醫生不知道原因出在哪。後來萊莉的身體機能開始衰弱，醫院用飛機將她轉診到芝加哥大學醫學中心，經診斷她得了威爾森氏症（Wilson's disease），這是相當罕見的自體免疫血液疾病，會導致銅在體內堆積。她的肝臟已經損壞，肺部積水，再拖上幾個小時她就死了。

「我感覺我的心像是沉入了大海。」她說。

三個月後，蘭狄接受第一次肝臟移植手術。後來她回到學校取得護理學位，然後結婚。接下來兩年，她陸續裝了八支胰管引流支架，「他們開給我大量止痛藥，多到能殺死一隻驢，」她說。

表面上，蘭狄已經完全康復。她在一間血液實驗室工作，婚姻美滿，撫養年幼的女兒和兒子。她說：「我的身體完全能正常運作，但可怕的是，為了消除慢性疼痛，我開始依賴止痛藥。我徹底對鴉片類止痛藥上癮。」

蘭狄努力要擺脫對止痛藥的依賴，但是當她接受第二次、第三次肝臟移植時，再度上癮。最後她花了三年服用維持性藥物（maintenance drug），才終於成功戒癮。「你看，如果你不認識我，你絕對不會想到我會經上癮，」她說，「我很健談，有兩個年幼的孩子，星期天會上教堂，我就是典型的中西部人。」接著她說，她也不是壞人。「一般人不了解，有時候醫生會過度用藥，病人很容易就上癮。這會發生在你本人或是認識的人身上，然後就變成了真實，非常真實、非常快速。」

ix 1-800-Flowers 是花卉與食品禮品零售公司。

x 美國中學每年在暑假的返校節時會進行評選，由所有學生投票選出品學兼優且人緣好的學生。

你可能以為，現代醫學能讓人類的身體更能夠抵抗疾病，但是每一次進步，都會引發許多新的憂慮。現在美國人的青春期提早到來[26]，更年期推遲[27]，臨終期拖得更長。憂鬱症、焦慮症與自殺流行潮更是前所未見。[28]自二〇一〇年代末期至今，美國人的平均壽命持續下滑，這是第一次世界大戰以來首次出現的現象。[29]十個美國人當中，有六個人至少罹患一種慢性病，包括：心臟病、高血壓、關節炎或糖尿病；有四成的人罹患一種以上的慢性病。[30]有三分之一的美國人得癌症，四分之一有焦慮症，五分之一有慢性疼痛。[31]這些健康問題隨著年齡增加逐漸惡化，老年人的占比也越來越高。在一九二〇年代，六十五歲以上人口占五%，現在則是十六%。[32]預計到了二〇五〇年，老年人口的比例將大幅提高到七五%。[33]

以下是我所聽到與身體有關的干擾事件案例：

- 傑佛瑞・斯巴爾（Jeffrey Sparr）是俄亥俄州立大學的大一新生，也是一名網球選手，他身上長了股癬，他沒辦法視而不見，經常一天要檢查十多次，這正是他患有強迫症（ＯＣＤ）的第一個症狀，現在他依靠藥物和藝術治療對抗強迫症。
- 利・溫芝（Leigh Wintz）是某個國際非營利組織的領導人，由於每年要旅行十幾萬公里，她罹患了睡眠呼吸中止症與糖尿病，後來又發現長了卵巢瘤，這促使她決定離婚，雇用一名教練，成功近三十公斤。
- 卡洛琳・葛拉漢（Carolyn Graham）曾遭女童軍隊長性虐待，後來得了萊姆病，身體變得非常虛弱，某日她把足以致命的大量抗憂鬱藥倒進麥當勞奶昔裡，走去大西洋沿岸的卡納維爾角，這是她第一次試圖自殺。後來她又嘗試了一次，自殺不成後她轉向替代療法，最終痊癒。

從以上所舉出改變我們人生的各種事件，可以歸納出關於干擾事件的兩大法則：第一，干擾事件變得越來越普遍；第二，干擾事件發生的時間跨度越來越廣。

每當人生發生劇變時

中年危機的概念從一開始就站不住腳。這個概念認為，身處相同文化的每個人會在特定時間點（四十到四十歲半之間）經歷相同的危機——這顯然非常荒謬。其實，學者只花了幾年就揭穿了這個概念的假象。具體來說，他們並不是發現某些人在中年期不會經歷轉變，而是發現：每個人一生會經歷十多次轉變，中年危機只是其中之一，這也是我在人生故事專案中發現的事實。

整體來說，中年危機概念有三大致命傷。第一，實證數據無法提供佐證。《旅程》這本書出版後，開啟了新一波研究熱潮，規模最大的是一九九五年進行的「美國中年危機」（Midlife in the United States），共有十三位學者與七千名受試者參與，受試者年齡介於二十五到七十四歲之間。研究人員最後得出結論：「要說大多數美國人會經歷中年危機，相對而言，證據其實很薄弱。或者更廣泛來說，並沒有足夠的證據顯示我們的人生會遵循相同模式，在預定的時間點發生危機及維持穩定。」只有四分之一的受試者表示，他們在中年時期遭遇挑戰，而且這些挑戰主要與某些事件有關，而非是對死亡感到絕望。[34]人們步入中年與老年之後，反而覺得更快樂。《紐約時報》曾寫道：「新研究發現，中年是人生的黃金時期。[35]

第二，中年這個說法有很大的彈性，所以幾乎變得毫無意義。當人們越來越早進入青春期、越晚邁入老年，代表中年期會越拉越長。研究顯示，年輕人認為中年介於三十到五十五歲，年紀較長的人則認為是四十到七十歲之間。就和中產階級的概念一樣，現在每個人都是中年人啦！[36]

第三，以前大多數人會在特定的年齡區間，經歷特定的生命事件，例如結婚、買房或生兒育女，現在這些事會在幾十年間發生。例如，許多人剛過二十歲就生了小孩，有些人則拖到四十歲出頭，還有人更晚才生第二胎。此外，以前只有在中年期發生的事，例如職涯轉變或是換了伴侶，現在會在成年期的任何時候發生。[37]

最後一點值得深思，因為這是非線性人生的關鍵。我們會不斷經歷各種轉變。更重要的是，改變是人類的天性。第一代心理學家認為，人類在二十一歲時就完成發展。但是現在，這種看法早已過時。近期有大量腦部研究顯示，我們在任何年紀都能夠改變。就如同某位神經科學家所說的：「大腦在我們的一生中都不斷重塑自己。」[38]

所以最後的結論是：我們應該徹底捨棄中年危機概念，用更貼近現實的概念取代：人生危機會在任何時候發生；或者更中立的說：人生隨時會發生變動。我請所有受訪者分享他們人生的高峰、低谷和轉捩點，再將每個人的回答製成圖表，結果令我大吃一驚：重大人生事件發生的時間點，平均散布在人生各個階段。

來聊聊人生低谷這個最接近「中年危機」的概念。三十多歲的人表示，他們成年後低谷期分布的時間非常平均，每隔五年就出現一次；四十多歲的人呈現類似的分布情形。如果是五十多歲的人，他們在三十和四十多歲時低谷期開始增多，到了五十多歲依舊居高不下。六十多歲的人低谷期分布的時間最廣，轉捩點發生的時間甚至更分散。

接著我進一步分析。為了消除年齡因素影響，我將每個人發生重大轉捩點時的歲數，除以他們接受我採訪時的歲數。由此得出的數值，代表了這些轉捩點在受訪者人生當中所處的位置，與年齡無關。結果我發現，這些低谷期分布得非常平均。

所以我的結論是：我確實沒有找到證據顯示，重大的人生干擾事件只會發生在三十五到四十五歲之間。相反的，這些干擾隨時都可能發生。

以下案例可以證明，人生變動會在任何時候發生：

有些人早在胎兒期就開始經歷動盪。艾美．康寧漢的哥哥在十三個月大時過世，她媽媽隨即宣告想要懷上另一個孩子，因此艾美是從「一個滿懷哀傷的子宮」出生的。威爾．戴納（Will Dana）家中有四個小孩，他是老么，他父母永遠有吵不完的架，他出生沒多久雙親就離婚了。「我在混亂中出生，卻對這些混亂一無所知。」

低谷與轉捩點：三十多歲的人

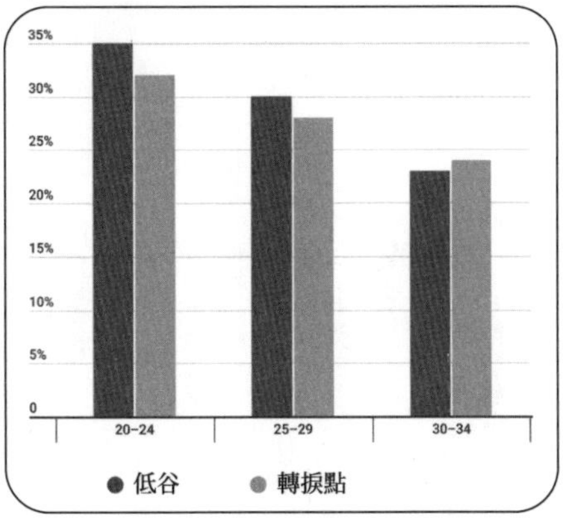

低谷與轉捩點：四十多歲的人

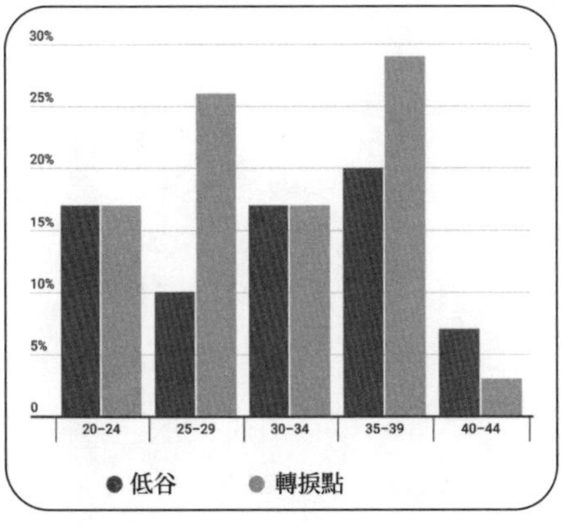

有些人在童年時期就經歷了重大創傷。莉茲・麥奎爾（Liz McGuire）邁入青春期時，母親就患了重病，莉茲必須像個媽媽一樣地照顧坐輪椅的母親，這讓她陷入孤獨的漩渦。巴迪・凱西（Buddy Casey）出生於北卡羅來納州，他們家位在一條泥土路尾端，沒有自來水可用，父母沒有受過教育；他在六歲那年被一個男孩性侵。

還有不少人是在二十多歲時面臨重大考驗。賽斯・穆努金（Seth Mnookin）讀中學時開始接觸毒品，雖然順利從哈佛大學畢業，但是在二十多歲時因為吸食海洛因，與家人漸行漸遠，只能住在自己的車裡。二十六歲生日那天成了他人生的轉捩點——就在這一天他成功戒毒。吉爾・卡麥隆・米歇爾（Jill Cameron Michel）十多歲時受到感召決心事奉上帝，就讀大學時在密蘇里州牧養一間教會，並在二十四歲時結了婚。兩星期後，她先生向她坦承他是同志。

另外一些人是在年紀稍長後才遭遇劇變。雪莉・艾格蒙特（Shirley Eggermont）來自明尼蘇達州，有七個孩子，性格溫順，和先生一起經營彈珠台事業長達四十一年，但後來她發現先生居然已經外遇了十年，這令她下定決心逼自

低谷與轉捩點：六十多歲的人

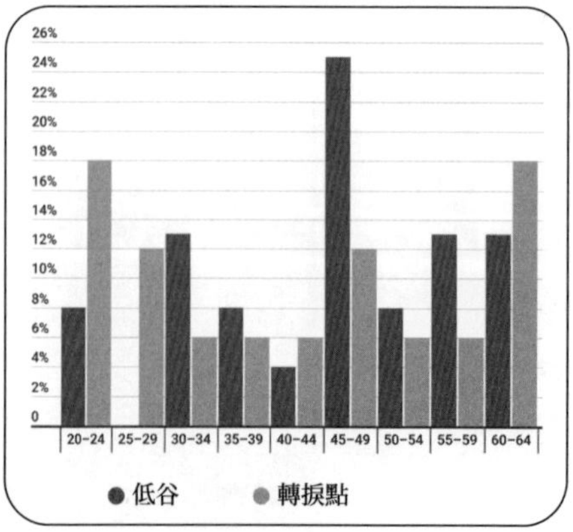

低谷與轉捩點：五十多歲的人

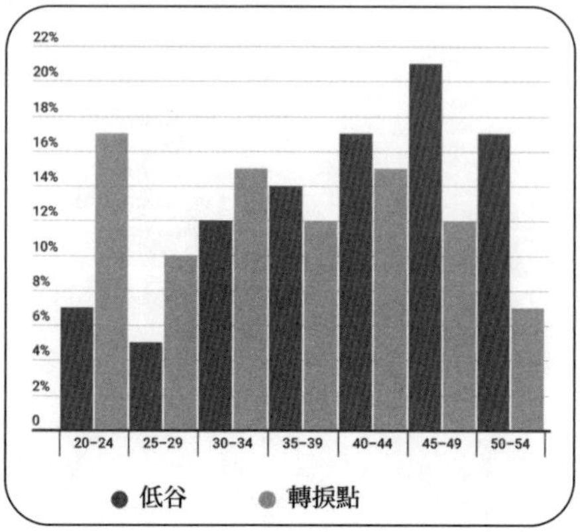

己走出原本封閉的世界。約翰・史密薩（John Smitha）曾經參與美國軍事行動，殺害了四十名利比亞人，對此他一直羞愧不已。罪惡感糾纏他將近五十年，直到後來他開始為身心障礙退伍軍人提供協助，才終於找到上帝、求得平靜。

關於人生劇變會在任何時候發生，性覺醒是絕佳例證。亞當・佛斯（Adam Foss）在十四歲那年開始性成癮。艾克斯娜・佩萊特（Xanet Pailet）三歲時，父親過世、母親精神崩潰，她感覺與自己的身體失去連結，直到五十多歲之前，她一直無法建立有意義的性關係（包括與她先生）；現在她成了一名緩慢性愛（tantric sex）教練。西恩・柯林斯（Sean Collins）五歲時意識到自己是同志，但是他在十八歲那年加入本篤會修道院，好掩蓋自己的性取向；然而五年後他終於明白，「獨身禁慾並非答案」，因此離開了修道院。

轉捩點會在人生任何時候發生

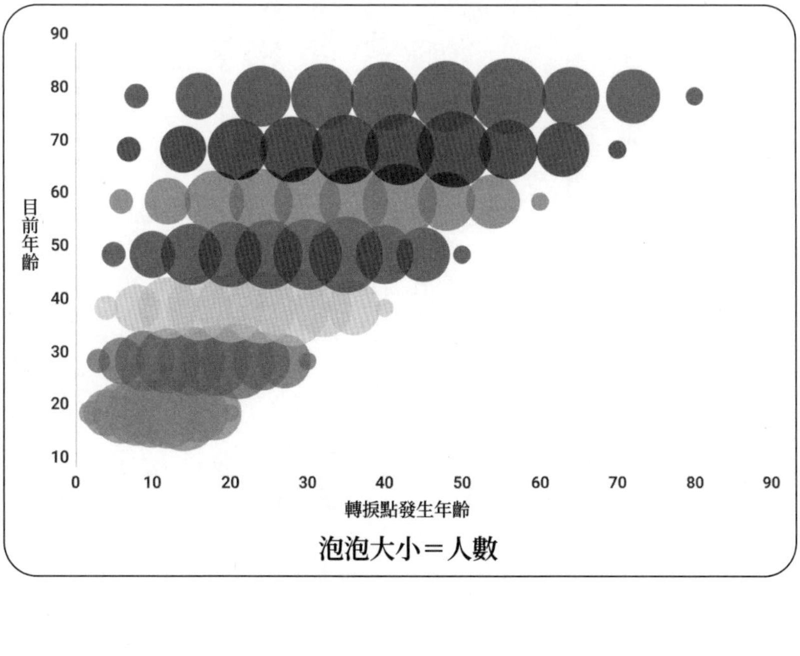

干擾事件是人生的一部分，是每個人生階段都會遭遇的現實。這些事件不會遵循生理時鐘、社會時鐘和人工時鐘，他們有自己的時間節奏。

我會遭遇多少干擾事件？

那麼每個人會遭遇多少干擾事件呢？比你以為的要多——這也是干擾事件的最後一條法則。

我採用兩種方式計算數字。首先，我蒐集所有公開數據。例如：我們知道每個人平均轉職次數（十三）、搬家次數（十一．七）、意外事故發生次數（三次）。[39]我們也知道結婚人數比例（十分之七）[40]、出軌比例（五分之一）[41]、離婚比例（五分之一）。有一半的美國人會罹患心臟病[42]；四分之一會有成癮問題[43]，三分之一的女性、六分之一的男性會受到性侵犯。我甚至沒有計算飲食控制的次數（五十五）[44]或陷入財務困境的人數比例（三分之一）[45]，因為很難量化這些事件的干擾程度。[46]

計算之後我得出以下結果：每一名成年人一生中，平均會遭遇三十到四十起干擾事件。

接下來我重新查看自己的採訪內容，計算受訪者描述干擾事件的頻率。受訪者當然不可能告訴我每次搬家、分手或換工作的經歷，但我還是發現了明顯的規律：人們在成年後，平均會經歷三十六起干擾事件。

計算出上述兩個數值後，就可以清楚看出一條明確的經驗法則：

一個人平均每十二到十八個月，會經歷一次干擾事件

當我和別人聊起這項發現時，他們非常驚訝，但也只能無奈接受。他們先是發出哇的一聲，接著脫口而出：是啊。別忘了，這些干擾事件都是生活中司空見慣的麻煩，並不會真正破壞我們的人生（第三章會進一步說明這些事件）。更重要的是，當你開始接受每個人都經常遭受現代生活常見的側風襲擊（等等！真是一波未平、一波又起啊！），你才能理解，某些干擾事件會來得不是時候。干擾事件發生時，人們會有情緒反應，我們會覺得心煩、困惑、精疲力盡，這正是現代人對人生感到不滿的一大原因。

我相信，我們一直還沒擺脫線性思維的幽靈。

過去我們一直以為，人生會遵循一條可以預測的路徑，如果不是如此，我們就會心生不滿。我們預期人生是線性的，但現實是非線性的。即使是某個領域線性發展（生涯穩定或是婚姻維繫多年）的人，在別的領域也可能是非線性發展（反覆出現健康問題，或是不斷改變宗教認同）。幾乎每位受訪者都表示，至少有某個人生領域會偏離計畫、脫離常軌、不同領域狀態不同、失序。

每個人都會拿自己與那個早已不存在的理想做比較，如果未能達到那個理想就苛責自己。

對不同的人來說，生活失序代表不同的意義。六十三歲的羅瑞塔．帕拉姆（Loretta Parham）由於女兒因車禍喪生，只得撫養兩個孫女。二十九歲的莎拉．庫柏（Sarah Cooper）第一段婚姻僅維持了三個月，不得不搬回去與父母同住。佛烈德．施勒莫（Fred Schloemer）在五十多歲時出櫃。溫狄．阿倫斯（Wendi Aarons）由於二十多歲便結了婚，而無法參加朋友圈的社交活動。莎拉．霍爾布魯

克（Sarah Holbrooke）得知她先生在她懷孕時出軌，因此剛生完孩子不久就重返單身生活。卡翠娜・阿爾康（Katrina Alcorn）還沒和第一任丈夫離婚，就和第二任丈夫一起買了一棟房子。

我四十三歲再度當爸爸時，我的小孩被診斷出腫瘤。

然雖然人生就像玩「撿撲克牌」（52 card-pickup）遊戲一樣瘋狂，不會依照既定順序，不過還是有好的一面——以後我們不會再受限於既定期望，包括來自父母、鄰居、或是自己的期望。應該列車的速度已經放緩。我們每個人都可以自己做選擇，自行決定哪些事情能帶給我們平靜。

然而壞消息是，我們的人生也因此變得更加艱難。當我們有無限種選擇時，反而難以做決定。當我們試著寫出自己的人生故事，可能會腦袋當機，寫不出任何東西。成功與失敗的差別，或者說實現自我與充滿挫敗的人生之間，最主要的差異在於：你如何應對挑戰，為自己的人生創造意義。幸運的是，現在有越來越多相關知識，可以讓整個過程變得更容易一些。

原註

1 關於混沌理論與複雜物理學的文獻資料相當豐富。我的參考書目如下：James Gleick, *Chaos* (Penguin Books); John Briggs and F. David Peat, *Seven Lessons of Chaos* (HarperCollins); John Gribbin, *Deep Simplicity* (Random House); Steven Strogatz, *Sync* (Hyperion Theia).

2 羅倫茲的原始論文〈決定性的非週期流〉（Deterministic Nonperiodic Flow）刊登於《大氣科學期刊》(*Journal of the Atmospheric Sciences*, 20 (2).)

3 Briggs, *Seven Lessons*, p. 5.

4 Briggs, *Seven Lesson*, p. 24.

5 湯瑪斯・荷姆斯（Thomas Holmes）與理查・雷伊（Richard Rahe）在一九六七年發表「社會再適應力量表」（The Social Readjustment Rating Scale），刊登於《心身學研究期刊》(*Journal of Psychosomatic Research*, vol. 11, issue 2, 1967)。

6 Mintz, *Prime*, p. 169.

7 Mintz, *Prime*, p. 98.

8 https://census.gov/topics/families.html

9 Pew Research Center, 2016.

10 "Reason for Moving: 2012 to 2013," United States Census Bureau; "Who Moves? Who Stays Put? Where's Home?" Pew Research Center, 2008.

11 "Facebook's 71 Gender Options Comes to UK Users," *The Telegraph*, June 27, 2014.

12 "Harder for Americans to Rise from Lower Rungs," *New York Times*, January 4, 2012.

13 "U.S. Religious Landscape Survey," Pew Research Center, 2008.

14 "America's Changing Religious Landscape," Pew Research Center, 2015.

15 "Americans Continue to Embrace Political Independence," Gallup, 2019.

16 "Half of Millennials Independent," *Politico*, 2014.

17 Monthly Tourism Statistics, travel.trade.gov.

18 Bureau of Labor Statistics, August 22, 2019.

19 Mintz, *Prime*, p. xii.

20 Jenny Blake, *Pivot* (Portfolio), p. 4.

21 Carl Bededikt Frey, Michael Osborne, "The Future of Employment," Oxford Martin Programme of Technology and Employment, 2013.

22 Blake, *Pivot*, p. 4.

23 Roman Krznaric, *How to Find Fulfilling Work* (Picador), p. 11.

24 "How Many Americans Have a Side Hustle," *The Motley Fool*, June 25, 2018.

25 Krznaric, *Fulfilling Work*, p. 85.

26 "Early Puberty," *Scientific American*, May 1, 2015.

27 Heath, *Aging*, p. 74.

28 "Depression, Anxiety, Suicide Increase in Teens and Young Adults," CBS News, March 14, 2019.

29 "U.S. Life Expectancy Declines Again, a Dismal Trend Not Seen Since World War I," *Washington Post*, November 29, 2018.

30 Mintz, *Prime*, p. 312.

31 Mintz, *Prime*, p. 314.

32 "65+ in the United States," Hobbs and Damon, United States Census Bureau, 1996.

33 "An Aging Nation," Ortman et al., United States Census Bureau, 2014.

34 中年危機研究報告發表於《我們有多健康》（*How Healthy Are We?*），這本書是由奧維爾・布里姆（Orville Brim）、卡洛・雷夫（Carol Ryff）與羅納德・凱斯特（Ronald Kessler）合力編輯而成，芝加哥大學出版公司（University of Chicago Press）發行。「很少有證據顯示」的段落出現在第五百八十六頁。「只有四分之一的受試者表示」的段落出現在第三十頁。

35《紐約時報》的標題出現在一九九九年二月十五日的報紙。

36 Heath, *Aging*, p. 5.

37 Gabor Maté, *In the Realm of Hungry Ghosts* (North Atlantic Books), p. 363; Briggs, *Seven Lessons*, p. 96; Brian Grierson, *U- Turn* (Bloomsbury, 100ff).

38 Jeffrey Schwartz, quoted in Maté, *Ghosts*, p. 363.

39 "How Many Times Will You Crash Your Car?" *Forbes*, July 27, 2011.

40 "The Marrying—And Divorcing—Kind," Pew Research Center, January 14, 2011.

41 "Sorting Through the Numbers on Infidelity," NPR, July 26, 2015.

42 "Nearly Half of Americans Have Heart Disease," *USA Today*, January 31, 2019.

43 "Alcohol and Drug Abuse Statistics," American Addiction Centers, July 29, 2019.

44 "Weight Loss," *Express*, February 8, 2018.

45 "76 Million Americans Are Struggling Financially," CNN, June 10, 2016.

3

人生地震

遭逢劇變時會發生什麼事？

LIFEQUAKES
What Happens
When the Big One Hits

一想到有數十個干擾事件潛伏在生活各個角落，就令人感到不安。但是非線性人生的另一個特點，更是令人焦慮：我們每隔一段時間（有很多人甚至更加頻繁），就會遭受到更直接、更猛烈的變動襲擊。這些重大事件形塑——或者更精確的說——重塑了我們的人生，而且通常是以超乎我們想像的方式、以我們難以控制的強度，改變我們的人生。

這些事件是摧毀我們童話故事的大野狼。

表面上看來，這些事件都屬於特殊情況，例如百年洪災、罕見疾病、兩個不相干的事件碰巧同時發生。但是，只要累積足夠案例，就能觀察出共通模式。到底是什麼模式？這些模式可以帶來什麼啟發，幫助我們度過這些難關？這正是人生故事專案希望回答的問題。

「比起離開，我更害怕留下來」

先來談談莉莎・盧多維奇（Lisa Ludovici）這個案例。

莉莎在匹茲堡出生，家中有三個小孩，她是老么；她的父母都是酒鬼，在她三歲時便離婚了。「我感覺是自己長大的，」她說。「我爸沒有付扶養費。我十二歲的時候，我媽敲我的房門說：『去找工作！』我說：『我才十二歲。我能做什麼？』她說：『去當保姆。』」而且自從她爸爸搬出去的那一天開始，莉莎每個月都會偏頭痛十幾次。

「我整晚睡不著，大聲哭喊，吐得一塌糊塗，整個頭埋在馬桶裡，難受到很想把自己的眼睛挖出來，」她說。「我常錯過考試、沒去參加萬聖節不給糖就搗蛋的遊戲，缺席所有節日。這就是我的童年。上了賓州州立大學後，我可以控制噁心的狀況，但還是覺得很難受。剛想好好讀點東西，就會開始偏頭痛，不得不停下來。」

她畢業時，平均成績只有C；家裡沒人來參加她的畢業典禮。後來她在匹茲堡擔任兼職場勘人員，被學貸與醫療貸款壓得喘不過氣，只能住在她的馬自達車裡。後來她得到一份廣播廣告方面的工作機會，面試地點就在當時名不見經傳的新創公司「美國線上」(America Online)。之後莉莎經歷了十一次組織改組、換了九個老闆、搬了三次家、離過一次婚，十七年後躍身為曼哈頓地區獨霸一方的網路廣告高階主管。她不僅坐擁高薪，客戶更是大有來頭，包括輝瑞（Pfizer）、金百利（Kimberly-Clark）、沃爾瑪（Walmart），但是她一天工作十四個小時，而且依舊為偏頭痛所苦。此外，她痛恨自己的老闆，因為他總是看不起員工。每天晚上她都會坐在辦公桌前默默流淚。

某天莉莎提早幾分鐘登入系統，加入視訊會議，無意中聽到同事正在討論她，說她要求嚴厲、待人刻薄。那天，她走路回到一房一廳的公寓，仔細查看她的美國運通帳單，思考要如何減少開銷。她開始盤點自己的股票和存款，她心想，如果退租有線電視、不外食、不買衣服，大概還可以撐十八個月。隔天，她走進老闆的辦公室，遞出辭呈。

「我之所以這麼做，是因為幾十年前看過一句話，我覺得說得很好：向下跳，網就會出現。」我問說，她從哪裡得到的勇氣？她回答說：比起離開，我更害怕留下來。這和布萊恩．魏契決定離開物理學界、投入忍者性愛派對的理由非常類似。

兩週後莉莎坐在沙發上，看著公共頻道的電視節目（她已經退租有線電視），這時一名女性出現在螢幕上，談論潛意識的力量。這位女性同樣離開了企業組織，全力幫助其他人發現內在的自我。莉莎搜尋到那名女子的聯絡方式，要求和她通電話。「掛上電話後我對自己說：『這就是我未來的人生。**我要幫助其他人過得更好。**』」

幾週後，她便申請了位於聖塔菲的教練學校。「上課第十天，也就是二〇一〇年二月十日，早上十點半，我坐在書桌前，雙手抱頭，主任走到我身邊問說：『怎麼了？』」莉莎解釋，她只是偏頭痛發作，沒什麼大不了，過去四十一年來，她每隔幾天就會發作一次。主任請莉莎到她的辦公室，讓莉莎坐在一張大休閒椅上。接著她開始催眠莉莎，一步步引導她練習，重新發現她沒有生病、沒有痛苦的自我。打從三歲起，莉莎就不認識這個自我。

「那是我最後一次偏頭痛發作，」莉莎說，「上課到第七週時，我們開始理解，嬰兒在媽媽子宮裡會如何吸收媽媽的想法和情緒，我意識到，我在出生前就承受了父母婚姻問題帶來的壓力與焦慮，我知道就是這件事促使我踏上療癒他人這條路。」

莉莎取得了催眠療法的學位，十年後成為紐約市知名的專業認證催眠治療師，為帕金森氏症、癌症、創傷性腦損傷、彎趾麻痺症等患者提供治療，「親耳聽過很多非常不可思議的故事」。

她前往全球各地的醫學院發表演講，並接受美國退伍軍人事務部聘僱，為越戰結束五十年後仍飽受槍傷折磨的老兵提供治療。「我是第一個獲得美國政府聘用的催眠治療師，有機會在全球規模最大的醫療體系內工作。我們發表的研究成果顯示：用催眠療法治療慢性疼痛，成功機率達五成，至於其他治療方法，成功率都不到三成。」

莉莎從一名企業廣告高階主管，順利轉型為催眠治療師。她的故事主軸從工作轉向身體。原本她的人生深陷痛苦與恐懼之中，後來她用寬恕與療癒，照亮了自己的人生。「這就是我們靈魂的真諦，」她說，「而我的人生目標，就是確保我們所有人盡可能發掘這一點。」

怪物曲球

我們在談論的這種人生動盪並不罕見。貝多芬三十一歲時已經是出名的作曲家，完成了第一首交響曲作品，可是就在此時，他發現自己的耳朵快要聽不見了。〔1〕法蘭西斯・史考特・費茲傑羅（F. Scott Fitzgerald）憑藉《大亨小傳》這部小說成了暢銷書作家，可是在三十八歲時婚姻陷入困境，整日為錢發愁，酗酒成癮，之後還得了結核病，後來逃到北卡羅來納山區。他形容那段日子他「精神崩潰」。〔2〕馬克・費爾特（Mark Felt）五十九歲那年被理查・尼克森（Richard Nixon）踢出局，沒能當上聯邦調查局局長，於是他決定反擊，化身祕密線人「深喉嚨」，把尼克森拉下台。

這些時刻有許多稱呼。馬克斯・韋伯（Max Weber）創造了新名詞：metanoia，意思是一個人的心思意念大幅轉向。〔3〕威廉・詹姆斯（William James）將這些時刻稱之為心理重組（mental rearrangements）。〔4〕好萊塢喜歡採用轉捩點（turning point）這個說法。許多創業家，例如我太太，很愛用轉折點（inflection point）。還有一些人試圖用樞紐、迴轉、十字路口、危機等字眼來描述。這些詞彙各有優缺點。

有些受訪者會發明自己的速記法。漫畫家鮑伯．霍爾（Bob Hall）曾與人合力創作《西海岸復仇者》（*The West Coast Avengers*），也短暫參與過《蜘蛛人》（*Spiderman*）。他把這種突然發生的轉變，比作類似砰（boom!）的漫畫氣泡：「就是從某個動作轉換成另一個動作，但它不是漸進發生的，比較像是噗（poof!）的感覺，然後事情就發生了。」凱特．米利肯（Kate Milliken）生長於康乃狄克州，家世顯赫，屬於白盎格魯薩克遜新教徒，她的人生曾歷經三次變動：沒能進入達特茅斯學院就讀、解除婚約、三十四歲時被診斷出多發性硬化症，她將這些時刻稱為怪物曲球（monster curveball）。列夫．斯維里多夫則是稱之為 & 符號（ampersand）。「你進入某個地方，穿越蜿蜒曲折的路徑，然後從另一個地方走出去。」

我將這些時刻稱為人生地震，因為它們顛覆我們人生的程度，遠比尋常的干擾事件要嚴重許多。人生地震會徹底改變我們人生的意義、目的或方向。我將它們看作「西元前／西元後」時刻，分別代表人生故事轉變之前與之後的階段。我被診斷出癌症之後，接下來整整十年，就一直用罹癌這件事來劃分時間：我生病後，就再也沒有去過那家餐廳。我太太會把事情分成女兒出生前與出生後，我哥則是以經濟大衰退作為劃分點。

但光是遭遇這樣的事情，這些經歷還不足以成為人生地震。你必須賦予它們原本不具備的意義；你必須意識到改變正在發生，然後接受這個改變將會引發某種轉變。我採訪的無數人，都經歷過在別人看來可能是重大變故的事件，例如離婚、失業、摯愛離世，但是他們並沒有因此受到驚嚇。我母親之前得了兩次乳癌，但是她沒有像其他人一樣別上粉紅色蝴蝶結、參加遊行、進行遊說，她乖乖接受治療，然後恢復正常作息，並清楚地告訴大家，再也不要談論這件事，這樣她會很開心。

以下是我的定義：人生地震指的是一個人的人生突然發生劇變，從此進入一段動盪、轉變與重生的時期。

你會面臨幾次人生地震？每當我詢問受訪者這個問題，即使是二十多歲的年輕人，都已經經歷一、兩次；四十歲以上的人，沒有人少於三次；有些人甚至經歷了六、七次。根據我們的計算，一個人一生中平均會經歷三到五次人生地震。最後我們得出一個有趣的公式：每十次干擾事件，就有一次會變成人生地震。

這些事件有哪些共同點？我發現了兩個關鍵變量：個人與集體、自願與非自願。

個人是指某件事只發生在你身上（生涯轉換、健康危機、失去家園），集體則是指某個事件同時發生在你個人與其他人身上，可能是你的鄰居、你的社區、你的國家或是更

人生地震：個人與集體

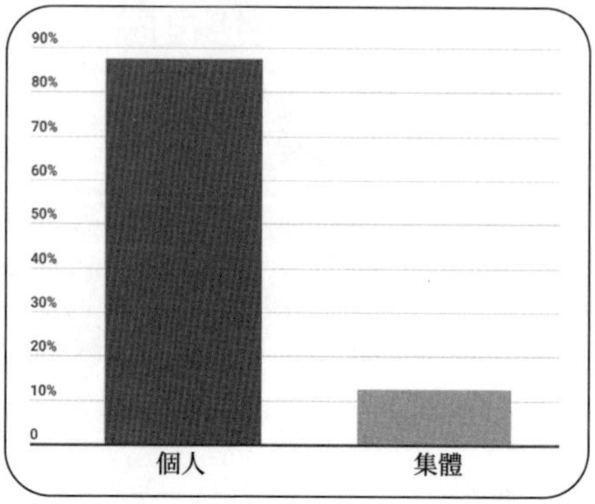

人生地震：自願與非自願

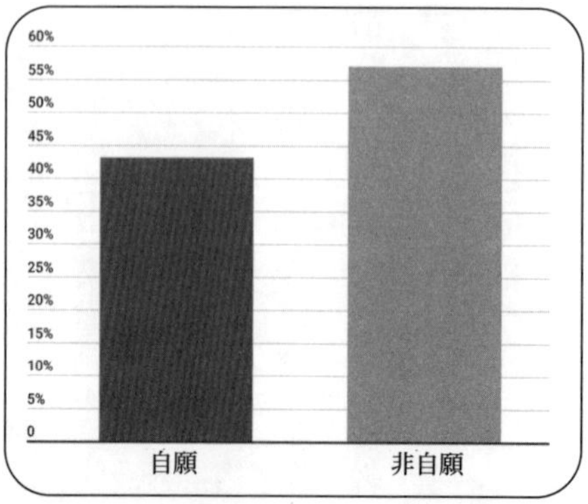

廣泛的群體（經濟衰退、戰爭、天然災害）。我們發現，八七％的人生地震屬於個人，十三％是集體。值得注意的是，從這個統計數字可以看出，人們越來越少受到群體共同經歷的公共事件影響。假使我是在二十世紀做採訪，那時候的人接連經歷兩次世界大戰、經濟大蕭條、民權運動、女權運動等事件衝擊，集體事件的比例必定會更高。

自願是指個人主動創造改變（外遇、換工作、改變宗教信仰），非自願則指事件就這樣發生在你身上了（配偶出軌、你的房子被燒毀、你被開除）。有四三％的人生地震屬於自願，五七％是非自願。我將這兩大變量整合，製作了以下人生地震矩陣圖：

由於人生地震涵蓋各種類型，而且彼此間的區別相當關鍵，所以有必要深入探討這些事件會如何影響我們的人生。

「我感覺這個世界辜負了我」

為數最多的是「個人—非自願」人生地震，占比將近五十％。

莉莎．波特（Lisa Porter）出生於佛蒙特州，父母親是和平工作團（Peace Corps）成員〔i〕，在她出生後不久，

人生地震矩陣

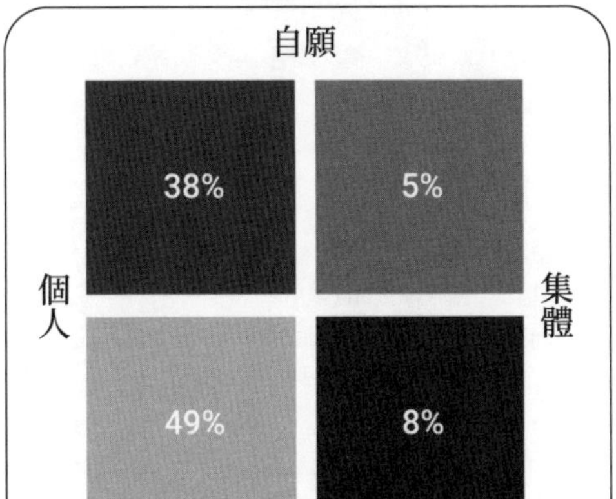

全家就搬到介於日本與菲律賓之間的塞班島。父母離婚後，莉莎和母親繼續留在塞班島。「我在一個關係緊密、重視社區文化的亞洲小島上長大，」她說。「我感覺，我的文化要求尊重長輩、成為社區的一份子、不要太常表現自己。我十多歲時我們搬到麻州劍橋，我覺得很痛苦，很想回去塞班島。」

十五歲那年，某天莉莎走進一間戲劇教室，突然發現這就是她一直在尋找的社群。「我找到了歸屬。我家人口單薄，我一直覺得很孤單，但是在這裡我感覺有人愛我、重視我。」從中學到大學，莉莎一直是個戲劇迷，就讀研究所時專攻藝術管理。她搬到紐約後，開始教導舞台管理，然後結婚、離婚、再婚，終於在三十五歲時，擁有了渴望已久的完整家庭。她沉浸在幸福的愛情之中，接下了在加州大學聖地牙哥分校令人羨豔的工作，前不久剛生下女兒黛西（Daisy）。「我有人際連結、有目標，努力走出一個又一個黑箱，我感覺自己的人生就像個星座。」

但是黛西總是有一些狀況。她視力不良，從來不爬行，直到快兩歲才學會走路。「沒有人能告訴我們，到底發生了什麼事。」莉莎說。後來終於有一名社工出現，小心翼翼地提出建議，告訴他們附近有一家特教幼兒園，或許可以帶黛西去看看。

「我當下的反應是：『你說什麼？』」莉莎說。「就在那個時候，有人試著告訴你他們不想讓你知道的事情。」

原來黛西有自閉症譜系的神經系統障礙。這件事對莉莎打擊很大。「我再次覺得自己退回到黑箱裡，」她說，「我感覺這個世界辜負了我。我戰勝了命運，度過奇怪的童年，爸媽還沒有準好就當了父母，這我也克服了。現在這一切又再次發生了。」

但是她和她先生安德斯（Anders）很快就決定不要自怨自艾。他們打破傳統，由安德斯擔任主要照顧者，莉莎則全力研究兒童神經發展異常方面的科學知識。「當我開始讀一本跟大腦有關的大書，突然間我意識到，我必須學習認識神經系統、感覺網絡、可塑性等知識。雖然我最喜歡教書，但是現在我必須當學生，這堂課的老師是黛西，只不過沒有課表。」

到目前為止，個人、非自願的人生地震是最普遍的，這提醒了我們，就本質上來看，非線性人生並非是多數人追求的轉變類型。我們寧可相信自己可以掌控人生軌跡，但不幸的是，現實充滿更多不確定。

我進一步分析不同類別的人生地震後，更能看清楚背後的原因。數量最多的類別，主要與身體故事主軸有關。有三分之一的「個人—非自願」人生地震，與疾病、受傷或其他醫療事件有關。儘管我們幻想醫療會不斷進步，但是我們對健康的掌控能力其實很有限。其他數量較少的類別則與摯愛離世、關係結束或是財務困境有關。我自己的經驗的確符合上述模式：兩次非自願人生地震與健康有關（我的癌症、我爸的醫療危機）；兩次與財務有關（經濟大衰退、發現某個深受我們信任的員工竊盜）。

以下是我聽到的其他「個人—非自願」人生地震案例：

- 艾瑞克・維斯托佛（Eric Westover）身高約一米九五，中學時曾是摔角選手，原本在好市多擔

i 和平工作團是美國政府成立的獨立機構，主要推動國際社會與經濟援助活動。

任堆高機駕駛，週末時經常在密西根湖旁的沙丘騎摩托車。某次他騎摩托車時，迎頭撞上一台吉普車，右大腿以下與左小腿都沒有保住。

- 妮莎・岑諾夫（Nisha Zenoff）住在北加州，某個星期六晚上她獨自待在家，突然間門鈴響個不停。她開了門，兩名員警站在門口，當面告訴她不幸的消息：她正值青春期的兒子維克多（Victor）當天下午從優勝美地國家公園的山頂墜落身亡。
- 吉娜・比安奇妮（Gina Bianchini）是土生土長的加州人，自史丹福大學取得雙學位，曾在美國國會和高盛（Goldman Sachs）工作過，也曾擔任科技新創公司的執行長。在男性稱霸的矽谷，她是少數的女性企業領導人，但是後來被共同創辦人、科技界大老馬克・安德里森（Marc Andreessen）開除，從此成了科技圈的「隱形人」。

「巴布・狄倫寫了一堆只用三個和弦的好歌」

第二大類別是「個人—自願」人生地震，有將近四成的人生地震屬於這一類。

艾莉莎・科倫塔耶（Elisa Korentayer）出生於長島，父母都是以色列裔美國人，他們經常四處搬家。她讀過六所小學，範圍從賓州到紐西蘭都有。「這段經歷或多或少影響了我往後的人生，」她說，「包括熱愛文化融合、特別重視培養同理心、渴望尊重差異性。」

艾莉莎上大學時，複製了童年的混搭生活方式，嘗試主修多個科目，二十多歲時她搬到以色列，推動與巴勒斯坦人和平共存；之後搬去倫敦，在某家避險基金公司工作；隨後又搬去麻州，創辦非營利組織 Geekcorps，她說這是「由科技怪傑組成的和平工作團」。到了二十五歲那年，她陷入工作倦怠，和共同創辦人大吵一架。她在中學時認識的一位朋友，拿了茱莉亞・卡麥隆（Julia Cameron）寫的《創作，是心靈療癒的旅程》（*The Artist's Way*）給她，這本書提供清楚的步驟，教導讀者如何一步步發掘自己的內在創造力。

「當中有個練習是要你回答：如果現在你可以做任何事情，你想要成為什麼？我想到了兩個答案，一個是創作歌手，一個是戲劇導演。我把答案貼在牆上，然後對自己說：『嗯，我從來沒有創作自己的歌。我只知道如何用吉他彈奏簡單的和弦。但是，嘿，巴布・狄倫寫了一堆只用三個和弦的好歌。至少我知道有三首。』」

後來艾莉莎寫了一首歌，幾星期後在紐約市公開演唱自己的創作，結果大受歡迎。「我心想，這實在太不可思議了！我要辭掉工作，我要成為創作歌手。」她申請了十九個藝術家駐村計畫，可惜全遭拒絕。第二十次，她申請了位於明尼蘇達州奧特泰爾郡（Otter Tail County）的紐約米爾斯地區文化中心（New York Mills Regional Cultural Center）駐村計畫。

「我打開地圖，試著在一片荒郊野外找到這家文化中心。」結果她被錄取了。後來她才知道，在明尼蘇達州東北部最適合做的一件事，就是在邊界水域（Boundary Waters）划獨木舟與露營。於是她聯繫文化中心，請他們推薦導遊。但是當她抵達之後，導遊克里斯多福（Christopher）卻告訴她，其他人都取消了。「你確定要去嗎？」

「我盤算了一下，他會是斧頭殺手嗎？」艾莉莎說。

一年後，他倆步入了婚姻殿堂。艾莉莎打包好行李，帶著她的貓，開車跨越大半個美國，開啟了在中西部的新生活。「我以為我一定可以適應得很好，」她說，「畢竟我曾經在倫敦念書，在台拉維夫住過，曾在迦納工作。我的意思是，不會有問題，對吧？但是當下我立刻清楚知道，明尼蘇達鄉下是我待過最無聊的地方。我得克服這輩子最困難的人生轉變，包括換工作、失去朋友，重新開始一段關係，這些全部同時發生。」

有四成的人表示，是他們主動引發人生地震，這個數字凸顯了非線性人生的私密性與急迫性。雖然人生中大多數變化由不得我們，但我們還是喜歡主動打破現狀。許多「個人—自願」的人生地震與工作有關（占三十七%），例如轉換職涯跑道、辭去工作或是退休；十六%與結束婚姻有關；其餘的則與改變宗教或政黨、搬遷、戒癮和變性有關。

在這類型的人生地震中，有高達八十七%涉及離開或捨棄某種穩定的狀態，包括生涯、家庭、世界觀或住家。由此可明顯看出，非線性人生已經逐漸成為主流，因此人們更願意放棄安穩的人生，轉而追求更重要的自我實現目標。

以下是我聽到的其他「個人—自願」人生地震案例：

- 艾瑞克・哈尼（Eric Haney）是阿帕拉契山區居民與切羅基戰士的後代，在三角洲部隊（Delta Force）成立後成為首批隊員〔ii〕（曾經參與伊朗人質救援任務，但不幸行動失敗；也參與過格瑞納達與巴拿馬入侵行動），後來他離開軍隊，成立一家準軍事化保全公司（客戶包括沙烏地阿拉伯王子、海地總統、在拉丁美洲當人質的石油公司高階主管）。但是艾瑞克在四十多歲時，從「行動派」變成了「文人」，出版了回憶錄《你不知道的三角洲部隊內幕》（*Inside Delta*

Force），賣了一百萬本，後來有不少人以此為靈感，創作大量間諜小說。

- 可可・帕皮（Coco Papy）迫不及待想逃離在薩凡納（Savannah）充滿壓抑的童年生活，這地方無法接受她罵髒話、紋身、信奉自由主義思想。她逃去亞特蘭大，就讀藝術學校，之後去了紐約，在布魯克林過著有一頓、沒一頓的藝術家生活。某天晚上，她男友的母親把南方批評得一無是處，那時她才發現自己其實很懷念那個地方，於是決定搬回老家。
- 萊斯特・強森（Lester Johnson）出生於非裔美籍天主教中產家庭，當時南方正掀起民權運動熱潮。他上中學時開始著迷伊斯蘭民族（Nation of Islam），但又試圖抗拒。不過上了大學後，他成為虔誠的遜尼派穆斯林，開始蓄鬍、改變飲食習慣，最後成為致力追求社會正義的律師。

「呃，房子毀了」

「集體—非自願」是第三大類人生地震，不過受影響的人數比例不到一成。

凱特・霍格（Kate Hogue）向來認為她的人生就像一條直線，簡單而直接。她父母早在密蘇里州喬普林市讀高中時，就開始交往。凱特八歲時是個愛踢足球的瘋丫頭，十歲時參加選美比賽；十三歲時受到感召，立志成為牧師。「我出生於長老會家庭，教會有位青年牧師鼓勵我們傾聽上帝。」她上中學時第一次講道，主題是愛。

ii 三角洲部隊是美國陸軍特種作戰部隊。

後來凱特進入密蘇里州立大學就讀，成為校園事工，第一個星期就遇到她未來的先生。他們計劃在她上大四那年的聖誕節結婚，那年夏天她住在家裡、籌備婚禮，同時在教會擔任志工。五月二十二日星期天早上，她在講道時鼓勵大家敞開心胸，擁抱改變。

那天下午，凱特和父母正一起觀看《哈利波特》系列電影時，突然間龍捲風警報器大響。「遇到這種情形，向來是由我爸待在戶外觀察天氣變化，我媽和我則躲進地下室的狹小空間，那裡高度不到一公尺，裡面鋪著碎石，有一張折疊床和一支手電筒。因為我爸是葡萄酒商，所以這裡也兼作他的酒窖。」

但是這一次，過沒幾分鐘她父親就加入了她們。「這是我二十一年來，第一次看到我爸走進地下室，」她說，「他拿了兩個葡萄酒冰桶，我媽說：『你拿這些幹嘛？』他說：『戴在頭上。』」

凱特嚥了嚥口水，但還是照著他說的去做。

「三分鐘後，電燈開始閃爍，你可以聽到像是貨運火車疾駛而過發出的噪音，」她說，「這是我聽過最震耳欲聾的聲音。接著是玻璃碎裂的聲音。我爸說：『呃，房子毀了。』我坐在那兒，不知道能做些什麼，只能不停禱告：『上帝，請和我們在一起。保護我們安全。』」

等到噪音停止後，他們才發現熱水器掉了下來，正好擋住逃生的出口。天然氣不斷灌進地下室，水不停滴落下來。「這個地方剛剛保護了我們，現在我們卻可能死在這裡，一想到這一點我都要崩潰了，」凱特說，「我爸說：『之前我們安全躲過龍捲風，這次不會就這樣死掉。』」

就在這時候，鄰居出現在我們頭頂上方。」凱特說：「他們以為所有人都死了，因為整間房子已經夷平了，成了一堆火柴。」凱特的父親將一件外套綁在塑膠硬管上，當成旗幟一樣大力揮舞。「是我七十八歲的爺爺看到的。他盡可能把車開近一點，停在大概距離一英里（約一．六公里）的地方，然後下車跑到我們躲避的地方。我爸向他解釋當下的情況，然後說：『車庫裡有些工具。』我爺爺看了一下說：『你什麼工具都沒有。』」

不過，剛好有個路人有工具，三小時後他們全家人順利獲救。他們安全躲過了七十年來襲擊美國、死亡人數最多的龍捲風。這是美國史上死亡人數第七高的龍捲風災害，總計造成一百五十八人死亡，另外有一千一百五十人受傷，損失金額高達二十八億美元。

接下來十年，凱特一天到晚擔憂天氣變化，不斷做惡夢，創傷後壓力症候群反覆發作。她利用自己擔任按立牧師（ordained pastor）的身分，將個人經驗轉化為感人儀式，幫助人們適應創傷。其實，在事發的那個星期天下午，凱特的心中有特殊的體會。她望著滿地瘡痍，想到自己的生活變得支離破碎、記憶遺失，最後她的目光停留在那棵仍然屹立在她家前院的樹上。樹枝上掛著一副衣架，「這真是奇蹟中的奇蹟。」衣架上還掛著她的婚紗，在風中飄揚。

過去四十年，格倫．愛爾德（Glen Elder）出版了多本劃時代著作，探討集體事件造成的長期影響，例如經濟大蕭條與一九八〇年代的農業危機。不過，我的統計數據顯示，這類共同事件影響我們人生的程度已經不若以往。有可能是因為越來越少出現這種事件，或是人們寧可相信自己的人生是獨一無二的，所以受到的影響和其他人不盡相同。到目前為止，美國人最常提到的集體非自願事件，就是九一一恐怖攻擊，許多人生地震例如轉換生涯跑道、結束婚姻，都是因為它而發生的。其他共同事件包括經濟大衰退、民權運動、越戰、#MeToo；以及喬治亞州共和黨議員艾倫．皮克（Allen Peake）事件，所引發的艾希利麥迪遜（Ashley Madison）網站通姦名單外洩風波等。

以下是我聽到的其他「集體—非自願」事件案例：

- 達克・夏儂（Doc Shannon）與飾演戈馬・派爾（Gomer Pyle）[iii]的演員吉姆・拿波爾斯（Jim Nabors）在阿拉巴馬州同一個小鎮出生。達克長大後成為國稅局官員，後來被徵召入伍，派往越南。他親眼目睹兩位弟兄因為毒品相關事件遇害，精神嚴重受創，後來成為國際臥底幹員，餘生都在為死去的同袍報仇。
- 蓋拉・帕沙爾（Gayla Paschall）原本在聖安東尼奧（San Antonio）就讀大學，後來休學照顧弟弟，並開始從事商品期貨交易。但是一九八七年股市崩盤，眼看著身邊一堆大男人放聲痛哭、財富瞬間化為烏有，她覺得非常焦慮，於是決定不再碰商品期貨交易，後來取得臨床心理學博士學位。
- 娜歐蜜・克拉克（Naomi Clark）出生於西雅圖，原本是生理男，青少年時期曾在日本住過一段時間，那時候她就有了變性的念頭。但是接下來多年，她一直壓抑這種想法，直到九一一事發當時，她所在的位置與世貿中心只相隔幾個街區，突然間她不得不直視自己的死亡。她心想，我只有一條命。我寧可賭上一切，也不要等到死的時候，還是無法成為真正的自己。過沒多久，她就決定變性。

「我是個不折不扣的職場女強人」

人生地震中為數最少的是「集體－自願」類事件，但確有其事。

夏儂．沃茲（Shannon Watts）的成年生活可以明確劃分成三個階段。第一階段是忠於自己。她出生於紐約北部，母親沒有上過大學，父親在企業任職，青少年時期她過得不怎麼好，她有學習障礙，但是沒有接受過診斷。「雖然上課學習很困難，但是我有企圖心，好勝心強，」她說，「我對水門案非常著迷，所以從小立志當記者。」

夏儂在密蘇里大學主修新聞學，二十三歲時私奔，三十歲時已經有了三個小孩，後來她成為企業公關部門高階主管，對員工要求嚴厲。「我是A型人格，加上負責危機溝通，所以不可能朝九晚五，我整天、整個週末都在工作，」她說。「我是個不折不扣的職場女強人。我很有才能，收入也很不錯，但是完全沒有成就感。」

夏儂的婚姻也充滿波折。三十多歲時，她經歷了典型的個人自願人生地震，持續了兩年，這段期間她辭去工作、離婚、成為全職母親。幾年後她再婚，成為另外兩個女兒的繼母。這些年她把重心放在家庭，卻吃盡了苦頭。她是個母親，溺愛小孩，但是有些神經質；她是個妻子，深愛著丈夫，總是全力支持他；她是一名志工，雖然滿腔熱血，但難免偶爾感到挫敗。「我的角色徹底翻轉，」她說，「以前我是家中的主要經濟來源。我努力要做好每件事，卻常常忍不住掉淚。我不知道該拿自己怎麼辦。」

接著發生了桑迪胡克小學（Sandy Hook Elementary School）槍擊案，有二十八人喪生，兩人受傷。

iii 美國六〇年代熱門電視影集《安迪格里菲斯秀》（*The Andy Griffith Show*）裡的角色。

這是美國史上死亡人數最多的小學槍擊案。

「我記得當時聽到這個消息後，非常憤怒、焦慮，但又覺得哀傷、心痛。」夏儂說。「那時我正在上瑜伽老師培訓課程，動作笨手笨腳。我回到廚房告訴我先生和繼女：『我想成立粉絲頁。』他說：『你確定？』我想他有預感接下來會發生什麼事。」

他是對的。「就在我上床睡覺時，收到了威脅簡訊和電話，」她說，「這些人都是在網路上看到我的訊息的。但是我也接到一些女性打來的電話，她們也非常氣憤，對我說：『你知道嗎，我也要成立類似的社群。』」

夏儂聯繫「美國媽媽槍枝意識行動聯盟」(Moms Demand Action for Gun Sense in America)。短短幾年內，她就號召了五百萬名志工，三十五萬名贊助人。不到十年，她的重心從職場轉向家庭，再到發起一場目標明確的運動。很快地，她成為全美曝光度極高的槍枝安全倡議者，不僅受到大眾歡迎，更發揮了重要影響力，但同時也招致各種尖酸批評，錯過許多重要的家庭活動，心裡很不好受。原本的職場女強人，如今已經成為一位「思慮更周全的社會運動女鬥士與狠角色」。

集體自願事件的數量占比最小（五%），再次證明了現在人們寧可專注於個人的故事主軸，而不願意融入更廣大的社會敘事中。當然，大家還是會參與推動某些理想，像是「黑人的命也是命」(Black Lives Matter)、「挺身而進」(Lean In)、宗教對話、茶黨等運動，但是更多時候，人們更在乎日常發生的干擾事件，反而不太關注真正撼動世界、改變人生方向的事件。無論如何，如今我們生活在一個大多數故事是以我、而不是以我們開頭的時代裡。

以下是我聽到的其他「集體—自願」事件案例：

- 安・伊米格（Ann Imig）曾是個失意的音樂劇演員與全職母親，住在威斯康辛州麥迪遜市（Madison），後來成了媽咪部落客運動的早期領導人物。為了擴大女性聲量，安製作舞台朗讀節目「聽媽媽的話」（Listen to Your Mother），在全國巡迴演出，讓各地的母親有機會分享自己的人生體驗，這活動在全美掀起風潮。
- 達萬・威廉斯（Dawan Williams）自幼在費城街頭長大，從小缺乏父親陪伴，十六歲那年第一次被捕，二十二歲時因為持槍搶劫而入獄服刑。達萬有三個孩子，他報名參加專為入獄父親開設的自主團體治療課程「父子同行」（Fathers and Children Together）。這段經歷徹底改變了達萬，他服完刑期後，加入了主辦這項課程的組織。
- 亞當・佛斯出生於哥倫比亞，是母親遭遇性侵後生下的孩子，長大成人後他成為麻州檢察官，但是看到檢察官辦公室對待年輕非裔美國罪犯的方式之後，覺得非常擔憂，於是辭去工作，加入基層運動，改革刑事司法制度。後來亞當接受約翰・傳奇（John Legend）邀請，加入他所發起的「解放美國」（Let's Free America）活動，發表ＴＥＤ演講，簽下了出版合約，還與四位總統會面。

干擾事件如何變成人生地震

這些人生故事，不論是哪種類別，都有一個共通點：因為某個事件、某段插曲、某個時刻，整個人生就此轉向。先前我們曾提到，我們這一生會遭遇大約三十六次干擾事件，但只會發生三到五次人生地震，那麼到底是什麼原因，使得原本尋常的干擾事件，最終翻轉了我們的人生？我發現有三大因素。

第一個因素是時機。有時候干擾事件發生的時間點，正好是一個人特別脆弱、疲累或挫敗的時刻，事件提供了足夠的火花，引爆重大改變。德韋恩・海恩斯（Dwayne Hanes）與中學時的戀人結婚，努力協助性罪犯回復正常生活，但是後來他錯失了一次升遷機會，因為心有不甘，於是有了外遇，搞砸了婚姻。利・溫芝遵行溜溜球節食法（yo-yo dieting）多年〔iv〕，只為了掩飾自己並不快樂，但是經歷健康恐慌之後，她下定決心減重六十磅，之後重拾自信心，與丈夫離婚，轉換生涯跑道，再婚。凱莉・米爾海姆（Kellee Milheim）生下第一個小孩後並沒有多大改變；後來她調整自己，繼續從事情報分析的工作。她一直很想生第二胎，卻連續三次流產，某天早上她在中情局辦公室停車場崩潰大哭。「我記得當時我心想，好吧，上帝，我撐不下去了。我把我自己交給你了。」她參加讀經團體，成功懷孕，後來便辭去工作，全力追求自己的興趣：訓練救援犬。

第二個因素是，這個事件出現在一連串干擾事件之後，成為壓垮駱駝的最後一根稻草。黛比・科帕肯（Deb Copaken）由於家中財務吃緊，被壓得喘不過氣；有段時間她和先生之間溝通出了問題，這令她更加沮喪；後來她腹部開始劇痛，必須切除闌尾。某天她和同事通電話，同事問她是誰陪她去醫院。「沒人陪我。」「你先生呢？」「我從沒想過要聯絡他。」她說。隔年兩人離婚。理查・薩瓦特（Richard Sarvate）希望成為單口喜劇演員，但這麼多年來他一直壓抑這個夢想，選擇在一家語音信箱公司上班，工作內容枯燥乏味，他之所以這麼做，只是為了討好要求嚴厲的印度裔美籍父親。某天他在波多黎各不小心掉進激流中，差點溺斃。當時他心想，我還沒有登上舞台，我不能死。隔週，他首度公開演出。他的開場笑話是：「喔，你們這些傢伙能想像甘地是拳擊教練嗎？」隔年，他搬去好萊塢。

不過，導致某些干擾事件成為人生地震的第三個因素，倒是出乎我的意料：干擾事件似乎會在相近的時間同時發生。一連串足以破壞穩定的干擾事件匯聚在一起，造成更劇烈的不穩定。就在你被解僱時，你婆婆或岳母得了癌症；當你質疑自己的信仰時，你的愛車徹底報廢，而你的女兒經診斷有厭食症。原本我一直不知道該如何稱呼這種現象，直到有一天我看到一部老電影的某個片段：一輛搖搖晃晃的福特T型車撞上另外一輛汽車，接著又有另一台車撞上事故現場，緊接著是另一台。我心想，這正是我想要表達的現象。

就稱它為連環車禍吧。

正如同電影裡的場景，有人會經歷兩台車相撞的連環車禍：艾美．康寧漢因為父親過世，過度悲傷，因此離開新聞業，轉換跑道成為禮儀專員。簡．鮑伊爾（Jan Boyer）和他太太，每每為了該如何治療青春期女兒的毒癮與酒癮，爭執不休，最終走上離婚一途。亨利．費里斯（Henry Ferris）這輩子經歷了兩次兩車相撞的「連環車禍」事件：二十多歲時，他得知自己必須進行腎臟移植手術，當時他太太懷著雙胞胎；五十多歲時，擔任書籍編輯的他遭到解僱，過沒多久他太太為了別的男人而離開他。

以下是三輛車的「連環車禍」案例：安柏．亞歷山大（Amber Alexander）在短短六個月內經歷三

iv 溜溜球節食法指過度節食，使得身體出現快速減重、隨後體重迅速反彈回升的狀況。

次打擊：男友死於車禍、祖父中風、阿姨用藥過量。艾薇・沃夫塔克（Ivy Woolf Turk）的父親因為嚴重心臟病發作而住院，她除了要照料父親，還要照顧因為這次事件而深受打擊的母親。當艾薇返回家門時卻發現，她先生一氣之下搬空了家中物品。鮑伯・霍爾接近五十歲時婚姻破裂，原本他待在紐約創作連環漫畫，後來決定搬回內布拉斯加的父母家，卻因此得知自己是領養的。

我還聽過四輛車、甚至更多車相撞的「連環車禍」事件：卡里加・巴基（Khaliqa Baqi）在奧勒岡擔任安寧病房院牧（chaplain），幾年內歷經更年期、離婚、重返學校進修、找到新工作。艾瑞克・史密斯（Erik Smith）是一名年輕的傳道，住在維吉尼亞州，短短兩年內歷經劇變：先後為母親和父親主持葬禮，離開教堂成為特教老師，曾有自殺念頭，對止痛藥上癮，體重掉了六十磅。

有些事件同時發生只是巧合。疾病診斷、死亡、龍捲風等事件，碰巧發生在人們脆弱的時刻。但是我越來越相信，更常見的情況是，這些事件彼此相互關聯。就好比說，當某個干擾事件發生，我們的免疫系統會受到傷害，所以如果發生另一件、兩件、三件或是更多干擾事件，我們的身分認同將會受到衝擊。

有時候，甚至是我們自己引發連環車禍。威爾・戴納（Will Dana）過了十多年無愛無性的婚姻生活，他原本是《滾石雜誌》（*Rolling Stone*）主編，後來因為雜誌刊登一篇關於維吉尼亞大學性侵醜聞的文章，事後被證實訊息有誤，所以遭到公司開除。一個月後，他在某場研討會上結識一名女子，開始了他所說的「瘋狂偷情」。「我當時心想，為什麼不一次全部毀滅算了？」最終他結束婚姻，他的青春期兒子不諒解他、刻意疏遠他，這令他痛苦不堪。

人生地震不僅規模巨大、引發混亂，而且多半會帶來不幸。它們總是在最糟糕的時間發生，所以會造成更多煩惱。它們會在相近的時間點同時發生。但是它們也會產生另一種結果：開啟了自我反省與重新評估的階段。它們會引發一連串餘震，引導我們重新看待自己的身分認同，迫使我們思考平時很少提出的問題：這事件帶給我什麼意義？它會如何影響我的人生故事？

原註

1 梅納德・索羅門（Maynard Solomon）寫了一本精彩的人物傳記：《貝多芬》（*Beethoven*, Omnibus Press）。

2 費茲傑羅發表多篇論文，詳細記述自己為何情緒崩潰，這些論文都收錄在後來出版的《崩潰》（*The Crack- Up*, reprinted by New Directions）這本書中。

3 Grierson, *U- Turn*, p. 7.

4 *The Varieties of Religious Experience*, Lecture IX.

4 人生意義ABC 你的人生是什麼形態？

THE ABCs OF MEANING What Shape Is Your Life?

雖然線性人生的首要保證是規律性，但非線性生活的主要結果卻是缺乏規律。我們的人生並不是在事先列好的清單上一一打勾，而是有各自的獨特軌跡，會不斷遭遇各種高潮、低潮、&符號、驚嘆號、怪物曲球、好運，以及其他你所想像得到的動盪。

這種變動的主要副作用是令人不安、不抱期待、擔心受怕，長期處於焦慮狀態，不知道接下來會發生好事還是壞事。我怎麼會落到這個下場？我為什麼這麼不安？我現在該怎麼辦？感覺就好像所有動盪都引發了存在焦慮。

現代人有許多方法可以應對這種情況，包括工作、酒精、A書A片、大麻、祈禱、冥想、食物、運動，有些方法短期內有效，有些方法的效用持續很久。但是遲早有一天，我們得找到方法化解自己的存在危機（existential crisis）。我們必須回答人生的終極問題：我想要成為什麼樣的人？我想要說什麼樣的故事？什麼樣的事使我覺得人生有意義？

所幸，我們已經擁有越來越豐富的知識，能幫忙回答這些問題。自從尋求意義成為現代思想的核心，過去一個世紀以來，我們越來越清楚應該做什麼，才能更加釐清什麼事對我們是重要的。

歷經一個世代之後，敘事認同（narrative identity）益發重要，成為現代心理學的核心，我們也越來越能接受每個人都有自己的故事——或者更準確的說，都有自己的個人故事集——可以用來提升自身的幸福。

但是我採訪過後發現，我們可能忽略了這兩種思維之間存在某種連結。超乎我們原先想像的是，人生意義的各種根源與不同的個人故事之間，是彼此相關的。此外，這些意義的構成要素與故事主軸雖然各有不同，但全都指向某個充斥社會、已傳承千年的核心概念：什麼樣的形態最能精準描繪我們的人生？賦予我們意義的事件、我們在特定時期會特別強調的人生故事、以及這些身分認同的視覺化表達方式，理解以上三件事之間的關聯並不容易，卻是「人生故事專案」中特別令人興奮的部分。

我會在這一章說明我的觀察結果。

「這就是共產主義份子和猶太人希望你做的事」

我們先從擁有非典型人生形態的案例開始。

克里斯蒂安．皮喬里尼（Christian Picciolini）出生於義大利移民家庭，父母在一九六〇年代中期移民芝加哥，開了一家美容院，努力打拚。「他們經常受到偏見傷害。」他說。後來克里斯蒂安被送去郊區的祖父母家，在那裡他感覺自己就是個外人。「我窩在祖父母家的衣櫃裡，看著窗外的小孩騎著自己的單車，很希望可以加入他們。我人生的頭十四年非常孤單。」

克里斯蒂安十四歲那年，某天站在小巷裡抽著大麻菸時，一輛六八年的龐帝克火鳥（Firbird）迎面急駛而來，揚起大量碎石與灰塵。「這台車突然在我面前緊急煞車，發出刺耳的聲音，接著駕駛走下車。那個人頂著光頭，穿著靴子，一手搶走我嘴裡的大麻菸，拍了下我的頭說：『這就是共產主義份子和猶太人希望你做的事。』」

「我只是個小孩，」克里斯蒂安繼續說，「他媽的根本不知道共產主義份子和猶太人。但是他說：『你是義大利人。你的祖先是偉大的戰士、思想家和藝術家。你應該要感到驕傲。』突然間，我想要成為他那樣的人。他似乎擁有我這輩子一直在追尋的某種東西：社群。」

那位仁兄名叫克拉克．馬特爾（Clark Martell），當年二十六歲，是美國境內知名的新納粹團體、芝加哥區光頭黨的創辦人。一夕間克里斯蒂安成了狂熱份子，全身上下滿是納粹符號與納粹老鷹刺青；他曾參與襲擊黑人與猶太人的幫派行動；還成立了樂團，寫下充滿仇恨的歌詞：「大屠殺就是個他媽的謊言，因為六百萬猶太人永遠死不了。」

「這是我人生第一次有了目標，」他說，「那個目標就是拯救世界。我認為想法和我不一樣的人全是蠢貨，我感覺自己的肩上背負著重擔。」

兩年後馬特爾被送進監獄，克里斯蒂安成為美國新納粹運動的領導人。他在各地成立新分部，從明尼亞波里斯到舊金山都有。他憑藉帥氣長相、過人才華，成為新納粹運動的國際代表，十七歲時登上CNN。

十九歲那年，克里斯蒂安在德國演出，台下擠滿了四千名光頭黨成員，表演結束後現場陷入暴動。「直到那時候我才意識到，我的歌詞會產生影響力，」他說，「原本我根本沒有想過，當我向全世界傳遞某些想法時，我必須對這些想法負責。」

克里斯蒂安回到芝加哥後，某天幾名黑人青少年走進他經常造訪的某家麥當勞。「我性格好鬥，我告訴他們，這是他媽的我的麥當勞，他們沒有權利來這裡。」克里斯蒂安和他的同夥把他們趕出門外。其中一名青少年拿出手槍，正準備開槍，槍卻卡住了。「我走過去痛打他一頓，」克里斯蒂安說，「我直接踢他的臉，他整張臉腫起來，鮮血直流。後來他睜開一隻眼睛，我看著他的眼睛。當下我心想：這可能會是我的兄弟、我媽、我爸。這是我第一次有了同理心。」

當時克里斯蒂安經營一家唱片行，專門販售提倡白人優越主義的音樂，還有一些嘻哈與龐克音樂專輯。「開始有非裔美國人、猶太人、同志來店裡逛。一開始我不歡迎他們，但是我很樂意收他們的錢。後來他們經常回來店裡，我們也有更多機會聊天，談的事情越來越私密。」

克里斯蒂安還戀愛了。他說：「我女友很討厭這個運動，我得求她和我約會。」兩人最終結婚，有了一個小孩。「我在產房裡第一次抱起我兒子，他看起來那麼天真無邪。我當下意識到他有可能被人操弄，或許我也已經被操弄。突然間我有了另一個身分，另一個社群，另一個目標。」

他開始慢慢退出納粹運動，關掉唱片行，後來又有了第二個兒子。但是他太太覺得他動作太慢，於是帶著兩個兒子離開他。等到他永久退出納粹運動時，距離他加入時已經七年，他沒了生計、失去了家庭和社群。接下來五年他陷入憂鬱，嚴重酗酒，吸食古柯鹼。除了去看他的孩子之外，他很少出門。

後來，有個朋友催促他去應徵ＩＢＭ的技術支援工作。當時還沒有網路，所以他的身分很容易抹除。他順利取得這份工作。他接到的第一個任務，是前往他曾就讀的中學安裝電腦，之前他被這所中學退學兩次，最後一次出現在學校，是因為他攻擊一名非裔美籍保全人員，被戴上手銬拖出校園，後來法院對他頒發禁制令。上班第一天，他認出那名保全人員：荷姆斯先生。克里斯蒂安跟著他走到停車場後，拍了拍他的肩膀。

「他轉過身來，後退了一步，整個人嚇呆了。當下我想說的只有三個字：『對不起。』我們開始聊天。我終於想到可以說些什麼，我向他解釋過去五年經歷了哪些事，他伸手擁抱我。他告訴我他原諒我了，然後要我原諒自己。而且他鼓勵我說出自己的故事。」

克里斯蒂安任職IBM期間，為公司創造了二．五億美元的業績，後來與他的主管結婚。他開始四處演講，分享自己的過往。他與別人共同成立了「仇恨後的人生」(Life After Hate)組織，協助極端份子轉型，遠離暴力，所謂的極端份子包括白人至上主義者、伊斯蘭基本教派。「一切就從惻隱之心開始，」他說，「每個人都在尋找某個認同他們的社群，卻在途中某個地方掉進了坑洞。這些坑洞有可能是創傷，有可能是被遺棄，有可能是親眼目睹父親自殺。每個人都有苦難，但是他們缺乏同伴。有時候只有有害的環境接納他們。我的工作就是填補坑洞。我的座右銘是：把他們當成小孩看待，別把他們看作怪物。」

這麼多年過去，他依舊是那個脆弱的男孩，雙眼盯著窗外，渴求愛。嚮往與他人建立連結的內在渴望，塑造了他現在的樣子。我請他選擇一個能代表他人生的形態，他選擇了碗。

「碗是個能讓人們傾吐心聲的容器。你可以把自己的想法、內心的惡魔與夢想統統放進這個地方。小時候每當我坐在祖父母家的衣櫥裡，就期盼擁有這樣的地方。現在我能提供這個地方，在這裡敞開雙臂擁抱人們，幫助他們找到歸屬感。」

意義探索運動

維克多・弗蘭克（Viktor Frankl）是現代意義探索運動之父，一九〇九年，年僅四歲的他住在維也納切爾寧街六號，與約翰・史特勞斯（Johann Strauss）創作〈藍色多瑙河〉（The Blue Danube）的地點只相隔幾個街區。某天晚上，維克多準備入睡前，被某個想法嚇到了：將來我也會死。〔1〕他後來寫道：「真正令我糾結的，不是害怕死亡，我在想：生命這麼短暫，這是否會讓生命的存在失去了意義？這問題一直困擾著我。」〔2〕

他的答案日後成為他個人、以及未來一世紀數千萬人的人生指引：「就某些方面來說，正是死亡本身讓生命變得有意義。」

維也納是意義的發源地。佛洛伊德在那裡建立了精神分析理論；希特勒在青少年時期搬去那裡；弗蘭克在那裡長大，後來掀起了一場革命。弗蘭克在十六歲那年第一次發表演講，講題為「論生命的意義」（On the Meaning of Life）。他在二十八歲時成立了「維也納第三心理治療學派」（Third Viennese School of Psychotherapy），他的核心概念是：我們不應該詢問生命的意義是什麼，我們真正要問的是，我們是誰？我們每個人都有責任找到讓自己活下去的理由。

我們要如何過上充實的人生？這個問題早已經歷了數百年討論，從許多方面來看，弗蘭克只不過提供了最新說法。亞里斯多德曾談到，享樂主義（hedonism，追求快樂）與幸福主義（eudaemonia，追求尊嚴、真實與後來所說的「意義」）之間，存在著緊張關係。後來弗蘭克接棒，成為這個理念當代的傑出倡導者。他強調：追求意義是人類的核心動機，也是我們生存的關鍵。

一九四一年，弗蘭克剛寫完一本書，當時納粹正開始有系統地推動「最終解決方案」（Final Solution）。[i]弗蘭克具有醫師身分，所以獲准入境美國，但也因此不得不與父母分開，這讓他痛苦萬分。弗蘭克取得簽證後返家，途中他刻意遮住外套上的大衛星符號，低頭快步走進大教堂裡禱告，祈求上帝顯示神蹟。他回到家之後，看到父親淚流滿面地望著廚房餐桌上的一塊大理石。

「這是什麼？」弗蘭克問。

「今天納粹燒了我們的會堂。」他說。這塊大理石是唯一留下的殘骸，是講壇上方十誡石碑的一部分。「我甚至可以告訴你它來自哪一誡，」他父親說，「只有一個人能使用這些字母。」

「上面寫什麼？」弗蘭克問。

「孝敬你的父母。」[ii][3]

弗蘭克當場撕掉簽證。接下來的一年，他們全家被送進集中營，後來弗蘭克的父親死在他懷裡。兩年後，弗蘭克和他太太、他母親被送到奧斯威辛集中營。他太太和母親被毒氣毒死。弗蘭克被迫做苦役，十個人擠一張床，每天只能吃麵包屑果腹。某天晚上他親眼看到一個男人做惡夢，卻不願叫醒他。「再糟的夢，都比不上集中營的現實可怕。」[4]

不過他說，他之所以能撐過來，是因為他一直努力尋找意義。弗蘭克將他唯一一本書縫在外套裡，但後來這本書也被沒收、銷毀。晚上他不斷對自己複述書中內容，好讓自己有事可做。一九四五年他獲釋後，坐下來書寫自己的親身經歷，總共花了九天。一開始他選擇匿名，但朋友一

i「最終解決方案」指二次大戰期間，納粹德國針對歐洲猶太人系統性實施種族滅絕的計畫。

ii《聖經》十誡中的第五誡："Honor thy father and mother."

直勸他使用真名。

這本書在一九四六年出版，立即成為二十世紀的經典著作。《活出意義來》（*Man's Search for Meaning*）至今已銷售超過一千兩百萬本。弗蘭克希望透過這本書告訴大家：即使身處在難以想像的黑暗之中，人類還是可以找到希望。「你不一定要受苦才能學習，但是如果你無法從痛苦中學習……你的人生就會變得毫無意義。」〔5〕他說，關鍵就在於，想像一個更美好的未來，找到生存的理由。他引述了尼采的話：「知道為何而活的人，幾乎能忍受任何生存方式。」〔6〕

弗蘭克的著作出版時，全世界還沒有從廣島原子彈爆炸與猶太人大屠殺的衝擊中復原，在這段時間，大眾普遍認為人生缺乏意義。弗蘭克稱之為「世紀之疾」（sickness of the century）〔7〕；卡爾．榮格（Carl Jung）稱之為患病（illness）。「沒有了意義，人生就會變得空虛，」榮格寫道，「一旦有了意義，很多事情，或許是所有事情，都會變得可以忍受。」〔8〕

現代的意義探索運動便是從這片荒蕪之地崛起，隨後逐步拓展至哲學、心理學與神經科學等領域。如果說，人生缺乏意義的症狀是疏離與空虛，那麼治療良方就是實現夢想、創造個人意義。「人類心理學的核心概念就是意義，」傑羅姆．布魯納（Jerome Bruner）寫道。〔9〕每個人最重要的任務就是找到自己的意義。沒有單一的標準公式。

但是有些指引可以參考。人類歷經七十五年的思考與研究，關於什麼是有意義的人生這個問題，已經累積了許多想法。所以我和團隊在編碼時，就交叉比對這些想法與受訪者在訪談時最常使用的單字、片語與表達方式，再將比對結果與受訪者為自己選定的人生主題相互對照。

最後，我們總結出完美平衡的人生應具備三大關鍵要素。我們不妨將它們稱為「人生意義

ABC」。A是能動性（agency），代表自主、自由、創造力、駕馭；你相信自己有能力影響周遭世界。B是歸屬感（belonging），代表關係、社群、朋友、家庭；也就是在你身邊、讓你的人生變得更加充實的人們。C是使命（cause），代表召喚、理念、方向與目標；讓你的人生變得更有價值、超越你個人的遠大承諾。

要擁有和諧、滿足、幸福的人生，這三個關鍵要素雖然能發揮強大效用，但並非唯一的途徑。我們還可以搭配運用另外三種工具：也就是三種敘事認同。第一種是我的故事（my story）：我們是故事中的英雄、執行者、創造者；我們能掌控自己的人生，所以感到滿足。第二種是我們的故事（our story）：在故事中，我們是社群、家庭、團隊的一份子；我們屬於某個團體，感覺自己被需要。第三種是你的故事（thee story）：在故事中，我們投入某個理想、信仰和使命；我們把自己交給別人，感覺自己屬於某個共同體的一部分。

原來我們每個人身上都具備意義的三大要素（能動性、歸屬感與使命），以及這三種人生故事。不僅如此，我們回應當下發生的事情時，會不斷反覆權衡這三大要素。在這方面，我們就像正義女神（Lady Justice），只不過我們有三個標準、而不是兩個。[iii]如果不同的意義來源能夠達成平衡，我們的人生就能維持平衡。一旦這些意義來源失去平衡，我們的人生也會失衡。

我還學習到另一件事：我們多半會將某個要素優先排在其他要素之前。我們每個人都有自己的根據地（home base），或是心理學家所說的核心建構（core construct）。我們或許是能動性第一、歸

iii 正義女神一手持天平、一手持長劍，象徵法律的兩大基礎：公正與道德。

屬感第一、或是使命感第一的人，接著我們會有第二優先與第三優先要素。（在這個模式之下，我的優先順序是能動性、歸屬感、使命，我太太則是使命、能動性、歸屬感。）

除此之外，你還可以透過另一種方式，理解與具體呈現這些意義來源。這與我每次訪談時提出的最後一個問題有關。

我們的人生形態

談到混沌科學，很多人都很好奇，研究人員究竟是用什麼方式，搞清楚這世界如何週而復始地呈現出某種形態。他們在秩序之中發現了混沌，接著在混沌之中發現了秩序。水被攪動之後，就會出現複雜的漣漪與漩渦；天空的浮雲時而團聚成朵，時而消散如棉絮，隨意飄動；從高空俯瞰，國家的邊界看起來就和地圖描繪的一樣，但是當你越接近地表，就越能清楚看到無邊無際的突出、彎曲、山凹與海灣。混沌科學創造了許多與形態有關的新字彙，用來描繪不規則現象，例如：碎形（fractal）、間歇（intermittency）、摺巾（folded-towel）、微分同相（diffeomorphism）、平滑麵條映像（smooth noodle maps）、奇異吸子（strange attractor）、折彎曲線（bend curve）、螺旋渦流（spiral vortices）、元搖擺（metawobble）、醉漢走路（drunkard's walk）。

科學領域的形態研究深深吸引著我，也激發了我的靈感，我詢問每位受訪者，什麼樣的形態最能代表他們的人生。出乎我意料的是，一開始我聽到的答案什麼都有，例如：房子、樹枝鋸、螺旋、心形、夕陽、蜿蜒的道路、布魯克林大橋、圓形；甚至還有卡拉比－丘流形（Calabi-Yau manifold），這是先前提過的那位混沌科學家、後來成為明星YouTuber的布萊恩·魏契的回答。我越來越覺得這像一場毫無意義的派對。

但我還是繼續詢問受訪者，部分原因是他們的回答非常生動有趣，不過更重要的原因是，他們在解釋自己的回答時，會透露許多訊息。我們可以明顯看出，每個人都有強烈的個人觀點，他們描繪的形態代表了某種核心本質，反映了他們如何看待自己。如果你說你的人生像股市圖、或是心形、或者十字架上的耶穌，等於在告訴其他人，某個很有影響力的事物對你來說最為重要。

但是，形態究竟傳達了什麼訊息？我最不想做的，就是先讓受訪者從原本拘束他們的箱子解放出來，接著又把他們塞進新的箱子。但是，如果過去的箱子形態明顯不合適（例如曾經盛行一時的循環、階梯、向上箭頭等形態），或許我們應當花點力氣去探索，是否有其他用語可以取代過時的形態。我們可以透過一個人描述的人生形態，知曉他最看重什麼事情。

說穿了，所有形態可以分成三種類型。第一種形態反映了某一種軌跡形狀。選擇這種形態的人認為，人生會隨著時間而出現高低起伏，這些變化通常與個人的成功與失敗有關。原本我打算選擇這種形態，這也是最受歡迎的人生形態，例子包括：河流、蜿蜒的道路、鋸齒形、山脈。這種形態的本質是線性的，所以我稱之為線形（line）。

雖然這種形態看起來很理所當然（特別是對於選擇這種形態的人來說），但這絕不是唯一的類別。第二類形態偏向空間概念，這些形態是封閉的，擁有邊界、輪廓、牆面，或是其他可以容納事物的特徵，通常是容納我們的心愛之物。有五分之二的人選擇這種形態。例子包括：心、房屋、籃子，或是克里斯蒂安·皮喬里尼所說的碗。這些形態會讓人聯想到人群聚集的方式，所以

自我描述

能動性

歸屬感

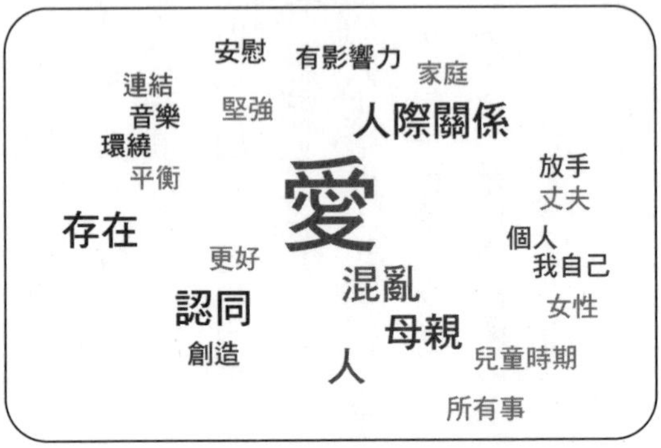

使命

我稱之為環形（circle）。

最後一種形態與特定物件有關。這群人選擇的形態代表某種象徵、圖像、標誌；換句話說，他們選擇的形態，反映了他們人生的指導原則或是承諾。有三成的人選擇這類別，包括我太太，她成立了一個國際非營利組織，為那些具有影響力的創業家提供協助，她說她的人生形態是電燈泡，這挺符合她熱衷追求新點子與靈光乍現的性格。其他例子包括：球體、十字架、無限符號、蝴蝶等。這些物件都具有正向激勵的性質，人們往往將它們當作指引方向的北極星，因此我稱這類別為星形。

事實證明，這三種形態正好與意義ＡＢＣ三大要素、以及自我描述的三種故事類型相呼應。選擇線形的人多半專注於自己的能動性，偏向工作與成就導向，他們優先看重我的故事。選擇環形的人通常更在乎歸屬感，偏向關係導向，他們主要關心的是我們的故事。選擇星星的人大多偏向使命導向，更重視自己的信仰、拯救世界、或是服務他人，他們最在乎你的故事。

選擇環形的人通常更在乎歸屬感，偏向關係導向，他們主要關心我們的故事。選擇星星的人大部分偏向使命導向，更重視自己的信仰、拯救世界、或服務他人，他們最在乎你的故事。

如果想知道不同類別的人，會用哪些具體事物呈現他們的人生，可以參考前一頁的文字雲。

一個人選定了某種形態，並不表示他不重視其他類別的形態。我們每個人都有不同的認同來源。我相信，這代表我們會在人生特定階段，特別看重某種形態。其實你我都很熟悉這種想法。比方說，我們身邊某些人會藉由工作建立自我認同；有些人為了養育小孩或照顧生病的親戚，犧牲自己的抱負；有些人捨棄財務報酬率高的職涯，改去學校教書、傳福音或是拯救環境。

我認為，至今我們還沒有真正意識到，當我們選擇任何一種形態，就代表我們優先考慮意義的某個要素、看重某個人生故事、珍視某種人生形態。以前，社會總教導我們有意義的人生只有一種定義，但是現在，我們可以同時擁有多重意義。

接下來我將進一步說明意義的三大要素，以及如何設定優先順序。

A是能動性

黛比．科帕肯住在馬里蘭州波札馬克市（Potomac）的分層式獨立住宅，很類似出現在《脫線家族》（*The Brady Bunch*）影集裡的外景屋。「沒有人行道、無處可逃。」她說。她十四歲那年曾開著父母的車逃家；十七歲時逃去日本，在當地教英文，將她的第一篇報導作品賣給《十七歲》（*Seventeen*）雜誌：「那時候我心想，我他媽的竟然能做這件事。我可以四處旅行、賣文章、讓讀者付錢看文章。」

後來她回到家，與曾經登上《虎韻》（*Tiger Beat*）雜誌封面的男孩談了一場短命的戀愛[iv]，之後進入哈佛大學就讀，某次搖腳丸（LSD）實驗為她開啟了新世界。「我終於看清自己是什麼樣的人，」她說，「我想要探索那個人，而不是其他人希望我成為的某一種人。」她捨棄了安穩的專業生涯，選擇了攝影，將自己險些遭受性侵所引發的憤怒，轉化為大膽、前衛的攝影作品，她冒險進入生活貧困的地區，拍攝紀實人像。她說：「我曾經覺得自己像是獵物，所以我變成了獵人。」

她越拍越有興趣，後來搬去巴黎，成為戰地攝影師，足跡遍及色列、阿富汗、辛巴威、羅馬尼亞等地。「我的人生就是一場戰爭，因為我身為女性，一直要跟這世界對抗，」她說，「那為什麼不直接去戰場？我必須主動出擊。」

但是七年後，她厭倦了空虛的性行為、持續不斷的騷擾。她待在莫斯科期間，當地發生政變，她倒臥在泥濘中，子彈從頭頂上方呼嘯而過（正是這場政變，列夫・斯維里多夫被迫在曼哈頓街上流浪），這時候她意識到她必須離開。之後她結了婚，搬去紐約，生了三個小孩。當時她是家中主要的經濟支柱。但後來維持十五年的婚姻宣告破裂，是她主動選擇離開。「我已經到了臨界點，再也無法繼續留在一段付出了愛、卻得不到愛的關係裡。」她的健康接連出現問題：得了乳癌、切除子宮、心臟也不好，令她深受打擊。她和一名年輕男孩談了一段姊弟戀，再次將自己的憤怒投入到藝術創作中，包括攝影、散文與繪畫。

黛比期望自己的人生形態是環形，她依舊渴望建立一段穩定的關係，但是本質上她屬於線形人。「我想像在一張方格紙上畫了一條有高低起伏的正弦曲線，就像是人生有順境與逆境一樣。」

如果想要過著有意義的人生，能動性是第一個、而且或許是最重要的要素。「美國夢的核心就是相信個人具有能動性。」歷史學家史蒂芬・明茲（Steven Mintz）寫道。[10] 在我的受訪者當中，有一半的人所選擇的形態，顯示出他們優先看重能動性，男女比例相近，分別是五一％與四七％。

心理學家貝塞爾・范德寇（Bessel van der Kolk）將能動性定義為「感覺自己能掌控人生：知道自己的位置在哪，知道自己有權對於發生在自己身上的事情發表意見，知道自己有某些能力能打造自

iv《虎韻》是專為青少年發行的雜誌。

己的環境」。[11]證據顯示，能夠展現能動性的人比較快樂、健康，生活品質也比較好。[12]

能動性確實很重要，它甚至使你相信你能夠改善自己的人生。[13]即使你無法解決某個問題，但光是理解這個問題，就令你覺得有掌控感。當你逼自己去理解發生了什麼事，你才會開始接受它。這時候你成為能創造自己個人意義的主體。我也是屬於這類型的人，所以能感同身受。每當我面臨危機，不論是我太太冒著高風險懷孕，或是我自己得了嚴重的癌症，我就變成了規劃者、研究者與敘述者。

工作是最能顯著表現能動性的舞台。我認識的線形人就和黛比一樣，通常會透過工作定義自己：他們是建造者、製造者、實作者，也就是亞里斯多德所說的「行動人」(people of action)。[14]許多當代研究進一步強化了這個結論。如果工作者感覺自己擁有自主權與控制權，就更能專心投入工作。[15]如果工作者可以隨心所欲布置辦公場所，會更快樂、更有生產力。[16]如果工作者能夠自由安排進度，就更有可能接受自己的工作，離職機率較低。[17]

但是能動性不限於工作。通用磨坊（General Mills）成立於一九五〇年代，他們生產的貝蒂妙廚（Betty Crocker）蛋糕預拌粉，讓在家烘焙變得太過簡單，反而失去了烘焙樂趣。有一群心理學家發現，只須要求在家烘焙的人自己動手加一顆蛋，就會讓他們很有成就感。[18]丹・艾瑞利（Dan Ariely）[v]和他的同事研究宜家家具後也有相同發現：自己動手組裝產品更能讓人們感到滿足。[19]居住在護理之

人生形態

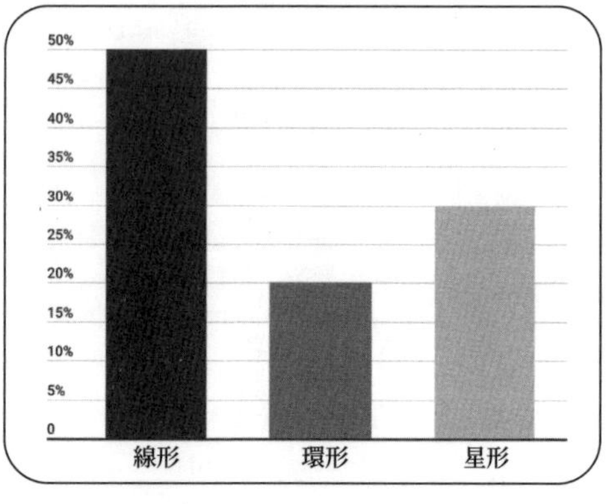

家的老人如果能擁有某些掌控權，例如照顧植物，他們會更快樂、更健康、壽命更長。〔20〕

有些人認為，他們的人生形態就像上下起伏的線條，他們的個人敘事充滿震盪起伏。對這些人來說，不論是工作或家庭，能動性是最主要的意義來源。

這些人包括亨利．費里斯，他逃離了充滿痛苦回憶的喬治亞州老家，順利完成腎臟移植手術，搬到紐約，成為名人書籍編輯（他負責編輯的書籍包括《歐巴馬的夢想之路——以父之名〔*Dreams from My Father*〕》），但之後不幸被公司解僱，同年結婚。「我用敘事角度看待自己的人生，就像是一條有高峰與低谷的線條。」

安東尼歐．格拉納（Antonio Grana）成長於舊金山同志銳舞文化（rave culture）盛行的年代〔vi〕，他曾愛上一個酒鬼，後來參加十二步驟方案（twelve-step program）〔vii〕，並與一名女子結婚，創辦了一家資訊科技公司。他的人生形態是：滑道與階梯。「你必須接受你的人生會出現標點符號，然後倒退，最終走向另一條不同的道路。」

約翰．艾文惠斯（John Evenhuis），在ＩＢＭ擔任高階主管，原本和太太在灣區內某個社區生活、撫養小孩。夫妻兩人考慮放棄高壓的鄉村俱樂部生活，搬到蒙大拿州冰河國家公園的郊區，每天遠距工作，每個週末還可以親近大自然。他說，他的人生就像是曲棍球桿。「原本所有事情都很順利，突然間啪的一聲，一切都變了，變得不可思議。」

v 美國心理學與行為經濟學教授，出版過多本著作，包括：《金錢心理學》、《不理性的力量》、《誰說人是理性的！》。
vi 銳舞文化的核心精神是和平、愛、團結與尊重，追求沒有階級、沒有歧視的社會。
vii 這是匿名戒酒會（Alcoholics Anonymous, AA）發展出來的十二步驟方案，幫助案主戒除酒癮、毒癮以及其他偏差行為。

瑟琳娜・史蒂爾（Serena Stier）的先生輕生時，三個小孩都還未滿八歲，但是她選擇繼續追求自己的人生，攻讀心理學與法律研究所、順利取得學位，創作懸疑小說，成為調解員。「我的人生就像海面上的波浪。有時會產生泡沫，有時風平浪靜，但是整體來說是美好的。」

具備能動性的人精力旺盛、態度堅決，喜歡掌控一切。他們會牢牢掌握自己的我的故事。但是，他們不一定最關注自己的人際關係——這是第二種類型的人才擁有的特質。

B代表歸屬感

蜜雪兒・斯溫（Michelle Swaim）從未擁有過完整的家庭。她母親懷孕時，父親拋下了他們；她母親對她也沒什麼感情。蜜雪兒在麻州長大，有時放學後要等好幾個小時，母親才來接她。「我想我的人生因此受到很大影響，所以我很早就進入婚姻，沒有完整的自我。」

蜜雪兒十五歲時遇見了未來的丈夫戴夫（Dave）。「我想我只是在尋找父親或母親，因為我從沒有得到父母的關愛，」她說，「他絕對是我們關係裡的英雄。」他們一起進入威廉與瑪麗學院，蜜雪兒二十一歲那年，兩人攜手步上紅毯。「婚禮上我媽不和我說話，因為她不希望我離開她，」蜜雪兒說，「不只如此，我很難有親密關係，所以我的蜜月是一場災難。」

接下來十年，戴夫的生涯開始起飛；他在波士頓外一間成長快速的教堂擔任主任牧師。蜜雪兒則變得越來越自溺。她瘋狂跑步，還得了厭食症。九年間她幾乎不吃東西。「當你沒辦法與人建立連結，對自己感到羞愧，你唯一能掌控的就只有自己的身體。我沒辦法為自己說話，所以這是我唯一能真正對自己發揮影響力的方法。」

到後來，她一天只吃半顆蘋果。

蜜雪兒的厭食症也導致她不孕。她花了七年不斷嘗試懷孕，卻一再失敗。某天慢跑時她不小心滑倒，身體先是騰空，接著跌落到冰面上，背部著地。住院時，她看到來自上帝的異象（vision）。是我對你這麼做的，祂說。隔天他先生來到病房後，也說他看到來自上帝的異象。「祂告訴我，祂對你這麼做是有用意的。」就在那一刻，兩人含淚達成共識，他們必須改變自己的生活。

隔年他們領養了一名韓國的男孩。接下來十年，他們又領養了十個孩子，最後總共養育了八名男孩與三名女孩，有些是美國人，有些是難民，包括黑人、白人、棕色人種、烏干達人、愛爾蘭人、墨西哥人。當年放學後枯等好幾個小時，等待母親接她回家的小女孩，現在每天要花三小時來回學校接送小孩。

她的人生形態是：一台凹陷的小客車，這最能真實反映她當了母親之後的人生。

「小時候我覺得很孤單，這成了我人生的一大動力。以前我一直想要感覺有人愛著我，現在我只希望這些小孩能感覺有人愛著他們。」

當你與別人建立與維繫緊密的個人關係，就會產生歸屬感，近期有不少研究特別強調，歸屬感是重要的意義來源。〔21〕一份探討意義來源的研究顯示，有八九%的人指出，他們的人生意義來自人際關係。〔22〕史丹福大學曾進行一項長達八十年的研究計畫，追蹤一千五百名學童，結果發現擁有深度社交連結的人比較長壽。〔23〕喬治・維蘭特（George Vaillant）曾在哈佛主持一項長達七十年的研究計畫，追蹤二百六十八位男性（約翰・甘迺迪〔John F. Kennedy〕是其中之一），最後他得出

結論：「人生中唯一真正重要的事，就是你與其他人之間的關係。」〔24〕

我的受訪者當中有五分之一的人，選擇的人生形態顯示他們很重視歸屬感。不過男女比例落差極大，女性占六一%，男性占三九%。

歸屬感之所以是建立意義的重要來源，原因是我們的大腦屬於文化器官。〔25〕人之所以為人，正是因為我們會相互分享情感、連結與想法。數十年前的研究指出，建立正向社交網絡，有助於改善人們的心理與身體健康。癌症病患如果生活在能提供支援的社區裡，病況會有所改善〔26〕，阿茲海默症的照顧者〔27〕、酗酒的人〔28〕、創傷受害者、創傷後壓力症候群患者也是一樣。〔29〕經歷過倫敦大轟炸的兒童〔viii〕，如果當時他們跟在父母身邊，整體的身心狀況會比那些被帶離倫敦、與鄉下親戚同住的小孩要好。〔30〕

不只家庭和支援團體能夠提供歸屬感，鄰居、國家，甚至工作，也能帶給人們歸屬感。在職場擁有深厚人際關係的人，更願意成長、更能夠與人合作、更有韌性，這些人會升遷得更快。〔31〕在上班第一天就受到熱烈歡迎的新人，九個月後會更有生產力〔32〕；與主管建立信任關係的員工，更能有效地聽取批評意見。〔33〕與同事關係緊密的工作者，在電子郵件中較常使用我們、而不是我；被公司解僱的人，則較少使用我們。〔34〕

人生形態：男女占比

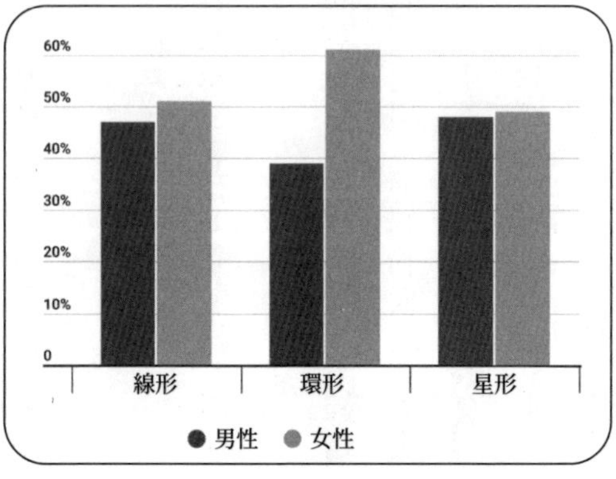

對許多人來說，歸屬感是無可替代的感受。

艾倫・謝佛（Ellen Shafer）在達科他州北部的農場長大，之後搬去大城市，在目標百貨（Target）與通用磨坊工作。但後來她先生失業，於是他們搬回到法哥市（Fargo），和家人距離更近，他們利用每月一次的私廚聚會活動建立社群。「我的人生可以是你用萬花尺畫出的任何一種形態，你把筆放在其中一個圓圈裡，接著就能畫出一朵花。它不是線形的，如果真是那樣，未免太無趣了。」

珍・德沃爾（Jen DeVore）是西雅圖的明星運動員，就讀耶魯大學時認識了她先生，之後在《洛杉磯時報》擔任高階主管，對員工要求嚴格。但是後來她選擇辭職，回家照顧三個小孩，做丈夫的後盾，並開始研究她家的族譜。她的人生形態是一棟房屋。「我希望對我的社群有所貢獻，為這世界做好事，但是歸根結柢，我希望為自己的家人做點有益的事。」

麗莎・霍夫曼（Lisa Heffernan）的祖父母是逃離俄羅斯大屠殺的猶太難民，她在十七歲那年與父母斷絕關係，生了兩個兒子，她很擔心自己被小孩遺棄，所以成立了空巢父母臉書社團，結果大受歡迎。「我最重要的使命，就是建立一個像大樹一樣的穩固家庭。我先生和我的父母都不可靠，所以我們最重要的任務，就是讓孩子在任何時候都能依靠我們。」

安柏・亞歷山大（Amber Alexander）出生於印第安納州蓋瑞市（Gary），從小在拖車公園裡長大，居民關係緊密，但是在她二十多歲時，三位至親陸續離世，她受到不小打擊，後來她在地方基督教青年會（YMCA）擔任執行長，但是兩歲兒子得了腦瘤，她因此情緒崩潰。「我把自己的人生

viii 倫敦大轟炸指第二次世界大戰期間，德國對英國首都倫敦實施的戰略轟炸。

看作一顆愛心，因為上帝用愛保佑我度過痛苦和考驗。」

對於那些將人際關係放在第一位的人來說，愛是他們最看重的情感。在我遇到的三種人當中，這種人的性格最平穩。他們更看重我們的故事，而不是我的故事。但是他們並非最熱情的，最熱情的是第三種形態的人。

C代表使命

塔米・特羅蒂爾（Tami Trottier）出生於達科他州北部、靠近加拿大邊境的龜山（Turtle Mountain）印第安保留地。她是家中四個女孩裡面年紀最小的，就讀天主教學校，個性非常害羞。「我害羞的程度非常誇張，我的臉、我的下巴、我的嘴會張開，卻一句話也說不出來。我姊姊都不想帶我出門。『她的樣子太丟人了！』」

塔米是兄弟姊妹中唯一選擇不經營家族雜貨店的。她就讀麥納特州立大學（Minot State University），主修新聞。她開始探索自己的原住民傳統，她認為這些本該在保留地的文化遺產都被剝奪了。她跑去汗屋（sweat lodge）[ix]，開始跳舞，取了個奧吉瓦布語（Ojibwe）的名字[x]：紅風女。「這一切都是為了和其他原住民建立關係，」她說。「我們的創傷來自於我們遭到攻擊。」

由於她對「創傷」這個主題很感興趣，所以後來取得臨床心理學博士學位。她說：「我一直想要成為醫生，我希望我們的族人能為自己感到驕傲。」之後她嫁給了一位同部落的原住民，生了一個小孩，也嘗試懷第二胎。但是問題出現了。在全是白人的環境中工作，她開始懷疑起自己。

她曾經流產兩次。「那兩年我非常焦慮，體重掉了六十磅，整個人就像一個空殼。」

後來她終於醒悟，西醫無法治癒她。於是她開始嘗試原住民養生法，研究動物的療癒力量，累積了一套知識，她自己取名為「烏龜醫學」（Turtle Medicine）。「某天我突然跳起來告訴大家：『我要開始教導人們如何自我療癒。』」

她舉家搬回印第安保留地，與人共同成立一所專為成年女性與女孩提供治療的診所。這是原住民土地上第一間全由女性經營的診所。「有人懷疑：『你行嗎？財務沒問題嗎？』我從沒有懷疑過，職業和使命感是不一樣的。當我發現我應該要做什麼，我就知道沒有任何事能阻擋我。」

她的人生形態反映了她的熱情所在：是龜殼。

「就和烏龜一樣，我學會有時候必須縮回殼裡保護自己，但你不能生活在你的殼裡。你必須找到目標。我的目標是保持正念，維持緩慢、穩定的生活步調，照顧好我的殼，還有我的人。」

擁有使命（你的故事）是過著有意義人生的第三個要素。使命是指超越個人的某件事，例如事奉上帝、保護環境、提供指導、參加遊行、照顧他人、遊說拉票。當你支持某個使命，會感覺自己有了目標，願意犧牲自我。這對你來說是有益的：自願奉獻的人比較快樂，也比較長壽。〔35〕

要做到這些並不容易。有四成的人表示他們缺乏使命。〔36〕其中一個原因有可能是使命的來源改變了。越來越少人從宗教找到使命感，更多人是在工作中尋找。但是只有三分之一的人表示，他們從工作中找到人生意義。這些人多半從事有助於減少痛苦、改善世界、或是能夠帶來快樂的

ix 汗屋是印第安人的淨化儀式，將水澆在滾燙石頭上產生蒸氣，讓人發汗，象徵排除體內不乾淨之物。

x 奧吉瓦布是北美原住民族之一。

工作。[37]珍・杜頓（Jane Dutton）和同事曾進行了一項知名研究，結果發現，即使是在醫院從事最基層的工作（例如更換便盆），只要這些工作者相信他們的工作能改善病人的生活，就能從工作中獲得深刻意義。[38]

看護是另一個讓許多人產生使命感的職業。伸出援手幫助那些需要幫助的人，不僅能夠改善受助者的健康與福祉，助人者也同樣受惠。[39]罹患某種疾病的患者，如果能夠幫助剛被診斷出罹患相同疾病的人，身體的復原狀況會更良好。

同樣的道理也適用於疾病末期的人。比如當年我父親病情逐漸好轉時，他經常會關注我母親有多辛苦。我得了癌症之後，為女兒們成立了「爸爸委員會」（Council of Dads）。當時我並不知道，但是現在卻發現，這件事幫助我找到了意義的三大要素：能動性（「我正在做某件事」）、歸屬感（「我在強化與家人和朋友的關係」），以及使命（「我在幫助我的女兒度過她們的痛苦」）。

有三成的受訪者表示，擁有使命是最重要的意義來源，也是最重要的形態。

布林・恩特金（Brin Enterkin）就是這樣的人。她還在讀高中時就募集了三萬四千美元，為柬埔寨女孩興建一所學校；二十多歲時她搬去烏干達，協助解決當地營養不良的問題，再後來她開始訓練全球的社會企業家。她的人生形態是費波那契螺旋（Fibonacci spiral）。[xi]「我的人生就是去愛其他人，一開始只有少數幾個人，之後不斷擴展，服務更多人。」

瓦里・艾利（Wali Ali）出生於密西西比州斯塔克維爾市（Starkville），是一名猶太人，本名叫馬爾文・梅爾（Melvin Meyer），就讀阿拉巴馬大學期間因為支持族群融合，有人在他家草坪上燒毀一座十字架；他曾因為吸食迷幻藥，被送進收容所接受治療；後來改信伊斯蘭教，成為一名蘇菲大師。他的人生形態是一顆有翅膀的愛心，這是蘇菲教派的象徵符號。

黛西・汗（Daisy Khan）出生於巴基斯坦的傳統穆斯林家庭，當地女孩的自由受到嚴格限制。後來她就讀位於長島的學校，畢業後到華爾街工作，嫁給一位自由派伊瑪目（imam）〔xii〕創辦一家非營利組織，為穆斯林女性爭取平等。她的人生形態是：拳擊手套。「我是一名鬥士。我一直在突破邊界。我要戴上這雙手套，然後將它們傳給需要的下一代。」

傑森・多伊格（Jason Doig）是牙買加裔美國人，是國家冰球聯盟（NHL）明星球員，但因為體重過重退役，後來他成為純素主義者，開始戒糖，積極倡導健康生活理念。他的人生形態是：環面（torus）。「這個能量來源很像甜甜圈的形狀，會持續不斷流動。」

一百年前，維克多・弗蘭克鼓勵我們承擔責任，自己決定哪些事情能帶給我們意義，現在我們有更多工具可以用來回應內在的召喚。如今我們擁有三個控制桿：能動性、歸屬感與使命。我們可以述說三種主要故事：我的故事、我們的故事、你的故事。我們可以從三種常見的形態當中做選擇：線形、環形和星形。某些時候如果你的人生突然轉向，你可以隨意改變重視的事情。我將這個過程稱為變形（shape-shifting）。當我們的人生出現轉變，變形是創造意義的有效方法。

xi 依照費波那契數列繪製的螺旋曲線，費波那契數列中的每個數字都是前兩個數字的總和：1、1、2、3、5、8、13、21、34、55……

xii 伊瑪目是伊斯蘭教領袖。

原註

1 維克多・弗蘭克（Viktor Frankl）在自傳《意義的呼喚》（*Reflections, Basic Books*）中，完整記述了他的人生，英文版是由喬瑟夫與茱蒂絲・法布瑞（Joseph and Judith Fabry）翻譯。我另外參考了以下兩本書：William Blair Gould, *Frankl* (Brooks/Cole Publishing) and Alex Pattakos, *Prisoners of our Thoughts* (Berrett-Kohler Publishers).
2 *Reflections*, p. 29.
3 *Reflections*, p. 83.
4 Victor Frankl, *Man's Search for Meaning*, translated by Ilse Lasch (Beacon Press), p. 29.
5 *Meaning*, p.117.
6 *Meaning*, p.104.
7 *Reflections*, p. 66.
8 Hollis, *Finding Meaning*, p. 8.
9 *Acts of Meaning*, p. 33.
10 Mintz, *Prime*, p. 292.
11 Bessel van der Kolk, *The Body Keeps the Score* (Penguin Books), p. 97.
12 Roy Baumeister, *Meanings of Life* (Guilford Press), p. 215, 227.
13 Baumeister, *Meanings*, p. 42.
14 Aristotle, *Nicomachean Ethics*, Book II.
15 Mintz, *Prime*, p. 49.
16 Tim Hartford, *Messy* (Riverhead Books), p. 58.
17 Krznaric, *Fulfilling Work*, p. 133–34.
18 Matthew Crawford, *Shop Class as Soulcraft* (Penguin Books), p. 67.
19 Michael Norton, Daniel Mochon, Dan Ariely, "The 'IKEA Effect,'" (Harvard Business School, 2011).
20 Brian Little, *Me, Myself, and Us* (Public Affairs), p. 102.
21 Brim, *Healthy*, p. 336.
22 Eric Klinger, *Meaning and Void*, cited in Baumeister, *Meanings*, p. 147.
23 Howard Friedman, Leslie Martin, *The Longevity Project* (Plume), p. 182.

24 Joshua Wolf Shenk, "What Makes Us Happy," *The Atlantic*, June 2009.
25 Van der Kolk, *Body*, p. 86.
26 Baumeister, *Meanings*, p. 259.
27 *The Human Quest for Meaning*, edited by Paul Wong, p. 92.
28 Maté, *Hungry Ghosts*, p. 33.
29 William Bridges, *Transitions* (DaCapo), p. 53, 96.
30 Van der Kolk, *Body*, p. 212.
31 *How to Be a Positive Leader*, edited by Jane Dutton and Gretchen Spreitzer, (Berrett-Koehler Publishers), p. 12.
32 "Inside Google Workplaces," CBS News, January 22, 2013.
33 Dutton, *Positive Leader*, p. 25–27.
34 "Alignment at Work," Gabriel Doyle and others (*Proceedings of 55th Annual Meeting of the Association for Computational Linguistics*, 2017), p. 603–12.
35 "Volunteering Makes You Happier," *Fast Company*, September 3, 2013.
36 Paul Froese, On Purpose (Oxford University Press, p. 4).
37 Emily Esfahani Smith, *The Power of Meaning* (Broadway, p. 93).
38 Dutton, *Positive Leader*, p. 57.
39 Strogatz, *Sync*, p. 263–64.

5

變形
我們如何在變化時期創造意義

SHAPE-SHIFTING
How We Make Meaning in Times of Change

我們從人生中創造的意義並非靜態或固定不變的。它會變動、擺盪，有時甚至會消失。這種迷失方向的感覺通常發生在遭遇人生地震之後。我將這些時刻稱為「意義真空期」，就好比生活中的空氣被抽走一般，能動性、歸屬感與使命這三大意義來源間的平衡狀態被徹底打破。接下來會發生一連串餘震，也就是首次變動所引發的漣漪效應，它們會引發恐懼、困惑，但也可能是治癒的徵兆。

接下來就是「變形期」。

「所以，呃，我被開除了」

傑米．李維（Jamie Levine）記得小時候在麻州伍斯特（Worcester）的日子很幸福。「父母沒有離婚，沒有親戚離世，生活無憂無慮。」他說。當然，也有緊張的時候。他父親經營的麵粉廠停業，因此被迫轉型為花商。「這件事使我對金錢產生了焦慮，開始隱隱約約有種恐懼，覺得應該要有財務保障。」傑米說。不過，這種感覺並沒有讓他分心。他身材高大、長相帥氣、非常有企圖心，在校成績優異，積極參加課外活動。他希望進入哈佛大學就讀。

可是他被拒絕了。「我記得當時很激動，我第一次在心裡咒罵自己：該死，我竟然沒有得到我想要的。我一定要重新振作，搞清楚自己到底想成為什麼樣的人。」他下定決心要成為超級富豪。後來他進入布蘭戴迪大學就讀，主修經濟學，另外在倫敦政治經濟學院上了一學期的課。

「我想要成為艾力克斯．基頓（Alex P. Keaton）〔i〕，」他說。「我小時候經歷過雷根執政時期，看著《財神當家》（*Richie Rich*）的漫畫書長大。那時候《洛城法網》（*L.A. Law*）超級熱門，劇中每個角色都很有錢，人人開名車。我不覺得我太看重金錢，我想那時候多數人都這樣想。那是經濟狂飆的八〇年代。但是對我來說，錢真的很重要。」

「你覺得自己是怪咖嗎？」

「是啊，我想是吧，」他說，「我根本不了解自己。」

傑米取得華頓商學院（Wharton School）企業管理碩士學位後，應徵高盛投資銀行部門的工作。

「班上的同學都想得到那份工作，」他說，「那是最頂尖的公司，員工全是菁英。你什麼都不是。」但是後來他被錄取了。「這就是我的入場券，我終於得到救贖，不再為我爸的事、我被哈佛拒絕的事感到難過。」

他夜以繼日地全力投入工作，在公司內一步步往上爬。他說：「我完全被洗腦，我很喜歡在跑步機上跑步，如果有人調高速度，我會跑得更快。」後來他被轉調去倫敦，與初級經理蕾貝卡（Rebecca）結婚；接著他太太懷孕，他們買下雀兒喜區的豪宅。「我就是一路往上爬。」他說。

傑米的人生形態就是單純的線形，他具備能動性，最終成為現在的樣子。

後來傑米和蕾貝卡經歷八週的詳細檢查，發現嬰兒的腹壁有一個洞口，腸道會從這裡掉出來。「這很常見，開刀治癒的機率很高，」傑米說，「沒想到這只是開始，如果有百分之九十九的機率會出現好的結果，偏偏我們就會碰上那百分之一的壞結果，後來又發生好幾次類似的情況。」

史嘉莉（Scarlett）出生時少了三分之一的腸道，這種情況相當罕見，就連倫敦最頂尖的醫生也沒見過。她在醫院住了十個月。自從她出生那天起，她可以吃任何想吃的東西，但是因為腸道太短，所以無法吸收任何營養。她的餘生，每天晚上都需要依靠靜脈注射才能存活。

一開始，傑米希望繼續保有原本的工作步調。天一亮他就去上班，七點到醫院，一直待到午夜十二點，隔天重複相同的作息。史嘉莉出生幾個月後，他當上了公司合夥人。

但是其他所有事情都令他情緒崩潰。蕾貝卡承受不了龐大壓力。他們的婚姻開始出現裂痕。史嘉莉的膽紅素數值開始暴跌，這代表她的肝功能逐漸衰退。唯一的辦法是停止靜脈注射，但如果他們真的這麼做，她就會餓死。「我們只是等著她死去，」傑米說。

某天，傑米收到來自美國的電子郵件。「我伯母的兄嫂在《波士頓環球報》看到一篇文章，上面寫說有個醫生已經找到方法，能讓小孩接受靜脈注射，但又不會傷害肝臟。」一星期後，傑米前往波士頓與這名醫生會面；兩星期後，史嘉莉搭機飛往美國。

這種雞尾酒療法確實奏效。他們全家搬去波士頓。傑米和蕾貝卡又懷了第二胎，這次是兒子。

i　艾力克斯．基頓是美國電視喜劇《天才家庭》（*Family Ties*）裡的角色，熱衷財富，渴望商業成功，本劇於一九八二年至一九八九年在美國國家廣播公司（NBC）播出七季。

傑米每天往返於高盛的紐約辦公室與波士頓住家之間。他的人生似乎正處於上坡路。但是壓力實在太大了。當公司告訴他必須裁員時，他明白是什麼意思。

「所以，呃，我被開除了。」

突然間，跑步機停止運轉。他在跑步機上獲得的金錢、動能與意義，也隨之消逝。

「我不得不重新檢視自己，重新評估我自己。」他說。

他整整一年沒有工作，後來終於找到了新工作，但不是在華爾街，而是在一家規模較小的生技公司。他改變了領導風格，與員工密切合作，關注屬下的個人生活，鼓勵他們花時間陪伴家人。至於他自己的家庭，他和蕾貝卡開始接受心理諮商。

「我認為史嘉莉的事讓我們受到嚴重打擊，」他說，「突然間我必須拋開那些理性分析，更誠實地面對自己。我們必須決定，兩人究竟要分開還是繼續待在一起？如果要繼續待在一起，就表示我們必須更看重這段關係。在這段婚姻裡，我們面臨了許多難題，現在我們要一起解決這些問題。以前我們有點像是包辦婚姻，現在我們必須愛上對方。」

他們兩人也真的相愛了。我遇見傑米的時候，距離那次八週檢查已經過了十三年，他和家人住在聖地牙哥。史嘉莉在白天時可以正常生活，例如去學校上課、和朋友玩耍、參加體育活動，但是每天晚上她必須回家，接受九小時靜脈注射。每天晚上都要如此。

傑米和蕾貝卡必須跟著調整自己的生活作息。蕾貝卡加入兒子就讀學校的董事會；傑米經營一家營養品公司。原本傑米只顧著達成自己的成就，但現在他的人生比較平衡。他不再像以前那樣看重這個身分的能動性（線形），而更在乎身邊的人際關係（環形）。最後他總結自己的人生變化：

「現在我是怪咖嗎？我不覺得。」

身處在漆黑的森林中

一三〇二年，義大利詩人但丁・阿利吉耶里（Dante Alighieri）因為捲入政治鬥爭，逃離家鄉佛羅倫斯。他在托斯卡尼流浪多年，感到心痛欲裂、萬念俱灰，後來他終於接受自己再也回不了家鄉。就在此時，他重拾初心，完成了西方文學史上的經典作品：《神曲》（*The Divine Comedy*）。〔1〕這部敘事詩的開頭，描述了大家熟知的人生地震景況：

在我們人生旅程的中途，
我偏離了正確的路徑，
發現獨自一人身處在漆黑的森林中。

敘事者接著感慨地說，實在很難明確描繪在樹林深處的感受，樹林如此濃密、盤根錯節，只會引發恐慌，這感受就如同死亡一般苦澀難言。

但丁不僅將自己的心理狀態比擬成一條蜿蜒的道路，他認為那更像死亡。而且他不是唯一說出這種看法的人。人生地震的第一個餘震、也是我認為最令人不寒而慄的餘震是：很多人在經歷變動時，感覺像是經歷了死亡。我採訪時，有非常多人，我想大約有五成的人說了類似的話：就在那天，有一部分的我死了，我死了、然後又活了過來，我重生了。

這可能代表什麼意義嗎？

自從營火出現，恐懼死亡就一直是人類說故事的主題；而打從研究方法誕生，這主題就成了社會科學的研究重點。維克多．弗蘭克指出，人類追求意義的主因是為了對抗自身的死亡。〔2〕普立茲獎得獎作品《死亡否認》（*The Denial of Death*，一九七三年出版）的作者歐內斯特．貝克爾（Ernest Becker）曾說，人類多數時候是受到無意識驅使，想要逃避與超脫死亡。〔3〕自此之後，非常多學者開始專注研究死亡逃避、死亡焦慮、恐懼管理，以及人類面對死亡時採取的其他笨拙方法。

訪談過程中，我發現了另一個少有人關注的現象：死亡的語言隨處可見，人們常會使用這種語言，來描述人生的重要時刻，例如面臨精神危機或事業挫敗。這些人生動盪與真正的死亡根本是兩回事，但是因為這些動盪劇烈改變了人生走向，所以一般人想像得到最接近的類比就是死亡與重生。如此鮮明的對照更加證明了非線性人生造成的影響有多深刻：我們把人生的轉捩點看作生死攸關的大事。

不僅如此，有不少人真心歡迎這些隱喻性死亡。他們接受、甚至擁抱這種隱喻性死亡：過去的自我已經死亡，另一個自我已經出生。死去的那個人可能是天主教徒，新生的那個人變成了尤迦南達（Yogananda）的信徒〔ii〕；死去的我可能婚姻不幸福，新的我以單身為傲；過去的你可能無法為自己挺身而出，新生的你卻態度積極。被捨棄的那個人可能是酒鬼、罪犯、葷食者、工作狂，新的這個人已徹底改頭換面。

我並不是說，害怕生命走向終點的恐懼心理不會產生什麼影響，我的意思是，許多人都認同，人生會反覆經歷死亡與重生，這種想法比我們以為的還要普遍。此外，在人生變動時期，掌控好自我改造的過程，是創造人生意義的關鍵。

某些使用死亡語言的人，的確失去了某個親近的人。妮莎．岑諾夫在自家大門從警官口中得知她兒子死了，她說：「當下我的某個部分永遠死去，某個部分永遠重生。」她說，死去的是「以為死亡不會發生在我身上，以為我的孩子會永遠活著，以為他會比我晚死去的幻想」。接著她說，重生的部分是：「我深信即使肉體死亡，也會有某種靈魂、能量或精神永遠存在。如果沒有了這個信念，我不可能熬過那些日子、那幾個月、那些年。我不太願意說這是上帝的神蹟，但是那一刻我知道，我不再恐懼死亡。之前我被診斷罹患癌症第四期，那時我認真想過自己到底怕不怕死，但是維克多死後，我知道生命短暫，我只希望自己能活得長久。」

另外有些人失去了身體的自由。特拉維斯．羅伊（Travis Roy）是緬因州奧古斯塔市（Augusta）溜冰場經理的兒子，也是全美排名第一的冰球新秀，大一時加入美國國家大學體育協會（NCAA）冠軍隊伍波士頓大學梗犬隊，首次替補上場十一秒後成功奪回球權，身體卻不小心失去平衡，撞上護欄，最後整個人倒在冰上。「我臉朝下趴在冰上，感覺臉很冰，很不真實，」他說，「我可以看到我的四肢還能移動，但卻感覺不到肢體有在動。我知道我的人生永遠改變了，再也不可能恢復從前的樣子。」過去二十五年，他只能在輪椅上度過。

還有一些人提到，以前討厭的那個自己已經死去。美拉德．霍威爾（Maillard Howell）出生於千

ii 尤迦南達全名為帕拉宏撒．尤迦南達（Paramhansa Yogananda），一八九三年出生於印度，畢生致力於推廣冥想與克里亞瑜伽教義，曾出版《一個瑜伽行者的自傳》。

里達，後來獲得獎學金，就讀莫爾豪斯學院（Morehouse College）〔iii〕，之後搬去布魯克林，逐步躋身中產階級。他曾做過零售、銀行、藥廠業務等工作，每次換新工作，福利與薪資都比前一份工作更高。但是就在他年薪達到十萬美元、擁有安全感之後，他才意識到，自己已經成了組織的奴隸，整天做著無趣乏味的工作。於是他決定辭職，領光退休帳戶的存款，開了一家「混合健身」（CrossFit）健身房。「我必須挽救自己的人生，」他說，「我的醫生建議我吃抗憂鬱藥物。但是我以前就是在賣這種藥，我根本不想吃。所以，我就他媽的和以前那個只懂得追逐金錢的自己說再見，現在我只想追求自己的熱情。」

或許最重要的是，說過內在生命已死的人幾乎都有提到，從此他們沒那麼害怕真正的死亡，也更願意冒風險，堅定地活下去。

克里斯蒂娜．汪茲萊克（Kristina Wandzilak）在十三歲那年開始酗酒，過沒多久甚至開始吸食古柯鹼。她在十八歲之前已經接受過三次戒癮治療，接下來幾年她接連失業、破產、失去朋友、行為失常，侵入住宅竊盜只為了滿足自己的毒癮。二十二歲時，她因為妨害治安行為遭到逮捕，被迫在遊民收容中心待了一晚。隔天早上她在地板上醒來，親身經歷了她所說的瀕死經驗。

「我很少說這件事，因為會讓我很激動，」她說，「我找不到任何人類語言描述那天晚上的感受。我真實感覺到愛、平靜、理解。我記得自己當時心想，我應該要害怕才對。我就快要死了。「但是接下來光線變得黯淡，漸漸遠離我，」她繼續說道，「我聽到了，但那不是語言，因為根本沒有人說話，但是我聽到了，現在不是我死的時候，我還有事情要做。然後我就醒了。我躺在地上，我知道從此之後我再也不是原來那個我。那次經驗改變了我的生活方式。我再也不害怕死亡，因為我親身體驗過。沒有渴望、沒有受苦。沒什麼好怕的。」

不論人生地震發生的原因是什麼，「第一個餘震」指的是我們真實感受到地震帶來的毀滅性衝擊，因而促使我們尋找新的生活方式。

自傳式時刻

第二個餘震衝擊是：一旦我們的生活常態受到破壞，就會開始回顧自己的人生故事。

西元三八六年的某個夏日，才華洋溢、信奉享樂主義的修辭學教師、北非希波主教奧古斯丁（Augustine of Hippo）在米蘭街頭散步時，聽到一個小孩唱著：「拿起來讀！拿起來讀！」起初他以為只是個遊戲，隨即明白小孩說的是《聖經》。他找來一本《聖經》，隨意翻到某個段落，內容是告誡人類遠離狂飲、醉酒與淫亂的生活。那時候奧古斯丁正好沉溺於這三種行為，他當下感覺內心充滿了光亮。後來他改信基督教、正式受洗，最終成為早期教會史上最有影響力的思想家。〔4〕

但這或許不是奧古斯丁最重要的成就。奧古斯丁改變宗教信仰之後，出版了《懺悔錄》（*The Confessions*），毫無保留地詳述自己早年放蕩不羈的荒唐生活。事實上，是奧古斯丁發明了現代自傳體。可是，為什麼？為什麼一位知名的基督教領袖願意公開揭露自己的私密生活，例如：長出新的陰毛或是陰莖不由自主勃起？就如同大家所看到的，他直接在書中回答了這個問題。他寫道，

iii 莫爾豪斯學院是位於喬治亞州亞特蘭大的私立男子文理學院，傳統上只招收黑人，是民權運動鬥士金恩博士的母校。

是他的「內在治療師」驅使他這麼做的。[5]他的良知促使他說出自己的轉變故事，藉此證明每個人都有能力擺脫過去的惡形惡狀。

換句話說，奧古斯丁皈依基督教不只是他的人生地震，也是他的「自傳式時刻」（autobiographical occasion）。自傳式時刻一詞是社會學家羅伯特・祖斯曼（Robert Zussman）發明的，用來描述生活中受到召喚、或被要求介紹自己的時刻。[6]他舉了許多例子，包括：申請工作、學校或信用卡；宗教懺悔或供認犯罪；各種形式的團聚；各種類型的治療；寫日記。他應該再加上醫生約診、第一次約會，甚至與陌生人一起搭乘長途班機。我們在描述日常生活時多半很片段、瑣碎，與特定情境有關，自傳式時刻的描述則更加廣泛，我們會想辦法將許多不同事件串連起來，創造出意義。「這些時刻描述的，不只是關於特定事件的故事；是要描述關於人生的故事，」祖斯曼寫道，「出席這些特殊的場合時，我們需要有系統地、廣泛地思索我們是誰、做了哪些事。」

自傳式時刻這個用語，概括了大多數人經歷重大人生轉折時的真實情況。的確，任何重大干擾事件都是自傳式時刻。就拿我自己的人生來說，結婚是自傳式時刻，接下來我們生了雙胞胎、我得了癌症，也是如此；當我父親失去工作、失去步行和洗澡能力時，那顯然是他的自傳式時刻。

每當我們被鼓勵或是被迫重新思考自己是誰，都可以算是自傳式時刻。它是一種敘事事件（narrative event），這時候我們既有的人生故事被改變，或是以某種方式被迫轉向，促使我們必須重新審視既有的身分認同，然後根據未來的人生方向進行修正。

幾乎每個人都會經歷類似時刻。我在採訪時會詢問受訪者，當他們最嚴重的人生地震發生之後，是否就此改寫了他們的人生故事。有四分之三的人回答是。有些人表示，一開始他們並不知道這段經歷會促使他們重新看待自己，但是到後來他們發現的確如此。這就表示，儘管學術界已經體認到，創造意義的過程中一個很重要的關鍵是，調整我們的人生故事，以適應新的現實；但是很少人知道這個關鍵步驟。我們每個人都應該要知道，因為這是人生地震發生後的主要餘震，最能夠幫助我們恢復元氣。

我聽過的一些自傳式時刻，是來自某些被迫公開分享個人故事的人。卡爾・貝斯（Carl Bass）早期是個科技創業家和發明家，他的公司位在紐約州伊薩卡（Ithaca），後來被矽谷科技大廠歐特克（Aurodesk）收購，之後卡爾成為這家軟體公司的執行長，公司市值達三百億美元，這個轉變對他來說充滿挑戰。「當你成為一家上市公司的執行長，媒體自然想要報導你，」他說，「他們想知道：『先生，你是誰？』一開始我只說：『我只是個造船的人。』但是很快我就發現，我必須說出更完整的故事，也就是讓人覺得津津有味、精彩的故事。」

自傳式時刻

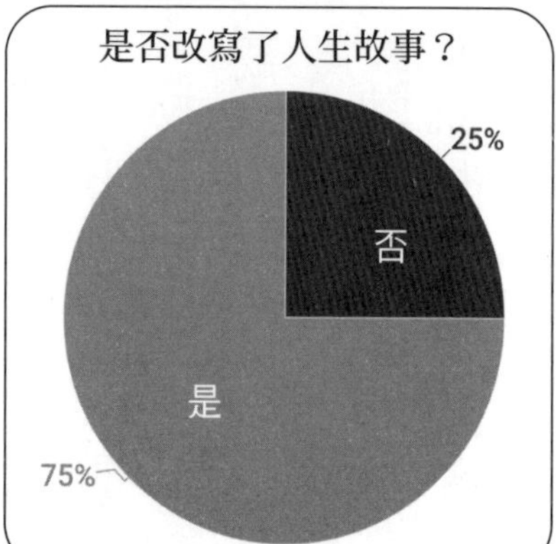

許多自傳式時刻正好呼應了意義的三大要素，有些人的故事調整是出於能動性。安娜・克里什塔爾（Anna Krishtal）是來自塔什干（Tashkent）的難民〔iv〕，五歲時搬到布魯克林，後來就讀紐澤西州一所中學。大學時她愛上跨國旅遊，主修西班牙文、俄文和義大利文，後來搬去以色列。但後來她母親生病，她被迫返家。整整一年她躺在床上生悶氣、看電視。某天她在練習椅式瑜伽動作時瞬間醒悟。「我忽然明白，媽的，我可以重新建構我的人生敘事，改變我的敘事。我一直以為自己是環境的受害者，原本這輩子我會一直這麼認為。但是後來我明白，我必須掌控一切。」於是她搬出父母家，找到新工作，重新開始自己的生活。

有些故事調整是為了找到歸屬感。日裔美籍遊戲設計師娜歐蜜・克拉克在九一一事件發生後轉變為女性，可是她一直不知道要怎麼跟父母說。她已經準備好要失去他們，但又不希望變成那樣。所以她採用了自傳式時刻常見的技巧：寫信給父母。

「我很害怕，在心裡模擬了各種恐怖情境，」娜歐蜜說，「我花了好長時間寫了一封語氣嚴肅的長信，解釋我所有的感受，然後寄給他們。」他們有什麼反應？「我想他們兩人都覺得羞愧，好像他們搞砸了一樣，所以我必須化解他們的誤會。但是最後他倆都說：『天啊，我們怎麼這麼久都沒看出來。我們向來知道你這孩子很不一樣，但我們以為你只是性格敏感、心地善良。』」

有些故事調整是為了追求使命。來自愛達荷州波夕（Boise）的梅蘭妮・克勞斯（Melanie Krause）說自己很幸運，擁有超酷的父母，兩人都是業餘農民，種植了五十五種葡萄。梅蘭妮在華盛頓大學主修生物學，後來搬去國外，接著又搬到偏遠的奧勒岡州西部，和未來的先生喬住在一起。在當地，只有核子反應爐和葡萄園提供工作機會，所以她選擇投入葡萄酒產業。五年後，梅蘭妮和喬搬回愛達荷州，成立芯德酒莊（Cinder Wines）。他們改變的不只是職業而已；身為家庭式經營的小型企業主，他們需要建構完整的敘事，推銷他們正在做的事。

「我的意思是，我們真的要重新檢視自己，問自己：我們希望自家的紅酒呈現什麼樣的性格，高貴優雅？還是活潑俏皮？我們真的要好好思考，如何將我們的人生故事融入我們的紅酒故事。我必須說，在我們成立公司之前，從不需要擔心說故事這件事；但是現在，這成了我們人生中很重要的一部分。」後來他們決定，將自己的紅酒與蛇河谷（Snake River Valley）〔v〕鮮為人知的釀酒文化遺產結合。

發生人生地震時，正是你重新想像人生故事的契機。這是一個「自傳式時刻」，也是第二個主要餘震。

變形

最後一個餘震大概是最強烈的，我稱之為變形。

一八五五年，三十六歲、留著花白鬍鬚的華特·惠特曼（Walt Whitman）在布魯克林高地（Brooklyn Heights）蔓越莓街的小型印刷店，出版他的巨作《草葉集》（*Leaves of Grass*）第一版，這裡正好和我現在的住處相距不遠。〔7〕整本詩集都在讚頌人性與性，裡面有許多大家耳熟能詳的段落，特別是第五十一節，其中有三行詩句寫著：

我自相矛盾嗎？
好吧，我就是自相矛盾，
（我浩瀚無邊，我包含眾有。）〔8〕

iv 塔什干是中亞的烏茲別克首府。
v 蛇河谷是愛達荷州知名酒鄉。

這三行詩句成了二十世紀心理學的重要主題、二十一世紀正向心理學的核心教條：我們每個人都擁有許多面向，也有能力在不同面向之間轉換，重新尋找哪些事物能帶給我們意義。

人生地震是重要催化劑，會促使人們重新調整某個意義要素的重要性。例如我們有可能重新強調能動性、比以前更看重歸屬感、或是第一次把更多注意力放在自己的使命上；又或者，有時候人們會同時調整三大要素的權重，但不論是哪種情況，都是為了直接回應人生的劇變。由此可見，人們回應非線性世界的方式，和大自然的其他現象一樣。

混沌的本質就是自我組織（self-organizing）。[9]就好比河流會繞過巨石，再重新匯流；或是鳥群從樹上起飛，然後編隊飛行；又或是不同的天氣系統彼此碰撞、融合，然後繼續移動；沙丘、雪颮（snow squall）和雲朵也是一樣。原始實體一開始會呈現某種形態，但是經歷動盪，也就是某種微型混沌狀態之後，就會展現出新形態，與舊形態相似、卻又不太一樣。換句話說，大自然藉由混沌狀態發揮創造力，應對持續不斷的變化。

人類的心理調適（psychic adaptation）也呈現類似過程。我們的身體有能力校正失衡，我們的心理也是一樣。榮格稱之為抗衡偏頗（counterbalancing one-sidedness）。[10]我們的人生愈來愈過度偏向身分認同的某個面向、過度偏離其他面向。這些情境對我們來說一點都不陌生。我們會過度投入工作，與家人疏離；耗費太多心力照顧小孩，忽略了自己；只顧著服務其他人，卻疏忽了身邊摯愛的人。當我們愈是專注某個面向，就愈容易忽略其他面向。

但是就如同惠特曼所說的，每個人不只有單一面向，我們擁有的面向是很多元的。近期研究證實了這個說法。研究核心建構的學者原先認為，每個人都具備某些內在特質，例如內向與外向、被動或主動、開放或封閉。但是隨著時間過去，與這主題相關的思維逐漸轉變，現在學者認為，這些特質有一部分是固定的，有一部分則會持續變動。就如同專門研究人格特質的知名學者布萊恩・李托（Brian Little）說的：「你在四月時看待人生的視角，可能到了五月就沒什麼用處……你會修正對這世界的預測、檢驗新想法，同時在過程中重新強化真正對你有用的個人建構。」〔11〕

當人生發生劇烈震盪，這種流動性會更加明顯。你再也無法運用同樣方法應付日常生活。熟悉的地標不再適用，原本可靠的地圖早已過時。你需要新的基礎、新的通道與新的建構。

我使用變形來描繪這個現象，原因是我們會針對意義的三大來源、以及與這些來源相呼應的三種人生形態：能動性（線形）、歸屬感（環形）與使命（星形），分別設定相對權重，變形的核心就是重新平衡這些權重。每個人一生中都會經歷這個過程。不妨想像一下，某位工作狂突然遭遇挫敗，決定把更多時間留給家庭；由於小孩多數時間都待在學校，所以全職父母開始投入志工活動；主要照顧者面對病人百般挑剔，感到身心俱疲，於是決定重拾遺忘已久的嗜好。

變形是解決人生失衡的方法。如果我們能憑一己之力，讓人生重新取得平衡，當然很好。但不知道是什麼原因，往往需要發生重大變故，才能迫使我們重新檢視自己的優先事項。重新檢視的過程會把我們帶往意想不到的方向。

近幾年，我們已經非常熟悉「復原力」概念：我們的人生在經歷重大斷裂後，會重新回到常態。我們會重振旗鼓、回

變形

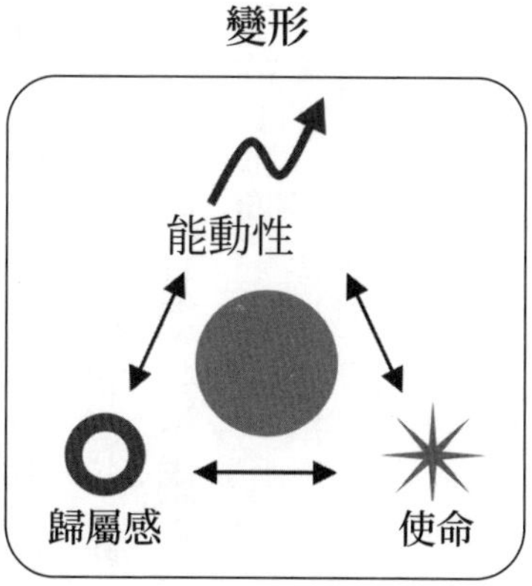

到原本的生活、再度變成自己。這些說法都反映出，經歷重大人生亂流之後，我們終究會回復成原本的那個人。在某些情況下，我們的人生的確會出現這種線性反彈。不過更常見的情況是，我們最終會轉向新的方向。我們不會回去原本的我，我們會橫向移動、或是向前行進、甚至走向完全沒有預料到的地方。換句話說，變形是非線性的，就和非線性人生的其他面向一樣。

以下是真實人生中發生的變形案例。

線形

到目前為止，我聽到最常見的變形類別，是從自我導向轉變為服務或友誼導向。

能動性↓使命

安・瑪麗・狄安潔洛（Ann Marie DeAngelo）自青少年時期就是一名專業舞者，後來成為喬佛瑞芭蕾舞團（Joffrey Ballet）首席芭蕾舞伶，但是五十多歲時不慎受傷，後來轉型為人生教練，協助受傷舞者轉型，重新融入社會。

達雷爾・羅斯（Darrel Ross）在家鄉密西根州大急流城（Grand Rapids）經營一家保險公司，但後來因朋友不幸被殺害而受到嚴重打擊，於是賣掉公司，成立非營利組織，致力於推動平價住房。

能動性↓歸屬感

簡・艾格伯特（Jan Egberts）同時擁有企管與醫學碩士學位，後來成為某家上市藥廠的執行長，但是長期飽受精神疾病所苦。與他分居的太太不幸輕生之後，他決定辭去執行長職務，專心照顧正值青春期的兒子們。

溫狄・阿倫斯是一位年輕編劇，在好萊塢電影公司盡心盡力，但是對於陪睡文化和其他類似#MeToo的侮辱行為倒盡胃口，於是她和她先生搬去德州奧斯汀，下定決心成為全職母親。

環形

人際關係能帶給我們許多滿足感，不過也有一些限制。尤其是許多媽媽告訴我，她們的人生面臨了某個臨界點，需要或是被迫從小孩以外的來源，創造人生意義。

歸屬感→使命

安・拉默的兒子布蘭特雖然病況危急，卻因為不滿十八歲而無法進行臨床試驗，自此之後她從一位舉止溫和的母親，轉變為勇敢為癌童發聲的倡議者，四處發表慷慨激昂的演講，努力遊說副總統，持續監督食品藥物管理局。

麗莎・霍夫曼和瑪麗・戴爾・哈靈頓（Mary Dell Harrington）這兩位母親都住在紐約州威斯特徹斯特郡（Westchester County），兩人的孩子上大學後，她們非常不能適應，於是成立了「成長與飛翔」（Grown and Flown）臉書社團，為其他無法適應空巢期的父母提供指引。

歸屬感→能動性

佩吉・巴廷（Peggy Battin）是南加州大學哲學研究所學生，她從沒想過要「與先生、小孩過著傳統鄉村俱樂部的生活」，所以當猶他州出現非常難得的工作機會，她毅然把小孩交給先生，追求自己的事業。

雪莉・艾格蒙特盡心撫養七個小孩、全心全力支持丈夫，四十一年如一日，直到她先生為了「尋找快樂」，與年輕女友私奔之後，她才明白自己被操弄、被控制，後來她變成「完全不同的人」，更獨立、更有自信。

星形

找到自己的使命是幸福感的重要泉源，也是許多人在生活中努力追求的目標。但是，也有一些人畢生投入某個使命，卻因為付出太多而心力交瘁。

使命→能動性

約翰・奧斯丁（John Austin）在聯邦執法單位工作了二十五年，後來成為美國緝毒局助理特別探員，但是在經歷一次健康危機之後，他被迫放棄得來不易的安穩工作，成立一家風險管理公司。

安・伊米格號召全美各地的母親，參與全國性的現場說故事活動「聽媽媽的話」，但是這份無薪工作讓她疲憊不堪，後來她決定退出，專心寫作。

使命→歸屬感

蘇珊．皮爾斯（Susan Pierce）投入高等教育多年，擔任普吉特海灣大學（University of Puget Sound）校長，就在她的任期邁入第二個十年之際，她先生在三個月內中風兩次，雖然校方懇求她留任，她卻斷然回絕，搬到佛羅里達州，照顧她先生。

馬特．維揚特（Matt Weyandt）是年輕的亞特蘭大政治運動家，在埃默里大學主修非裔美國人研究，是班上唯一的白人。他曾擔任民主黨喬治亞州主席，但是他太太熱愛自由，受不了他長時間工作，於是他決定辭職，跟隨太太一起搬去哥斯大黎加。

變形是很有效的意義創造工具，當我們的人生因為某種原因，逐漸偏向三大意義要素中的某一項，變形能幫助人生重新恢復平衡。這種調整方式可能是自願或非自願發生，不過多半是為了回應人生地震。變形是我們經歷人生地震後發生的三大餘震之一，另外兩個餘震分別是：將這個人生重大干擾事件視為暫時性死亡、把它當作自傳式時刻。

雖然這些餘震能帶來助益，但只能算是開端，後續還有更重大的任務等著你：重建你的人生。重建過程是一段複雜曲折、極度煎熬的轉折。雖然我們很熟悉這個字彙，實際上卻並不了解轉折會如何進行。其中一個重要原因是：人類應對人生轉變期的方法，和多數人的預期有落差。

原註

1 R.W.B. Lewis, *Dante* (Penguin Lives) and Marco Santagata, *Dante* (Belknap).
2 Frankl, *Recollections*, p. 29.
3 Ernest Becker, *The Denial of Death* (Free Press), p. 25ff.
4 彼得・布朗（Peter Brown）寫了一本劃時代的傳記：《希波的奧古斯丁》（*Augustine of Hippo*, University of California Press）。
5 *The Confessions*, translated by Maria Boulding, p. 198.
6 *Qualitative Sociology*, vol. 23, no. 1, 2000 and "Stories about lives" from p. 5.
7 David Reynolds, *Walt Whitman's America*.
8 *Leaves of Grass*, Section 51.
9 Briggs, *Seven Lessons*, p. 16.
10 Grierson, *U-Turn*, p. 73.
11 Brian Little, *Who Are You, Really* (Simon & Schuster), p. 26.

6

學會在雨中跳舞

人生轉變的新模式

LEARNING TO DANCE IN THE RAIN
A New Model for Life Transitions

我們先花點時間複習人生地震的原始定義：你的人生突然間發生劇變，進入動盪、轉變與重生期。我們已經討論過第一個議題：是什麼原因引發改變？隨之而來的動盪期會發生什麼事？至於轉變與重生這兩個時期，又會如何發生？

我先簡短回答：主動選擇。遭遇人生地震的人，必須主動將改變與動盪轉化為轉型與重生。一開始的變動有可能是自願或非自願的，但是轉變必須是自願的。你必須創造自己的意義。

我們先從以下案例開始。

「我想用手臂勒住你的脖子」

佛蕾狄．瑞絲（Fraidy Reiss）出生於布魯克林極端正統派（ultra-Orthodox）猶太教家庭，家中有六個小孩，她是年紀最小的一位。她父親出生於古巴，「行為極度暴力、粗暴。」她說。所以她母親帶著小孩離開，獨力撫養他們。佛蕾狄個性活潑，但是並不排斥宗教。她會穿著寬鬆洋裝，底下是及膝長筒襪。「看起來一點也不時尚：大家快來看，佛蕾狄把襪子套在緊身褲外面！不過，這是有意義的。我喜歡突破界限。」

佛蕾狄小時候不能看電視、聽廣播或是看報紙。「我讀女校，所以要學烹飪和縫紉，」她說，「我不知道披頭四是誰，以為漢堡是火腿做的。」到了十六歲那年，她必須簽署一份文件，承諾不參加大學入學考試（SAT）。

十八歲時，佛蕾狄被迫接受包辦婚姻。她父母離婚、家境貧困，所以不被認為是良配。她開始參加相親，相親時雙方不能單獨相處，也不能有任何肢體接觸。「你們就面對面坐著，點杯可樂，聊聊你想要生幾個小孩，」她說，「接著你們回家，你要決定餘生是否要和那個人一起生活。」

佛蕾狄的第一個相親對象承認曾經嘗試吸食大麻，所以佛蕾狄拒絕了他。下一個相親對象是個老菸槍，因為亂開車多次違反交通規則。他們約會了三次，其中有兩次他在街上與陌生人幹架。可是因為佛蕾狄已經用掉「一張拒絕卡」，所以她答應嫁給他。六個星期後，他們成了夫妻。

「我們本不該相愛，」她說，「但是我說服自己，相信自己很幸福。」

婚禮當天，他威脅說要殺了佛蕾狄。他不是隨口說說而已，還描述了詳細時間和可怕的細節。「我會用手臂勒住你的脖子，」他說，「我會用力掐住你脖子，直到你剩下最後一口氣。我會盯著你的雙眼，看著你停止呼吸。」還有一次，他鉅細靡遺地對她描述，他會如何用刀肢解她的身體。「他會砸爛餐盤、家具和窗戶，如果我們正在開車，他會飆到時速一百英里（約一百六十公里），然後突然緊急煞車，把我整個人甩出去。」他還要求她必須讓浴室門開著，避免她藏匿任何東西。

佛蕾狄不知道該怎麼辦。雖然丈夫從未真正傷害她，卻不斷威脅恐嚇。她告訴他父親，可是當他聽到任何人說他兒子不好，就會勃然大怒。她告訴她母親，她母親卻直接掉頭離開房間。她想，等他們搬到紐澤西、有了小孩之後，情況或許會好轉；可是她錯了。

「我才二十歲，是全職媽媽、家庭主婦，我痛恨自己的生活，」她說，「我每分每秒都厭惡。我討厭當媽媽，我討厭幫這傢伙煮飯、打掃，他如果回到家，沒有砸破窗戶就算是最好的情況了。有時候我會走去對面的遊樂場，坐在盪鞦韆上，放聲大哭好幾個小時。」

佛蕾狄二十七歲那年，過了這種生活將近十年後，一個朋友偷偷告訴她社區外某治療師的名字。佛蕾狄第一次與這名治療師見面時，對方提到了家暴並且告訴她，她可能符合申請保護令的資格。「這次經驗真的很不可思議，」佛蕾狄說，「我回到家後心想：『至少我沒有瘋掉。』」

過了幾天之後，某日佛蕾狄正在照顧新生兒，她先生回到家，踹開家裡的前門。佛蕾狄馬上抱起嬰兒、跳上車，直接開去一位朋友的住家。他先生開著貨車一路緊跟著她，不停大喊：「我要殺了你！」她朋友家位在一條死巷子內，佛蕾狄想把車停在朋友家前門外，她先生卻阻擋她的去路。「我真是腦子進水，不該開去那裡，」她說，「但是這次我有退路。我打給九一一。」

佛蕾狄成為紐澤西州萊克伍德市（Lakewood）極端正統派猶太社區史上，第一位成功取得保護令的人。她先生搬離了他們的家。「在其他任何社區，這或許代表了自由，」她說，「但是在我的社區，這是罪惡。」隔天，拉比（猶太教導師）指派一位男性律師到她家，逼迫她上法院，要求法官撤回保護令。律師警告她，如果她不照著做，就再也見不到她的小孩。「我別無選擇。」她說。接著她又補充說道：「不過，這是結束的開始。」

佛蕾狄繼續和丈夫一起生活了五年。在那段期間，她偷偷把現金藏在櫥櫃中某個全穀麥片盒裡。她先生會給她錢買新假髮；她會清洗舊假髮，然後把現金存起來。存到四萬美元之後，她申請就讀羅格斯大學（Rutgers University）。她先生告訴她：「你不能上大學。」

「你有什麼本事攔我？」她說。

以佛蕾狄的背景來說，讀大學並不容易。第一學期她選修希臘文明，她大吃一驚，原來還有其他神祇存在。過了一段時間之後，她再也不戴假髮。她母親完全無法接受，覺得她太厚顏無恥，於是替她坐七（shiva），這是猶太人為死者守喪的傳統習俗。當她先生發脾氣時，她就把自己和小孩鎖在他們的臥室裡。某個安息日，他威脅要闖進家裡，她開車載著小孩到購物中心，看了一場電影。鄰居們都嚇壞了。當佛蕾狄和小孩回到家，她先生已經不見蹤影。「我明白這是我的機會，所以我換了鎖，」她說，「一星期後他回來，我告訴他：『我已經感受到、品嘗過沒有你的人生，非常甜蜜。你不要再回來了。』」

後來佛蕾狄訴請離婚。她以平均四・〇的成績自羅格斯大學畢業。同屆一萬名畢業生推選她為畢業致辭代表。後來她進入《阿斯伯里帕克新聞》（*Asbury Park Press*）擔任記者。（接到第一份工作任務時，她還得問別人，鎮上最有名的男孩史普林斯汀〔Springsteen〕的名字要怎麼拼。）她買了自己的房子。幾年後她成立一個組織，協助女性擺脫強迫婚姻。後來她想到，她的人生形態就像是斷裂的鎖鏈，於是她將組織取名為「終於掙脫鎖鏈」（Unchained at Last）。

佛蕾狄的確遭遇了嚴重的人生動盪，歷經曲折後才終於步上常軌。我問她，這些改變是自願還是非自願的。「一開始不是自願的，」她說，「那時我別無選擇，只能離開婚姻。我的人生陷入危險，我孩子的人生也陷入危險。但是接下來發生的改變都是我自願的，包括上學、退出宗教信仰、為其他女性發聲。一開始我面臨了非自願處境，接著把它轉化成自願的選擇。」

「既然這是我的選擇，我就要表現出這是我自願的」

「轉變」這個概念在當代生活中其實非常普遍，但是關於轉變會如何發生的學術研究，竟然少之又少。只有一個人比其他人更專注研究人生轉變期，這個人就是阿諾德・范亨奈普（Arnold van Gennep）。他於一八七三年在德國出生，父母是荷蘭人，兩人從未結婚。范亨奈普六歲時移民法國，由於成長期間經歷不同文化洗禮，因此他對於跨文化主題產生濃厚興趣，後來學會說十八種語言，成為埃及學、亞拉姆語〔i〕、原始宗教與民俗研究先驅。〔1〕他最重要的貢獻，就是為週期性出現的轉變期命名。從婚禮到葬禮、再到成年禮，他將這些轉變期稱為通過儀禮（les rites de passage），英文為rites of passage（不過他的翻譯表示，「通過」更精確的說法應該是「轉變」）。〔2〕

所以，到底什麼是轉變呢？范亨奈普說，轉變是協助連結人生不同時期的橋樑。〔3〕商業顧問威廉・布瑞奇（William Bridges）在一九七九年出版了影響深遠的暢銷書《轉變之書》（*Transitions*），他指出，「轉變」是指人們的內在重新定位、重新定義，然後將變化融入生活之中。〔4〕

我喜歡這些定義，但總覺得少了許多我在採訪時深深打動我的元素。首先，轉變必定包含了充滿混亂與動盪的困頓時期（我會在本書第二部詳細說明），但是也包含了探索與重新連結的活

i 亞拉姆語源自西亞，是《舊約聖經》後期書寫時所用的語言，被認為是耶穌基督時代的猶太人的日常用語。

躍時期。此外，標準化的定義無法凸顯轉變的原創本質，我們會利用轉變期甩開煩人的舊習慣，重新建立我們引以為傲的新習慣。最後，既有的解釋無法精準描繪我們會如何利用這些時期，重新評估究竟是哪些因素，讓我們找到人生的目標、連結與形態。

以下是我的定義：轉變是一段調整、創造與重生的時期，能夠幫助一個人在經歷重大人生干擾事件之後，重新找到人生意義，所以至關重要。

但是，你要如何進入這個神祕狀態？它必定會發生，或者就某種程度來說，必須由你決定讓它發生。若是如此，你要如何決定？

我花了一些時間鑽研這個議題。每次採訪時，我都會向受訪者提出一連串問題，因為我想知道他們經歷過哪些重大變化。第一個問題是：「這個轉變是自願還是非自願的？」答案出奇的一致。不論人們是主動選擇打破人生常態，或是被迫去應對人生變化，他們都認為是自己決定轉變。他們對自己的行為反應掌握了主動權。

卡姆朗．帕夏（Kamran Pasha）是中產階級巴基斯坦移民，兩歲時飄洋過海來到美國。小時候家境貧窮、沒有房子住，後來他父親被診斷為思覺失調症，他覺得很丟臉。帕夏的收入來源有一部分是靠著撰寫英雄人物克服逆境的故事，他非常熱愛寫作，所以開始創作劇本。但是後來他被洛杉磯的法律公司開除，丟了原本「安穩」的工作，原因是他總是忙著努力打進好萊塢。最後，他好不容易將自己的第一部劇本寄給某位經紀人。「這個轉變不是我自願的，我是被推入深淵，」他說，「但是既然事情發生了，我知道我必須邁出一大步。就好比《聖戰奇兵》（*Indiana Jones and the Last Crusade*）電影中那神奇的一幕，他必須跨越這座峽谷，但是沒有橋。當他踏進深淵，才發現其實有座橋，只是他看不到。」

對某些人來說，從非自願干擾事件變成自願轉變，這過程只需要幾個月。約翰．提洛（John Tirro）是來自納許維爾（Nashville）的鄉村音樂創作歌手。某天他告訴家人，他受到上帝感召，要成為路德教派傳道，家人聽了之後非常震驚，無法接受他的決定，當時他已經擁有一首排行榜冠軍單曲。「我不想做出這個改變，」他說，「但是上帝希望我能經歷一次重大轉變，只有經歷過轉變，才能成為健全的人。一開始我很反感，但是那樣只會毀了我自己。後來我終於意識到，既然這是我的選擇，我就要表現出這是我自願的。所以，這到底是自願還是非自願？最後我會說是我自願的。」

對另一些人來說，整個轉變過程持續了好多年。克里斯．夏儂（Chris Shannon）中學時輟學，後來成為泰坦二號火箭工程師（Titan II）〔ii〕，某天他騎摩托車離開亞利桑納州空軍基地，後座載著他太太。過沒幾分鐘，兩人就被酒醉駕駛撞上，克里斯的背部與頸部斷裂，右腿嚴重受傷，兩度被宣告臨床死亡。〔iii〕（駕駛當場逃逸，但是沒能開太遠，因為克里斯的股骨卡在散熱器裡。）整整兩年時間，克里斯病魔纏身，整天愁眉苦臉，還要照顧他太太，她的傷勢雖然比較輕微，但是精神上遭受嚴重創傷，最後克里斯選擇離開她，開始新生活。「我花了這麼多時間才明白，解決問題最好、最容易的方法，就是自願做出選擇，擁抱生命，在雨天醒來，愛上空氣的味道。」

我詢問受訪者，當他們經歷動盪期、並主動積極做出改變時，心裡有什麼感受，黛博拉．費雪曼（Deborah Fishman）所說的大概是我聽過最精彩的描述。黛博拉出生於康乃狄克州的猶太家庭，

ii 泰坦二號是兩節式液態火箭，美國空軍用它來發射中小型衛星。
iii 臨床死亡是指心跳、呼吸停止，但有可能會復甦。

家裡沒有宗教信仰，她從小就有厭食症，總是感覺孤單。她在就讀普林斯頓大學期間，加入正統派（但是沒有像佛蕾狄．瑞絲以前那樣虔誠）；畢業後，她就結婚了。一開始，黛博拉很開心自己能夠融入關係緊密的社區，找到了人生意義，每天做飯、帶小孩、過安息日。她的人生形態就像一條辮子，讓社區凝聚在一起。但是到後來她開始對所有規範感到厭煩，想要花更多時間拓展她成立的膳食合作社。後來她和先生同意離婚。「一方面，我認為發生的改變是我造成的，」她說，「我又重新活了過來，而我必須自己轉動開關，我不想等待別人解決事情，我要主動出擊解決問題。人生不是為了等待雨停；你要學習在雨中跳舞。」

為什麼轉變不是線性的

當你決定轉變，等於跳進了看似混亂、不受控制的漩渦之中。但是我採訪後發現，在人生轉變時期，其實存在某種程度的規律，你可以採取某些具體行動好更順利地度過這種時期。我們先從整體架構開始。

范亨奈普為轉變過程設計了一套架構，很快地這個架構就成了主流觀點。他用「地方」（place）作為比喻。〔5〕經歷人生轉變，就好比離開某個世界、穿越腹地，進入另一個新世界。他比喻，這就很像你離開某個房間，沿著走道向前走，接著進入另一個房間。他說，你必須真正跨越門檻，這一點很重要，這也是為什麼許多通過儀禮的儀式都與門口、入口、閘道有關，許多門檻布滿了惡魔、食人魔、巨魔等意象。我們會把那些讓人懼怕的事物神聖化。

范亨奈普提出上述比喻後，接著解釋轉變可以分成三個階段：分離（separation）：離開原本地方帶給你的舒適感；邊緣（margin）：你獨自一人待在中性區（neutral zone）；融入（incorporation），你走進新的空間，重新加入文明生活。他舉出許多案例作為證明，包括：傳統成年禮（青少年被帶離家，送往野外）、婚禮（訂婚的人必須與家人分開，接著再被當成新成員，重新被接回家）、生產（懷孕女性必須離開社區，生產完之後再重新加入）。〔6〕

事實證明，范亨奈普提出的架構相當有影響力，長達一個多世紀被廣泛引用，鮮少有人質疑。人類學家維克多・特納（Victor Turner）在一九六〇年代再次證實，轉變期會經歷三個階段，不過他為第二階段取了特別的名字：**非此非彼**（betwixt and between）。〔7〕擔任英語教授的威廉・布瑞奇雖然沒有取得實證數據作為證明，不過他以此概念為基礎，發展出廣受歡迎的三階段模型。布瑞奇指出，轉變起始於**終點**（ending），接著是**中性區**，最後是**新起點**（new beginning）。〔8〕

在另一個重要層面，布瑞奇的想法與范亨奈普相呼應。布瑞奇堅稱，三個階段必須依照時間順序依次發生，由此可見，他受到那些年流行的線性人生模式所影響。「你要經歷這三個階段，而且必須依照時間順序才能完成轉變。」他寫道。所以，「終點」一定是第一個階段；「中性區」必須是第二階段；「新起點」絕對是最後一個階段。〔9〕

但是「人生故事專案」歸納出許多明確結論，其中之一就是：線性的人生轉變模式是錯的。更糟糕的是，如果你相信自己的人生會依照預定的時間表、預先安排好的順序，依次經歷一連串情緒轉變，那是非常危險的事。

簡單來說，度過人生轉變期的方法並非只有一種。

平心而論，三階段架構確實很有幫助。在轉變的過程中，我們會遠離過去，跌跌撞撞地適應新的身分認同，然後擁抱全新的自己，我們的情緒也會隨著不同階段而變化。我把這三個階段分別稱為漫長的告別（long goodbye）、混亂的過渡（messy middle）與全新的開始（new beginning）。不過，我在採訪時清楚看到：這三個階段實際上不會依序發生。

就如同人生是非線性的，轉變也是非線性的。

就如同我們的人生缺乏秩序，所以也不可能依照特定時間順序，度過不同轉變階段。

有些人確實是依序經歷這三個階段，有些人則是按照相反順序；有些人從中間開始，努力度過轉變。有些人結束其中某個階段之後，才開始邁入另一個階段；有些人直接進入新階段，然後又回到他們以為已經結束的某個階段。還有不少人卡在某個階段很長一段時間。

當你停下腳步思考，就會發覺這種多元看法有其道理。丈夫在一場飛機事故中喪生，妻子幾年後再婚，但是這並不代表妻子再也不會悼念前任丈夫。有個人出軌，通常這代表在他與現任伴侶分手之前，就已經開始了新的關係。如果他離婚、又再婚，他或許以為自己有了新開始，但是他可能在混亂的過渡期花了很長時間，為了小孩監護權、金錢與教養方式，不停和前任配偶討價還價。

重點是：這些階段並不會依照明確的時間順序開始或結束，這很正常。每個人都是以某種非常特殊的模式，進入和脫離各個階段。

轉變的三個階段

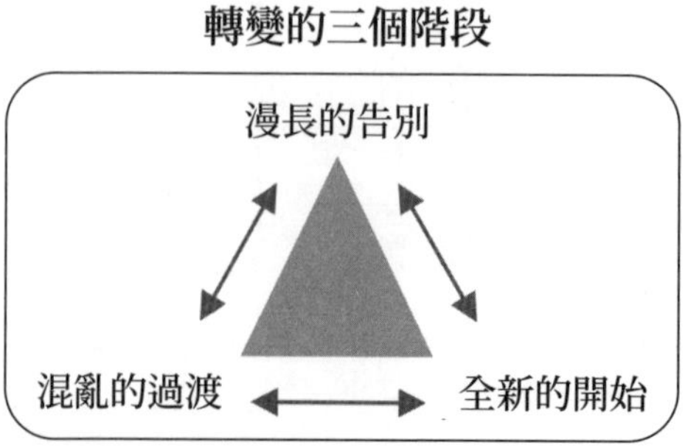

是什麼因素決定了人們會採取哪種順序？

整體來說，我發現每個人都特別擅長適應其中某個階段，特別不擅長應對某個階段。你也可以說，我們每個人都擁有轉變超能力（transition superpower）和轉變氪星石（transition kryptonite）。〔iv〕我們的研究顯示，一般人很容易被自己天生擅長應付的階段所吸引，但是面對自己不擅長應付的階段，就會停滯不前。如果你習慣說再見，你可能很快就度過這個階段，緊接著邁向下一個挑戰；但是如果你很害怕衝突，不希望讓別人失望，你可能會持續待在某個有害的情境裡很長一段時間，超出了合理範圍。同樣原則也適用於混亂的過渡階段：有些人擅長應付混亂；有些人則會茫然不知所措。至於全新的開始階段，有些人喜歡新奇；有些人則會恐懼，他們喜歡事情維持原本的樣子。

我計算了每個階段不喜歡的人數比例，結果出乎我意料。採訪時我詢問受訪者，他們認為哪個階段最困難。原本我以為，討厭混亂過渡階段的人數比例，會遠遠超過另外兩個階段。但是我錯了。認為這個階段最困難的人數比例雖然最高，有四七%，但也有三九%的人指出說再見最困難，比例上與混亂的過渡階段差不多。另外有十四%的人認為，全新的開始階段才是最難的。

哪個轉變階段最困難？

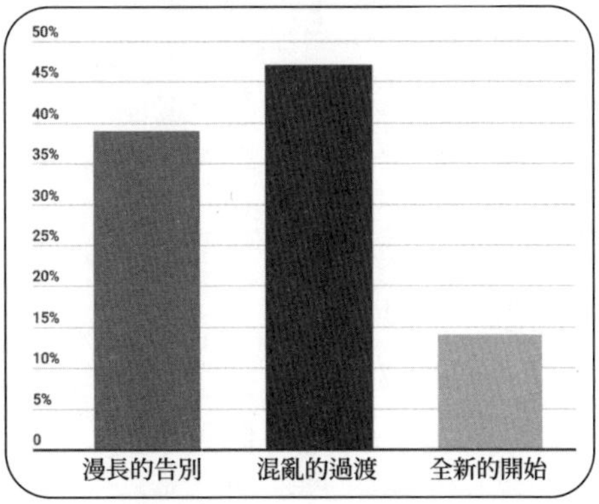

iv 氪星石是超人漫畫中虛構的化學元素，會導致超人喪失超能力。

表面上來看，這些統計數字似乎提醒著我們，每當人生發生重大改變，要應付這三個階段非常不容易。你不是唯一覺得整個過程令你洩氣的人。但是整體而言，我們的研究揭露了一個事實：對多數人來說，說再見是難以跨越的障礙，接下來要面對的甚至更艱難。不過還是有令人振奮的消息：多數人發現，重新開始相對來說比較容易。

以下我將說明超能力與氪星石如何在現實人生發揮作用。

「至少我知道，他在上帝的懷裡很安全」

根據我的研究，有近四成的人認為說再見是最難的。心理學家已經發現，某些心理狀態或許可以解釋背後原因，例如損失規避（loss aversion）、選擇難題（paradox of choice）。我們發現，這群人有某些共同點。

有些人背負著過去的情感包袱，覺得不堪負荷。吉娜·比安奇妮十二歲時失去了父親，三十七歲時成為社群網路「寧」（Ning）的負責人，她說：「我最不懂得如何面對分手。我生命中每個重要的男友，不論是我或是對方提出分手，我都要花大概兩年才有辦法走出來。你不需要取得心理學學位，就知道原因是什麼。我從沒有因為爸爸過世而覺得難過。我一直沒有好好處理這件事。」

另外有些人在面對第二個階段時會陷入焦慮。莉莎·盧多維奇一直有股衝動，想要辭去網路業務的工作，多年後她終於採取行動。「哎，對我來說，漫長的告別真的很漫長，」她說，「我覺得很害怕。別人會怎麼看我？我要怎麼吃東西？如果我媽打電話來跟我要八百塊租金怎麼辦？我一直是那樣的人：擔心自己讓別人失望，不敢為自己做某件事。我從沒有把自己放在第一位，直到後來辭職，我說：我要去過我的生活。」

有些人因為失去而感到心碎。妮莎・岑諾夫在正值青春期的兒子離世後，加入了團體治療，但情況一直沒有好轉，某天治療師拿起枕頭往她身上丟。「就在這裡，向你兒子說再見。」她說。「我看著他說了一句話，我不會告訴你我說了什麼，反正是f開頭。我告訴他：『別叫一個父親或母親和他的兒女說再見。我完全不能接受。我永遠不會說再見。我只會說哈囉。』」即使在那個時候，我已經知道研究會得出什麼結論：有時候與過世的人保持連結，能支撐我們繼續走下去。」

有些人則是覺得，和某個他們熱愛的人生階段說再見，心裡會很不好受。伊凡・沃克－威爾斯（Evan Walker-Wells）就讀布魯克林一所菁英中學，是明星學生，曾在歐巴馬競選團隊擔任志工，後來進入耶魯大學。大一時，醫生發現他的胸部有一顆葡萄柚大小的腫瘤，診斷結果是非何杰金氏淋巴瘤（non-Hodgkin's lymphoma）四期。他返家接受六個月化療。「治療結束十三個月後，我的胸口有異樣感覺，」他說，「結果什麼都沒有，但是那時候我才意識到，噢，我的老天，我不能逃避這種鳥事，對吧？我不能再想著我永遠不會生病、我可以做任何我想做的事情。我必須接受事實：以後我要經常面對健康醫療制度的問題，可是我朋友要等到六、七十歲才需要煩惱這件事。我真的很痛恨這一點。」

雖然有些人認為說再見就是他們的氪星石，但也有人覺得這是他們的超能力。安柏・亞歷山大在二十歲出頭時就經歷多位至親離世，幾年後她兒子被診斷出腦瘤，不過她參加過多次親朋好友的葬禮，早已經習慣了，所以不會老是想著自己失去了什麼。「艾利（Eli）第一次確診時，我開始意識到我不可能控制所有事情，這對一個控制狂來說非常困難。但是從此以後我慢慢開始習慣。就好比有位高人說：『總之，在我心中，艾利永遠是上帝的兒子。』我很樂意當他在這世上的媽媽，但如果他真的離開人世，前往另一個世界，至少我知道他在上帝的懷裡很安全。」

妮娜・柯林斯（Nina Collins）一直很早熟。她是混血兒，出生於紐約市，父母都屬於嬉皮世代。她在十三歲那年得到第一份工作，十六歲時中學畢業，十八歲時搬去歐洲，十九歲時返家，因為她母親死於癌症，她必須撫養弟弟。妮娜後來多次轉換生涯跑道、結過幾次婚、搬了幾次家。「我會很果斷地說再見，」她說，「我記得我媽快要走的時候，我心想：『好吧，事情正在發生，我必須面對。』搬家、事業開始或結束也是一樣。我一直是這樣，也很享受其中。我的治療師曾對我說，我對任何事情都保持一定距離。我想這是因為我媽走得早，但是我強烈感受到生命短暫，所以想要嘗試新的體驗。」

「我做的第一件事就是罵髒話」

對許多人來說，混亂的過渡階段就是一團糟，不過每個人認為的混亂都不太一樣。有些人覺得最難的部分，是被推入某個你擔心自己還沒準備好去面對的情境。珍妮・韋恩（Jenny Wynn）出生於奧克拉荷馬州鄉間，歷經兩次瀕死經驗，一次是她六歲時，因為氣喘導致呼吸暫停，另一次是她二十歲時，和另外四個家人一起徒手釣鯰魚時，不小心抓到有毒青蛙，吃了青蛙腿。（情況很不樂觀，醫生很擔心，於是把家人全部叫過來，讓他們彼此道別）。後來珍妮在奧克拉荷馬市一間教堂擔任副傳道，但後來她的主管不幸猝死，突然間她得同時面對多項挑戰，包括是否要接下她主管的工作。

「我做的第一件事就是罵髒話，」她說，「然後我告訴信徒：『我現在沒辦法帶領大家，我需要好好為自己療傷。』但是他們需要我領導，於是我就從副傳道升為主任牧師，而且是那間教堂第一位女性主任牧師。整個過程花了兩年。我正式接下那份工作之前嚇得半死，還向教會申請休假兩個月。我需要時間轉換想法，我必須讓信眾對我另眼看待。」

混亂的過渡階段會使某些人情緒劇烈波動，陷入危險之中。克里絲蒂．史普拉貢（Kirsty Spraggon）出生於澳洲西部人煙稀少的偏遠地區，小時候因為骨瘦如柴，經常遭到霸凌。她很有企圖心，努力想要逃離家鄉，後來成為房地產經紀人，搬到雪梨，獲選為「瑞麥地產」（RE/MAX）全球百大房地產經紀人之一。但是，她一直隱藏一個羞於啟齒的祕密：十九歲那年她被傳染性病，嚴重打擊她的自信心，導致她無法與男性親近，不斷陷入一段又一段不正常的關係之中。後來她辭去工作，搬到洛杉磯，轉換生涯跑道，投入企業演說，最終鼓起勇氣，正視自己的過往。

「你的靈魂被黑夜淹沒，」她說，「我搬到美國的時候，沒有朋友，沒有導師，你不能拿起電話，然後說：歐普拉，可以給我一些建議嗎？如果AT&T或是輝瑞（Pfizer）發現了怎麼辦？我的意思是，如果要蛻變成蝴蝶，結蛹是很重要的過程，可是對於毛蟲來說，這過程一點也不有趣。」

但是很多人告訴我，混亂的過渡階段令他們成長。羅絲瑪麗．丹尼爾是來自亞特蘭大的詩人，頂著一頭紅髮，我們曾在第二章簡短描述過她的經歷，她父親酗酒，母親自殺。十六歲那年她就步入婚姻，人生中前兩次離婚是她主動提出，但是第三次是她先生要求的，第三任丈夫是來自紐約的左翼知識份子。這次離婚讓她深受打擊，所以後來她只和充滿陽剛氣味的男子約會，例如警察、牛仔、卡車司機，她甚至跑去鑽油平台工作，出版了一本揭露個人勁爆情史的著作：《與大兵共枕》（*Sleeping with Soldiers*）。

當我請羅絲瑪麗談談那段總是遇到不對的人、頭腦不清的時期（但她後來她終於找到那個對的人，嫁給一位陸軍傘兵，他們的婚姻已經維持了三十年）。她看著我，眼神混雜了不解、嫌棄。「你可以說是頭腦不清，但我會說是暫時休假，遠離正常生活。我很喜歡！」

她咯咯笑着繼續說。「我把這階段當作是玩樂、新體驗、創造力，可以認識各式各樣以前我沒遇過的人。《與大兵共枕》書中某個段落有提到，我在那段期間曾經做了一個夢。和這麼多不同的人做愛，對我很有幫助。我的意思是，有少數時刻我覺得我可能被性侵了，但是整體來說，我覺得這段經歷很棒。我第一次感覺自己可以獨立自主，不需要遵守從小到大一直在遵守的規則。」

羅伯．亞當斯（Rob Adams）也認為混亂的過渡階段充滿樂趣。羅伯出生於辛辛那提州，父母親都是美國人，小時候他曾在墨西哥市和日內瓦生活過一段時間，後來就讀達特茅斯大學，之後進入西北大學凱洛格商學院進修。他一直待在芝加哥，換過幾次工作，全都是高薪的顧問工作，後來他帶著太太與小孩搬回到新英格蘭，在家族經營的西蒙．皮爾斯（Simon Pearce）玻璃器皿製造公司擔任總裁。沒想到才上了十天班，就遇上經濟大衰退。第一個月營業額下滑三分之一。與公司進行冗長的談判後，公司要求他辭去總裁職務。

「道別對我來說很不容易，」他說，「我喜歡與人相處、輔導別人、指導別人。整個告別過程花的時間比我預期的還長。但是離開後我其實挺享受混亂的過渡過程。我喜歡分析、研究與深入思考。我分別和四十個人討論接下來我要做什麼。我是個顧問；解決問題是我的專長。」

他和他太太決定全家搬到非洲，在那裡生活幾年。他成立了足球非營利組織，夫妻倆領養了第三個小孩。人生陷入混亂之後，反而促使他回想起他最懷念的童年時光，他希望自己的小孩能夠看到世界的另一面。

「我很高興我是清醒的，但是現在我到底在幹嘛？」

經歷馬拉松式的漫長告別與混亂的過渡階段之後，你可能會想，全新的開始階段一定相對輕鬆許多，應該比較受歡迎。但事實上，有六分之一的人認為這是最難應付的階段。

佩吉．佛萊契．斯塔克（Peggy Fletcher Stack）原本在《鹽湖論壇報》（*Salt Lake Tribune*）擔任記者。「這工作還不賴，因為我媽會告訴我，我是家裡第二笨的人。」後來她嫁給麥可（Mike），他是她做第一份工作時雇用的員工，「長得超帥，留著一頭狂放不羈的捲髮。」他們生了兩個小孩，都不滿兩歲，「天天被幸福包圍。」

後來佩吉懷了雙胞胎女孩，其中一個叫卡蜜兒（Camille），有心臟病，醫生估計她活不過一週。麥可辭去工作，接下來兩年就在插管、測試與禱告中度過，直到某天清晨，卡蜜兒停止呼吸。「我在腦中聽到小嬰兒說：媽，我一定要成為超級嬰兒嗎？請讓我走，拜託，拜託。麥可放聲大哭，就像一隻受傷的動物，我完全不知道該如何反應。真的太嚇人、太煎熬了，但同時你能感受到某種平靜。我們關掉氧氣，坐在那裡看著太陽緩緩升起。」

那段期間絕對是他們人生中的最低潮，對吧？

「大致上，我們還是覺得那是我們婚姻生活中最美好的時光，」佩吉說，「這麼說有點奇怪，因為那也是我們最困難的時候。我們每天晚上都睡不好；我們沒有去度假；我也沒有請過病假。」接著她又說，但是事情發生後，「反而激發出我們兩人最好的那一面。我們是彼此最最要好的婚姻伴侶，是最稱職的父母。我們沒有一天到晚發脾氣、成天抱怨，或是情緒失控、爭吵。」

但是她說，當混亂的過渡階段結束後，他們迷失了。「我必須思考，現在我們想要成為什麼樣的人？我們從神聖的時空跌落。現在我們只是一對有三個小孩的普通夫妻。我們動不動就批評對方、吵架，還有六萬美元的帳單沒繳。我們還在一起，但是處理情緒的方式已經和以前不一樣了。現在該怎麼辦？」

珍妮兒．漢契特（Janelle Hanchett）同樣在混亂與空虛之中找到了人生意義，但是當混亂的過渡期結束，她同樣迷失了。珍妮兒在加州中部長大，父親是個酒鬼，經常不在家；母親是摩門教徒，販賣刀具與藝術品。珍妮兒原本是「負責任的隊長」，但是上大學之後開始酗酒，吸食古柯鹼、迷幻藥、迷幻蘑菇。她二十一歲那年懷孕，嫁給小孩的生父，當時男方只有十九歲，後來她得了憂鬱症，接著又懷了第二胎。「二十八歲那年我失業，古柯鹼成癮，服用七種精神藥物，罹患思覺失調症。」她母親不得不幫她帶小孩，後來她先生離開了她，她則住進精神病院。

「某個星期天，也就是我三十歲生日之前兩星期，連續三天狂飲之後，那天早上我翻來覆去，不停發抖、全身痠痛，當時我才意識到，我再也不想成為酒精的奴隸。我想要成為一個自由人，在這世上好好活著。」

當天下午她跑去參加匿名戒酒會。一年後，她搬回去與母親和她的孩子同住。她和先生復合，兩人買了一棟房子，恢復了真正的家庭生活。雖然那段日子過得一團混亂，卻是亂中有序：她加入十二步驟方案，保持一整天清醒，接著是兩天，然後是一星期、一個月。我們每個人就和佩吉一樣，在面臨生死問題時，反而會有某種莫名的安全感。我們有了目標，找到了人生意義。

然後突然間，又好像什麼都沒了。

「對我來說，全新的開始是最難的，」珍妮兒說，「我很高興我是清醒的，但是現在我到底在幹嘛？那時候我有了另一個小孩。我覺得當母親實在太無聊了，沒有成就感，日常生活單調、乏味，整個人被消磨殆盡。現在我不喝酒，所以我別無選擇，只能思考如何讓自己的人生更清醒，但是很難做到。」

轉變從來就不簡單、不平順，充滿了未知與意外，也無法預測。

轉變花費的時間比你想像的要長

另一個出乎我們意料的事情是：轉變過程花費的時間，比你想像的要長。

我問完受訪者哪個階段最困難之後，接著問他們，轉變過程花了多長時間。出乎我預期的，答案竟然非常一致。少數人的情況比較極端。例如：有八％的人表示，轉變在一年內完成；九％的人說轉變還沒有結束。有五分之一的人說，轉變過程花了兩、三年，另外有差不多比例的人表示是六到九年。不過，最常見的答案，也就是平均值，是四到五年。

我必須說，這些數據不太精確。有時候人們接受我採訪的時間點，與干擾事件發生的時間相隔不到五年。至於有些人之所以說轉變還在「持續」，是因為他們認為「人生是一段漫長的轉變過程」。其他人則認為，他們還沒有達到終點。不過，這些訪談內容反映的是整體概況。

轉變過程大約要花費五年。

我一開始的反應是，天啊，這太嚇人了！我可不想告訴一個才剛剛經歷重大人生變化的至親好友說，別擔心，五年後你就能克服這一切。但是我仔細思考過後，在這些數據當中看到了不一樣的訊息。

第一，我們很少完整討論「轉變」，所以很多人都沒有準備好，不知道轉變代表什麼意義。簡單來說，我採訪了數百人，有四分之三的人表示，轉變過程花了四年或更長時間。有不少人不好意思說出這些數字，似乎認為自己不太正常。但其實正好相反，這很正常。當他們知道很多人和他們一樣之後，立刻鬆了一口氣。對我來說，問題不在於轉變過程要花多長時間，重點是我們預期會花多長時間。我們有責任調整自己的期待。

第二，我們人生很大一部分時間，都是處於轉變期。如果你認為成年之後，我們會經歷三到五次人生地震，每次會持續四、五、六年或更久，那麼換算下來，我們會有三十多年處於變動狀態，等於占據了我們一半的人生！我

哪個轉變階段最困難？

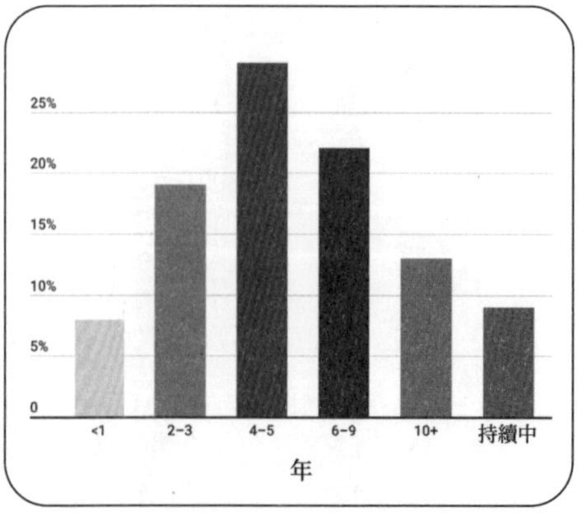

要說的重點是，我們必須充分利用人生的轉變期，這或許是最好的說法。當你的人生發生轉變時，如果你只是不停抱怨、抗拒，就會浪費比你想像還要多的時間。你要善加運用這些轉變期，否則你只會被它們消磨殆盡。

這與我們接下來要談的最後一個重要教訓有關。詩人羅伯特・格雷夫斯（Robert Graves）曾描述過一次世界大戰期間，他在壕溝裡躲避攻擊的場景，「噪音沒有一刻停過，完全沒有。」當你經歷重大人生改變時，就是這種感覺。你的人生變得吵雜、刺耳、困惑、充滿各種干擾，而且永遠沒有停止的時候。

轉變有助於平息吵雜聲。這是一段緩慢、非線性、需要投入大量心力的過程，它會將雜音轉化成音樂。舞台管理教授莉莎・波特生下有特殊需求的女兒黛西，她運用了很美的比喻：將轉變比擬成戲劇轉場（theatrical transition）。她說，轉變就像磚塊之間的砂漿。「磚塊就是一場表演或是人生的基石；砂漿能讓磚塊緊密結合在一起。如果砂漿無法發揮作用，整棟建築就會倒塌。」

轉變就好比黏著劑、治療師，能夠重新接合破碎的東西，讓搖晃不定的物體變得穩固，讓不成形的東西有了特定形狀。這個過程雖然讓人害怕，但實際上我們可以把整個過程拆解成一系列工具，幫助人們更輕鬆地度過這個過程，並提高成功機率。這本書的第二部將會詳細說明這些工具是什麼，以及如何最有效地運用這些工具。

原註

1 "Arnold Van Gennep," *American Anthropologist*, vol. 84, no. 2, 1982.
2 Arnold van Gennep, *The Rites of Passage*, translated by Monika Vizedeom and Gabrielle Caffee (Chicago), p. vii.
3 *Rites*, p. 48.
4 Bridges, *Transitions*, p. xii.
5 *Rites*, p. 17.
6 *Rites*, p. 21.
7 Victor Turner, *The Ritual Process* (Aldine), p. 95.
8 *Transitions*, p. vii.
9 *Transitions*, p. 10.

PART

2

重塑你的人生

RESHAPING YOUR LIFE

7 接受它

辨認你的情緒

ACCEPT IT
Identify Your Emotions

《聖經》欽定版譯本中，〈創世紀〉第一章第一節寫著：起初（in the beginning）[i]，它可以說是英語史上最為人熟知的片語。不過在〈創世紀〉第一章第二節出現的另一個片語雖然沒有受到太多注意，卻更能夠精準描繪非線性人生反覆出現干擾事件的特性。這個片語就是空虛混沌（tohu va-vohu），指的是無形的虛無狀態：混亂與空虛，這就是創世之前的世界。[1]但不是只有希伯來《聖經》提到這個概念。從美索不達米亞到非洲與中國的宗教，都描述了秩序建立前的混亂狀態。[2]在科學界提出混沌概念之前很長一段時間，宗教界就已經有了這個概念。

這些宗教還有一個共通點，就是認為我們這一生會在不同時期反覆回到混沌，重返失序和混淆狀態。我們之所以這麼做，是為了再次創造自己。[3]就如同偉大的宗教學者米爾恰・伊利亞德（Mircea Eliade）所說的，「任何新事物誕生，必得先象徵性回歸混沌狀態。」

人生地震代表混沌期。

i 原文為：In the beginning God created the heavens and the earth.（起初，上帝創造天地。）

人生轉變代表向前進。

我為了「人生故事專案」，總共做了二百二十五次採訪，多數採訪重點都是關於人們如何度過人生轉變。沒多久我就發現，非線性人生的主要副作用是：這些轉變越來越常見。我們人生有一半的時間，都是處在「之間」(in between)的狀態。

但我還發現另一件事：人生轉變是一種技能。具體來說，這是我們可以、而且必須駕馭的技能。從個人習慣到快樂等主題的研究顯示，如果你把熟悉的流程拆解成不同成分，就能分別針對每個成分進行調整，達成更好的結果。你必須理解每個要素，才能有更突出的表現。

同樣的原則也適用於人生轉變。

所以，包含了哪些要素？我在訪談時，聽到了許多意想不到的故事情節。有一名女性告訴我，她離開要求嚴格的宗教組織之後，某天在奶昔小站（Shake Shack）遇到一位陌生人，對方提了一個建議，從此改變她的人生；有位受訪者說自己曾是酒鬼，後來在咖啡店遇到一個陌生人給了他一份工作，當時根本沒有其他人願意給他機會。一位成功挺過癌症的受訪者提到，她特地去刺青，紀念治療結束；有位離婚的受訪者說，他跑去汗屋慶祝婚姻結束。還有十多位受訪者告訴我，當他們陷入人生轉變的低潮期，他們會去唱歌、縫被單、跳舞或下廚。他們會去從事與創造力有關的活動，好創造全新的自己。

最後我發現，可以利用七種工具應對人生轉變期，它們構成了「轉變工具箱（tool kit）」。我偏愛稱之為工具箱，而不太喜歡路線圖（road map）、藍圖（blueprint）或其他說法，是因為應對轉變期的方法有很多，不是只有一種。這七種工具分別為：

- 接受它：辨認你的情緒
- 紀念它：讓改變儀式化
- 擺脫它：捨棄舊心態
- 創造它：嘗試新事物
- 分享它：學習他人智慧
- 啟動它：展示新自我
- 說出它：建構全新故事

在我們深入探討流程之前，先分享我的一些觀察：

第一，多數人都有使用其中某些工具，可能是出於直覺或是因為他們正在使用；沒有人全部用到這七種工具。每個人都有成長空間。

第二，很少人是依序使用這些工具。前兩個工具是辨認你的情緒、讓改變儀式化，大部分時候會在漫長的告別階段使用。接下來兩個工具：捨棄舊心態與嘗試新事物，多半會在混亂的過渡階段使用。最後兩個工具：展示新自我與建構全新故事，較常在全新的開始階段使用。至於第五項工具，也就是學習他人智慧，不一定會在哪個階段使用。不過，這個順序也並非一成不變。就和非線性人生的其他面向一樣，你不需要按照順序使用轉變工具箱。

最後，只有你自己能決定你最需要使用哪些工具。接下來我們會分章說明這七種工具，但是你要記住，並沒有單一的公式。我的目標不是要哄騙你去做某件事，而是要讓你知道，其他面臨類似處境的人如何面對不穩定時期，然後幫助你找到對你或你的至親來說更有效的方法。最後，我幾乎可以向你保證，你一定會發現能幫助你更輕鬆度過轉變期的想法。

現在，我們就開始吧。簡單起見，我們從第一個工具開始：接受它。

「我快要掉下懸崖，但現在我第一次停下腳步。」

查理斯．哥賽特（Charles Gosset）出生於奧克拉荷馬市，家人之間關係緊密，卻又充滿了憤怒與暴怒，還有他所謂的「偏差行為」，例如酗酒。「我喜歡上學，」他說，「我熱愛學習，在全國標準測驗中，我的成績一直名列前一％。」但是他也感覺到自己與這世界脫節。「我記得從五歲開始，我就感覺自己有些格格不入，總覺得我個人或是這世界出了問題。」

到了青春期，查理斯變得憂鬱、愛挑釁。他向精神科醫生、宣教士求助，但是沒什麼用處。他開始參與幫派活動。「大多數時候，我很難找到地方發洩，」他說，「直到十五歲那年，我發現了酒精，整個世界豁然開朗。所有事情都變成了可能。喝酒可以忘記我是誰，我以為這就是答案。」

查理斯在感情世界浮浮沉沉，十九歲那年他在就讀奧克拉荷馬大學期間，曾經吞下一整瓶藥丸試圖自殺。他在昏迷之前，跑去當時暗戀的同學的宿舍房間。這個同學立刻打電話求救。若干年後，兩人結婚，克里絲蒂成為小學音樂老師，查理斯成了都市林務管理員，他們生了兩個女兒。

但是查理斯還是酗酒，每天下午下班後，回家前就會喝掉一品脫的威士忌。他嘗試各種方法戒酒，但是從來沒能持續超過一兩週。最後，克里絲蒂帶著小孩搬出去。這次查理斯住進戒酒中心。

「住進去之後，某次療程我看到螢幕上出現一個字，」他說。「這個字是接受。之前和諮商師會面時，我也經常聽到這個字。但是這一次，我真的有好好思考這個字。我就快要掉下懸崖，但是現在，我第一次停下腳步。我必須接受，在那一刻，我的人生已經失控。我是個酒鬼，之前我沒有想到，酒鬼喝酒時根本沒辦法克制。酒精不是我的答案，它是我的問題。」

查理斯完成治療，但是克里絲蒂依舊不相信他，禁止他探望小孩。「很合理。」他說。他住在戒酒社區裡幫忙割草，開始了尋找自我的痛苦過程。

「我努力想辦法與自我建立真正的連結，」他說，「我是一位詩人、預言家、喜歡傾聽現實的人。我想要服務其他人。」他經歷了典型的變形過程：從能動性轉向使命。他開始與陷入人生困境的高風險青年（at-risk youth）一起參與志工活動，為康復中的人們提供諮詢，幫忙學校找出潛在的上癮者。後來他取得認證，成為合格的生命教練。

「我受夠了，再也不想去做那些我不愛做的工作，」他說，「我想要為這世界帶來正面影響力。」他說，他的人生型態是一棵盆景樹：他喜歡幫助那些感覺受傷、渺小的人，引導他們發現自己內在的美好與驕傲。

家庭生活方面，克里絲蒂最終原諒了查理斯，歡迎他回家。他成了積極主動的父親，繼續投入教會傳道活動。當我詢問他人生的高峰是什麼時候，他說是女兒出生時。低谷則是他錯過小女兒的第一個生日，因為當時他正在接受治療。轉捩點則是諮商師把接受這個字投影在螢幕上。

「我很高興有機會提出解釋，很長一段時間我一直抗拒這個改變，」他說，「我一直否認。我是逃避高手，總是能找到方法逃避責任。」

「但是就在那個當下，」他繼續說道，「我開始打破抗拒的防護牆。我開始接受，總會找到方法順利度過痛苦、失落與悲傷。」

他說，為了做到這一點，他必須經歷轉變期的不同階段：人生跌落谷底，陷入痛苦深淵；接受現實，只有他獨自一人；心懷感激，自己能夠再度返家。

「至少對我來說，那個干擾事件是有必要的，自從那一刻我徹底想通之後，我就開始思考，我是站在懸崖底下往上看，你知道，或許這裡有個立足點，我可以從這裡開始往上爬。」

摩西時刻

事實很簡單：多數人抗拒轉變。我們會否認、逃避、縱樂、埋怨。或許我們喜歡事情原本的樣子，害怕即將發生的事情；或許我們只是不喜歡改變。不論原因是什麼，面對關鍵性時刻，我們難免會猶豫。我將這種反應稱為「摩西時刻」（Moses moment），因為在出埃及記（Exodus）中寫到，神在燃燒的荊棘中向摩西顯現，呼召他解放以色列人，摩西的反應是：誰，是我嗎?!當他有機會創造歷史時，他猶豫了。〔4〕

摩西不會是最後一個有這種反應的人。很多人都很難接受尚・保羅・沙特（Jean-Paul Sartre）所說的當下處境的實是性（facticity）。〔5〕當貝多芬首度得知自己即將失聰時，他極度抗拒。「我要掐住命運的喉嚨，」他在寄給某位密友的信中寫道，「我絕不會低頭，我絕不會被命運擊倒。」不出所料，若干年後貝多芬不得不屈服於必然發生的結果。「放棄抵抗，這是多麼可悲的出路！但是我

也只能這麼做了。」〔6〕

美食作家費雪（M. F. K. Fisher）對抗帕金森氏症多年，後來她明白，她這輩子必須放棄裸睡的樂趣，因為她再也無法忍受每天早上從鏡中看到的影像，她變成了「怪異、粗魯、醜陋、像癩蛤蟆一樣的女人。」〔7〕她終於情緒崩潰，買了幾件睡衣。「我不認為我是個輕易妥協的人，但是我也的確知道，你必須接受人生的某些事實。我知道有些女性拒絕變老，她們就像四處遊走的殭屍。」

從抗拒到接受，是人生轉變的第一個工具。我們要如何做到呢？

長久以來，十二步驟方案不斷強調，康復的關鍵是放棄任何掌控的幻覺——承認我們錯了、我們是軟弱的、或是我們在自欺欺人，然後把權力交給更高層的力量。〔8〕許多宗教都提出類似的觀點。我們不可能理解發生在自己身上的一切事情，所以必須接受神性的奧祕。很多人都認為這個方法很有幫助。

但是我開始採訪後卻發現，很多人找到了另一種更能肯定自己的方法。他們沒有把權力交給更高層的掌權者，而是轉向內在。即使不是他們造成當下的處境，他們還是會負起責任，改善自身的處境。換句話說，是他們主動掌控轉變。

不過許多人都提到，主動出擊的行為讓他們意識到，他們的身體其實比頭腦更早察覺改變即將發生，這點倒是出乎我意料。查理斯・哥賽特在開始酗酒之前多年，就知道自己的人生出了問題；而早在他有能力戒酒前，也已經知道喝酒並不好。娜歐蜜・克拉克在聽到跨性別概念之前，其實早已察覺自己的身體有些不對勁。妮莎・岑諾夫某天突然覺得身體不舒服，吃午飯時甚至開始乾嘔，後來她才知道，就在她吃飯的那一個小時，她兒子在優勝美地國家公園跌下山崖。

諾貝爾獎得主賽珍珠（Pearl Buck）在她的回憶錄中提到，她先生過世時也發生過類似情況。「多年前我就學會接受的技巧。第一步就是讓自己順應當下處境。這是一段心靈轉換的過程，但是會先從身體開始。」[9]心理學家稱之為詹姆斯—蘭格理論（James-Lange theory），這是以威廉・詹姆斯（William James）與卡爾・蘭格（Carl Lange）的名字來命名的，兩人在一八八〇年代各自意外觀察到這個現象。[10]他們發現，當人們出現情緒問題時，身體往往會先做出反應，接著大腦才會真正意識到發生了什麼事。詹姆斯在阿拉斯加健行時，偶然間發現了這個現象。他靈光乍現的時刻是：「我正在拚命逃離這隻熊；所以，我一定是嚇壞了。」

近年來，大眾逐漸接受這種身體先行的思維，因為科學家已經證明了，我們的身體不僅可作為感知危機發生的器皿，還能成為克服危機的起始點。[11]許多受訪者都提到，在他們對自己說出口之前，就已經感受到人生即將發生劇變。他們有某種直覺感受，聽到了內在聲音，感覺內心深處存在某種東西。說不上來為什麼，但我就是知道。神經科學家安東尼歐・達馬西奧（Antonio Damasio）說，這種感受就是要讓我們警醒，問題發生了，「我們的身體已經開始解決這個問題。」[12]重點是：在我們大腦真正搞清楚狀況之前，我們或許就已經進入了轉變期。

以下是部分受訪者為了克服抗拒、學會接受新現實，所採取的某些做法：

對某些人來說，轉變是立即發生的，就像頓悟一樣。大衛・菲古拉（David Figura）是來自雪城（Syracuse）的體育記者，婚姻生活讓他變得越來越不快樂，某天他開車前往附近某間飯店，準備與舊情人幽會，卻在開車途中突然頓悟，這麼做會毀了自己的人生。「我開始思考，我回到家時，要怎麼跟我兒子說？就在那一刻，我告訴自己，我不能這麼做，接著我就掉頭開車回家。」麗莎・

瑞伊・羅森伯格（Lisa Rae Rosenberg）一直無法戒癮，她的戒癮導師當面對她說：「看著你的腳。看看你現在站在哪。就從那裡開始。』「他的話很具體，就像當頭棒喝，」她說，「這是我的腳，這是我腳上穿的鞋子。這是我站的地板。」從此之後，她再也沒有吸毒或酗酒。

有些人是透過心算學習接受事實。當我第一次知道我的左側股骨長了惡性腫瘤，心裡立刻盤算了一下：我會失去一條腿、一年時間、或是整條命都沒了。我這麼做部分是為了放鬆。凱倫・彼得森・馬青加（Karen Peterson-Matchinga）是來自加州的模特兒與靈媒，當她接到電話，得知擔任藝術指導的丈夫在拍片現場從梯子上摔下來的時候，也做了同樣的事。「他還活著嗎？」她問製片。「是的。你能移動他腳趾嗎？可以。他手指能動嗎？可以。好，那我可以面對這件事。」

心理學家將這種行為稱為負面觀想（negative visualization），你會開始想像更糟的情況，這麼做能夠幫助你接受眼前的可怕處境。〔13〕雪柔・桑德伯格（Sheryl Sandberg）在《擁抱B選項》（*Option B*）一書中曾提到，當她先生戴夫・戈德堡（Dave Goldberg）猝逝時，她的朋友亞當・格蘭特（Adam Grant）問她，情況還有可能更糟嗎？「更糟？」她問，「你在開玩笑嗎？還能怎樣更糟？」格蘭特回答：「戴夫有可能在開車載小孩的時候，突然心律不整。」桑德伯格說，她覺得他的回答幫助她換了角度看待事情。〔14〕

曾經在第二章短暫出現的羅瑞塔・帕拉姆告訴我，當她女兒莉亞（Leah）離開羅瑞塔位在亞特蘭大的住處後沒幾分鐘，就因車禍喪生（莉亞的大女兒也在車內，雖然受了傷，但沒有生命危險），警方告訴羅瑞塔這個不幸的消息，可是她一直無法接受。「我說，『不，不，不，不可能是我的莉亞。』」羅瑞塔堅持要去太平間。「去認屍的時候，有兩件事對我幫助很大，我真的很感激。」

她說，「第一，莉亞的小女兒沒有在車上；第二，莉亞不是一個人躺在醫院裡死去，她是當場就離世了，這讓我心裡好受許多。」

即使經歷的是正面改變，有時候還是很難接受。當卡爾．貝斯知道，他即將被提名接任歐特克執行長時，他「整整五天躲在浴室裡」。「當時我心想，這工作不適合我。我不想接。我沒有能力當執行長。」卡蘿．貝茲（Carol Berz）原本在田納西州查塔努加（Chattanooga）擔任律師，後來被迫參選市議員，勝選後她反而覺得羞愧。「就和許多女性一樣，我得了冒名頂替症候群（imposter syndrome）。」卡蘿說。後來她是如何克服的？她的回答和卡爾．貝斯如出一轍。「我希望我永遠都不要忘記那種感覺。它能鞭策我比其他人更努力工作，學得更多。」

要讓自己接受，的確很不容易，因為我們得要畫出一條我們往往不願意畫的線，或是進入我們不想進入的領域。但是它之所以困難，還有另一個原因：它從不會單獨發生。它只是一大堆情緒反應的一部分，所以當我們經歷人生改變時，總感覺整個人失去了動力。

我們唯一要害怕的事

我詢問每位受訪者：「在轉變的過程中，哪種情緒最難克服？」結果什麼答案都有。恐懼顯然是最常見的反應，占二七％；接著是悲傷，占十九％；羞愧占十五％。其他情緒反應還包括內疚、憤怒與孤單。

接著我詢問他們如何應付或克服這些情緒。他們的答案都很務實、切中要害、非常有創意。

我們就先來談談前三種情緒。

恐懼必定會讓人害怕，讓人變得猶豫，遲遲無法做出決定。佛蕾狄・瑞絲告訴我，她忍受丈夫十五年虐待折磨之後，終於帶著孩子逃家，但還是無法克服恐懼。「我不是害怕失敗，」她說，「我是害怕未知。我不理解這個世界，但現在我必須在這世上撫養兩個小孩。」不僅如此，她還被診斷出乳癌。「去醫院做手術時，必須列出近親名單。『我可以寫十一歲女兒的名字嗎？』我問。『不行，一定要是成年人。』他們說。那時候我才明白，我沒有認識任何人能幫助我度過這次危機。」

就本質上來說，恐懼是正面的。恐懼會引發一連串生理反應，例如：心跳加速、臉頰泛紅、腎上腺素升高，這些反應能幫助我們遠離危險。〔15〕當我們與一隻獅子正面遭遇時，我們都知道必須戰鬥或逃跑。「恐懼是好的，」編劇史蒂芬・帕斯費爾德（Steven Pressfield）說。「恐懼是一種指示。恐懼會讓我們知道接下來該做什麼。」〔16〕

但不是所有讓人恐懼的情境，都像是盯著四百磅食肉動物的雙眼那般明確。許多情況牽涉到情緒調適、財務不安，或者只因為害怕面對不一定能成功的考驗。在轉變期間，我們的恐懼感必定會升高，因為它會加深我們內心的質疑。心理學家黑茲爾・馬庫斯（<Hazel Markus）和寶拉・努里烏斯（Paula Nurius）在一九八六年提出了一個新概念，他們認為我們每個人都有許多可能的自我

轉變時常見的情緒反應

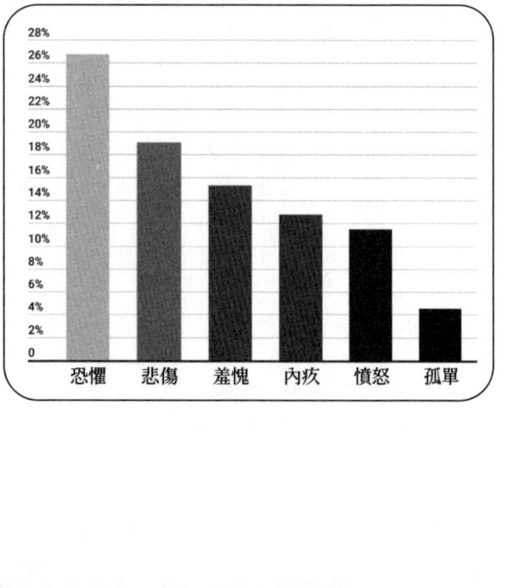

（possible self）。〔17〕這些想像的自我反映了我們希望自己成為什麼樣的人，也就是夢想的自我（dream self），同時，它們也包含了我們擔心自己會成為什麼樣的人，也就是擔憂的自我（feared self）。在改變期間，夢想的自我會退縮，擔憂的自我會逐漸放大。

不過，人類有很強的適應力。在當今非線性時代，恐懼已經轉移，我們的應對機制也有所提升。我聽到很多人運用各種方法，對抗自身的恐懼情緒。

往下比較

最常見的應對技巧是在心裡建立一個等式，即使對未來感到非常害怕，但程度上還是比不上對當下的恐懼。所以這個等式如下：

對未知的恐懼　小於　對已知的恐懼

布萊恩．魏契正是基於這個原因，捨棄在倫敦的物理學教職，專心投入YouTube喜劇樂團（「我寧可帶著恐懼、冒著失敗的風險過生活，也不要為了追求安穩，事後感到後悔」）；莉莎．盧多維奇提到，她之所以放棄廣告業務高階主管的工作，轉型為催眠師，亦是為了相同理由（「比起離開，我更害怕留下來」）；卡翠娜．阿爾康解釋，她為了老闆離開她先生，也是出於類似心態（「墨守成規只會讓我窒息，所以我準備去做不一樣的事情」）。我們只需要讓內心對未來的恐懼程度，低於對當下的恐懼，就能夠不再害怕未來會怎樣。

寫下來

下一個最常見的做法就是寫下內心的恐懼。有不少人表示，他們會實際列一份焦慮清單以及相對應的願望清單，讓自己對於恐懼擁有某種程度的掌控力。吉娜．札克原本對於離開組織、在緬因州創業這件事感到害怕，於是她寫下一份清單，列出自己希望達成的人生目標（「認識更多朋友，與家人更緊密，花更多時間親近大自然」），然後把這份清單放在床邊，每天早上起床第一眼就能看到。特拉維斯．羅伊因為半身不遂，被迫放棄加入國家冰球聯盟的畢生夢想，對未來感到茫然。後來他寫了一份清單，列出他未來希望達成哪些人生成就（「四年內畢業，參加公開演講課程，成立基金會、致力提升身障意識」）；當他實現清單上所有目標之後，他又寫下另一份清單，往後數十年他一直維持相同習慣。

努力工作

另外有不少人採取我常用的方法：每當我感覺無法熬過職涯壓力時，就會這麼做：閉嘴，努力工作。約翰．奧斯丁對我說，當他想到要離開工作二十五年的緝毒局、成立自己的證券投資公司時，內心充滿了恐懼。他的解方是什麼？「立刻投入工作。」艾瑞克．馬德克斯（Eric Maddox）原本只是菜鳥陸軍審訊員，學過中文。當他得知要被派往伊拉克，協助搜捕高價值目標（high-value target）〔ii〕，當場嚇呆了。「我最擔心的其實是被送回家，所以我想，與其害怕，不如專心投入工作，

ii「高價值目標」是美軍軍事術語，指的是敵方指揮官完成任務所需的人員或資源。

埋頭苦幹，撐過另一天。」艾瑞克很快就明白，他必須摒棄先前學過的威嚇手段，開始仔細聆聽俘虜說了什麼。他改用新技巧之後，終於確認最高價值目標藏身在哪，這個目標就是薩達姆・海珊（Saddam Hussein）。艾瑞克所屬的聯合特遣部隊運用他蒐集到的資訊，捕獲這位前獨裁者。後來艾瑞克獲頒功績勳章（Legion of Merit）與銅星勳章（Bronze Star），當時的國防部長唐納德・倫斯斐（Donald Rumsfeld）授獎時，當面邀請他重新訓練陸軍的傾聽技巧。

對抗

人們克服恐懼的最後一種技巧就是直接面對。知名的比丘尼佩瑪・丘卓（Pema Chödrön）發現，一般人都以為勇者不會感到恐懼，但事實上，他們是戰勝恐懼。「我第一次結婚時，我先生說，在他認識的人當中，我算是很勇敢的，」她寫道，「我問他為什麼這麼說，他說我骨子裡其實是個膽小鬼，但是我會勇往直前，先做了再說。」〔18〕

理查・薩瓦特決定從矽谷搬到好萊塢、投入單口喜劇表演時，他必須克服一生的恐懼：和陌生人說話。「以前我一直避免社交互動，」他說，「就在某天我鼓起勇氣，傳簡訊給一位喜劇偶像，告訴他我想看他的表演。『你來吧。』他回說。看完他的表演，我立刻開車回家，但是我的腦袋突然閃過一個念頭：你到底在幹什麼？你不能走。於是我又把車開回去，強迫自己站在吧台前，和另一個也在苦苦奮鬥的喜劇演員聊天。那天我們聊了很多。」

蘇珊・奇帕克（Susan Keappock）從德州農工大學（Texas A&M University）畢業後就搬去紐約，她想要進電影院看電影，可是心裡很害怕、充滿恐懼。「我才剛失去爸爸，我害怕失去媽媽，」她說，「我害怕大城市，我害怕走下人行道路緣就會被公車撞。後來我明白，我必須面對這些恐懼。你必須假裝你沒有感覺到，一直假裝到你克服恐懼為止。然後，就在不知不覺中，你再也不會覺得害怕。」

這些故事帶給我們的啟發是：恐懼是與生俱來的，無懼則可以後天學習。

絕望是有羽毛的東西

悲傷是第二常見的情緒，有將近五分之一的人表示，這是他們陷入掙扎的主要根源。

南西・戴維絲・科（Nancy Davis Kho）出生於紐約羅徹斯特（Rochester），她相信自己的人生中了頭獎，擁有愛她的父母，父親每年夏天都會在阿第倫達克山（Adirondacks）教她騎馬。她一直渴望探索世界，後來取得國際企業學位，搬去德國，嫁給一位印尼裔美國人。夫妻兩人在灣區定居；後來她在科技業找到一份工作，生了兩個小孩。她的人生是線性的。

但是在她四十多歲時，人生遭遇一連串變化。她感到人生無趣、工作倦怠，於是捨棄了原本高速運轉的生涯，成立音樂部落格。然而她的改變讓她先生感到不安，婚姻關係陷入緊張。接著，在短短十二個月內，她心愛的德國短毛指示犬過世，第一個小孩上大學，她父親得了腦瘤，幾星期後就撒手人寰。

「那是非常巨大的傷心黑洞，」她說，「我討厭拿我爸和我的狗相提並論，但是在我人生當中，他們的存在讓我覺得安定、可靠。你甚至不知道自己有多幸運，直到你失去了他們。你開始在意以前沒有珍惜過、所以不懂得欣賞的事物。這過程當然也有美好的部分，但是真的很難撐下去。」

如果說，在改變期間，恐懼會讓你時時保持警惕，那麼悲傷則會讓你心情沈重。恐懼會永無止境；悲傷則會消磨你的意志。

就本質上來說，當我們失去某個人或某樣東西，清楚知道他們再也不會回來，我們就會感到悲傷。這個人有可能是你的朋友、心愛的人、甚至寵物；東西有可能是房屋、工作、流逝的時間。悲傷的缺點是：它會讓人感覺沈重、疲累、孤立。賽珍珠曾寫道，當她得知她先生離世時，當下的反應是：「轉瞬間，多年的幸福歲月立即成了回憶！……我害怕的那一天終於到來。最後的孤單已在眼前。」〔19〕

失去會讓人產生渴求。約翰・葛林（John Green）在《生命中的美好缺憾》（*The Fault in Our Stars*）一書中如此描述了人的渴望：「回憶的歡樂已離我遠去，因為再也沒有任何人可以回憶。感覺就像是，當你失去了可以共同回憶的人，就等於失去了回憶本身，彷彿我們共同經歷過的事情，已不再像幾小時前那樣真實、重要。」〔20〕

但是我意外發現，悲傷其實也會帶來許多正面的副作用。復原力專家喬治・博納諾，經過深入研究後發現，悲傷五階段的理論過度簡化。他認為，悲傷會驅使我們向內探索，這正是我們面臨傷痛時所需要的。我們會更懂得反思、自我保護。我們會二度、三度確認自己是否安然無恙。我們會更專注細節。

如此說來，悲傷相當於憤怒的反面。憤怒會促使我們準備戰鬥，悲傷則是讓我們準備好保護自己。憤怒會讓世界加速運轉；悲傷則是讓世界放慢速度。「有時候失去親人的人甚至會說，生活在失去摯愛的悲傷中，就很像是過著慢動作生活，」博納諾寫道，「這時候似乎沒什麼必要留

意周遭的世界，我們可以把日常的擔憂放一邊，把注意力轉向內在。」〔21〕

人們在解釋他們如何應付悲傷情緒時，主要提到了三種方法。

試著放手

第一種方法是緩慢地逐步妥協。你會不情願的接受，這過程是非線性的，就和當今多數的人生形態一樣，而且會在你最意想不到的時候捲土重來。

奧斯卡·愛默特（Oscar Emmet）出生於加州信仰虔誠的傳統家庭，是紐約的醫學院學生，也是一名性別酷兒（genderqueer），雖然遭到家人反對，但他依舊決定不再以女孩的身分生活，他開始服用男性荷爾蒙、蓄鬍，但也會因為自己沒有走上另一條人生道路感到難過。「有時候想到自己沒有選擇另一條路，就覺得心酸，」愛默特說，「我羨慕有些人生活輕鬆、一帆風順。他們就和我小時候最要好的朋友一樣：嫁給相親認識的男人；小孩都很優秀、很有出息；他們的先生下班後會回家，唱歌哄孩子上床睡覺。雖然我很喜歡現在的自己，但是有時候我也希望能成為那些人，不需要面對混亂、可怕的現實世界。」

萊澳·伊頓（Leo Eaton）是一位英國電影工作者，瘋狂愛上某位初次踏足社交界的美國名媛，為了贏得她的芳心，他拚命努力工作（包括取消撰寫色情作品的計畫），兩人結婚四十五年後，他太太因為乳癌過世，他描述了當時內心難以排解的悲慟。「我常在心裡對潔麗（Jeri）說話，」他說，「我記得我站在渡輪的甲板上，告訴她我經歷了哪些事情。我會永遠想念她。她的過去和現在，都已經烙印在我心中。」他說，他不是一直都那麼悲傷。「和朋友一起回憶她的時候，也會感到純粹的快樂。但是隨後又再度陷入悲傷，就像海浪一樣。上星期我在電視上看了一部無腦的愛情劇，突然悲從中來，就像潮汐一樣洶湧。雖然悲傷會消退，可是在那瞬間，你會被它強大的力量驚嚇到。」

建立關係

許多人在悲傷時會轉向其他人求助。艾莉莎·科倫塔耶從紐約搬到明尼蘇達鄉間，和她的獨木舟導遊一起生活。她因此陷入「悲傷，因為覺得失落、格格不入，懷疑自己是不是做了正確選擇」。該如何調整呢？「建立連結。當我感覺情緒低落或是孤單時，就去當地的咖啡店。其他人會對我微笑或是和我聊天；那些咖啡店老闆後來都和我成了好朋友。我去郵局，一眼就被認出來。所以我的治癒良方就是：感覺自己成為社區的一份子。」

莎拉·霍爾布魯克剛生下孩子沒多久就離婚，後來在她朋友陪伴下，生活重新步上正軌。「我討厭自己一個人，可是突然間我發現自己非常孤獨，我覺得很悲哀。但事實上我不是一個人，我還有很多朋友，他們會花時間來陪我。友誼幫助我度過婚姻創傷。」

完全誠實

人們面對悲傷的最後一種方法就是，對自己、對其他人毫無保留地說出自己的感受。莎夏·柯恩（Sasha Cohen）出生於洛杉磯，母親是俄羅斯人，父親是美國人，她還在學步時就開始練習體操與滑冰，十六歲那年入選美國花式滑冰隊，參加鹽湖城冬季奧運。但是在長曲項目比賽時不慎跌跤，只得到第四名，讓人大失所望。四年後，她參加杜林冬季奧運，短曲項目比賽結束時暫列第一，但是在長曲項目時再度跌跤，最後獲得銀牌。

接下來很多年，她一直走不出悲傷。「每次和人聊天，我都要努力忍住不哭。」直到某天，她朋友強迫她去看錄影帶。「我就是不停流淚，越哭越傷心。我終於願意去感受這場悲劇和痛苦，而不是想辦法去壓抑它。」

西恩．柯林斯原本是全國公共廣播電台（NPR）的頂尖製作人，後來被公司解僱，他返回家鄉聖路易斯市（Saint Louis），重回老本行，擔任教區宣教士。每當有事情發生，他就會不自覺地隱瞞，但是後來他終於學會和別人分享。「我想到艾蜜莉．狄金生（Emily Dickinson）寫過一句話：『真理難能可貴，說出真理讓人愉快。』我的部分經驗是，學會坦誠，說出那個故事。我的職業就是要求別人誠實，不過我發現，最難的是對我自己誠實。」

你的羞愧感

第三種常見的情緒最讓我覺得意外：羞愧。有六分之一的人認為這是最難克服的情緒。不過和恐懼、悲傷不一樣，那些帶著羞愧感的故事更深入內心，更讓人覺得痛心，部分原因是個人負有一定責任。

我們在第五章曾提到，克里斯蒂娜．汪茲萊克歷經十年酗酒、無家可歸、犯罪的生活之後，某天在加州的收容中心醒來，感到羞愧不已。克里斯蒂娜出生於印第安那州，母親是全職媽媽，父親是酒鬼，她與家人的關係相當疏離。她曾三度逃避治療方案，十八歲那年她母親在門口迎接她，然後對她說：「在你的生活恢復正常之前，我不會再讓你踏進我家門或是進入我的生活。如果我無法活著再見到你，我想要讓你知道我很愛你。」然後她當著克里斯蒂娜的面，把大門關上。

接下來三年，克里斯蒂娜闖入民宅搶劫二十幾次，最後她終於下定決心讓人生重新步上正軌。可是當時她還得面對另一個問題：她對自己的犯罪行為感到非常羞愧，一直無法釋懷。「我沒辦法直視別人的眼睛，」她說，「我覺得我必須保持低調，否則如果有任何人發現我以前做過的事，我就會失去一切。大家不會愛我。」

然後，就在那個深夜，她突然找到了答案。「我要改變，我要做出改變，」她說，「比起現在這樣，待在監獄裡反而比較自由，也比較有能力賠償受害者的損失。」所以我一一拜訪過去我搶劫的二十二個家庭，我直接去敲門，每當有人應門我就會告訴對方：『我是克里斯蒂娜。我想要讓你知道，過去六或九個月，我搶了你家。我願意支付賠償損失，包括法律和金錢，不論如何我會盡力補償。我也想要讓你知道，我真的很抱歉。』」

她說，多數人看到她，都覺得很驚訝。「我想他們原本以為會看到不同種族、不同性別的人。」大部分的回答是：「媽的，再也不要靠近我家。」沒有任何人對她說：「謝謝你。」有位女子說：「你偷走的東西永遠無法被取代。那是我高祖父的黃金婚戒。還有，你讓我沒有了安全感。」

「不過她也說她不會打電話報警，」克里斯蒂娜說，「她覺得坐牢對我沒用，我看起來確實想要彌補。所以她要我每個月開一張二十五美元的支票給她，持續一年，然後再也不要打擾她。」

克里斯蒂娜依照那位女子的要求做了，問題是她沒有支票存款帳戶，所以她請母親幫忙匯款，這也有助於母女兩人和解。多年後克里斯蒂娜開設一項國際課程，協助曾經有藥癮的人與家人和解，還受邀上《歐普拉脫口秀》（*The Oprah Winfrey Show*），製作人要求她與那位女子聯絡，邀請她從她的角度講述對那件事的看法。「我很想讓他們開心，」克里斯蒂娜說，「但是我已經承諾她不再去打擾她，所以我禮貌地婉拒了。」

羞愧會讓我們深陷痛苦之中，因為我們相信自己有錯，所以不值得被愛。強烈的羞愧感會破壞意義的三大要素。它會讓我們喪失能動性，讓我們覺得自己無能；它會讓我們失去歸屬感，懷疑自己是否有能力與其他人建立連結；它會削弱我們追求使命的熱情，變得自溺，無法為其他人付出。羞愧甚至比它的邪惡雙胞胎兄弟「內疚」更致命。暢銷書作家與研究學者布芮妮・布朗（Brené Brown）提出了一個簡便的區分方法：內疚感是認為我做了壞事；羞愧感則是認為我是壞人。有些人可能認為，女人比男人更容易感到羞愧，但是我的採訪結果卻顯示事實並非如此。不論男女，只要感到羞愧，就會覺得自己很失敗、半途而廢或是懦夫。〔22〕

要如何停止這種有害的情緒消耗？根據我的採訪結果，解決方法是回應受損最嚴重的身分認同。如果你感覺自己喪失了能動性，最有效的解決方法就是勇敢站出來，用言語表達自己的脆弱，甚至公開說出來。如果你覺得與人缺乏連結，最好的化解方法就是和其他人分享你的真實感受。如果你感覺自己沒什麼貢獻，最好的做法就是想辦法幫助處境類似的人。這三種解決方法的共同點就是：主動採取行動，清除心中的羞愧感。

以下列舉一些真實案例，說明人們如何運用上述三種解決方法：

能動性

卡洛琳．葛拉漢兩度企圖自殺失敗後，感到羞愧不已，後來她開始寫下自己的自殺經歷，寫作團體的回應充滿同理心，讓她可以自在地說出更多痛苦的感受。「我必須先聽到我腦中的聲音，然後再寫在紙上。有時候我坐在書桌前，覺得很不舒服，不知道該怎麼辦。」

克里絲蒂．史普拉貢因為得了性病而感到羞愧，長達二十年恐慌症反覆發作，後來她終於鼓起勇氣在日記中寫下皰疹。這個簡單的動作引發了連鎖反應，讓她登上了TED×Talk演講台，告訴大家她如何學會分享自己的祕密，最後她在自己手臂上刺了說真話的人（truth teller）的紋身。

歸屬感

克里斯蒂安．皮喬里尼離開新納粹團體後，接下來五年陷入憂鬱、濫用藥物；他整個人被「有毒的羞愧感」淹沒，後來終於勇敢走出黑暗，開始分享自己的故事。他的回應方法是：「之前我已經準備好對人真誠，但是我必須做得更徹底。我必須站上舞台對大家說：這是我內心醜陋的一面，我一直努力想要克服。然後我必須在其他人身上找到類似的痛苦，建立連結。消除羞愧感的方法，就是產生同理心。」

艾瑞克．史密斯年紀輕輕就在維吉尼亞州擔任傳道，歷經多位家人離世之後，他的信念和心理健康開始瓦解，他覺得非常羞愧，後來他在特教學生身上重新得到鼓勵。「他們教導我，誠實是核心關鍵。」他說，「以前我的本能反應就是隱瞞。我必須奮力抵抗，承認我的情緒崩潰，承認我需要幫助，承認我很痛苦。他們不會騙人，如果他們喜歡某種食物，就會直接把食物塞進嘴裡，所以他們成了我的老師。」

使命

艾倫．皮克是喬治亞州共和黨議員，擔心自己在艾希利麥迪遜網站上出軌的醜聞曝光，所以考慮辭職。但是他才剛為了一位五歲腦性麻痺患者，推動醫療用大麻合法化，「所以我太太和我做了一個合理的決定，為了讓法案順利通過，我們必須忍受任何公開羞辱。」他成功了；法案最終成為正式法律。

約翰．史密薩曾在利比亞殺害四十位公民，往後五十年他一直深感愧疚，後來他決定把自己的生命交託給上帝，成為基督教平信徒領袖（lay leader）[iii]，兼任義務諮商師。「我敞開自己，告訴任何想聽的人我做了什麼、對哪些事情感到後悔。我一星期與退伍軍人會面四次；我永遠樂此不疲。」

從羞愧到恐懼、再到悲傷，從克服抵抗到坦然面對眼前的殘酷事實，轉變的第一個工具就是認清自己的處境，接受新狀態引發的情緒反應。接下來第二個工具雖然看似不容易掌握，但是相較於其他兩種工具，這反而是大家最渴望使用的工具。

iii 平信徒領袖是由同事或會眾領袖推選出來的，並不是正式任命的牧師職位。

原註

1 引述創世紀的文字是參考《妥拉》（*The Torah*），由猶太教改革派聯盟（Union for Reform Judaism）的沃爾夫・岡瑟・普勞特（W. Gunther Plaut）翻譯。

2 Briggs, *Seven Lessons*, p. 9.

3 Mircea Eliade, *Myths, Dreams, and Mysteries*, translated by Philip Mairet (Harper & Row), p. 80.

4 出自《出埃及記》第三章第十一節。

5 Bakewell, *Existentialist*, p. 157.

6 Solomon, *Beethoven*, p. 149 & p. 61.

7 *Oxford Book of Aging*, p. 328.

8 Ernest Kurtz and Katherine Ketcham, *The Spirituality of Imperfection* (Bantam) and Nan Robertson, *Getting Better* (Authors Guild).

9 Pearl Buck, *A Bridge for Passing* (Open Road), p. 46.

10 Grierson, *U- Turn*, p. 143.

11 Van der Kolk, *The Body Keeps the Score*.

12 *U- Turn*, p. 153.

13 "How to Harness the Power of Negative Thinking," *Greater Good Magazine*, October 31, 2012.

14 Sheryl Sandberg and Adam Grant, *Option B* (Knopf), p. 25.

15 Brian Boyd, *On the Origins of Stories* (Belknap), p. 55.

16 Steven Pressfield, *The War of Art* (Black Irish), p. 40.

17 Hazel Markus and Paula Nurius, "Possible Selves," *American Psychologist*, vol. 41, no. 9, 1986.

18 Pema Chödrön, *When Things Fall Apart* (Shambhala), p. 5.

19 Buck, *Bridge*, p. 37.

20 John Green, *The Fault in Our Stars* (Dutton), p. 262.

21 Bonanno, *Sadness*, p. 32.

22 Brené Brown, *Daring Greatly* (Avery), p. 71.

8

紀念它
將改變儀式化

MARK IT
Ritualize the Change

非線性人生必然會發生以下結果：人生本身是非線性的，意謂著它沒有固定形式、短暫、變化無常、多變。所以當你感覺自己被困住、心情沮喪、不知所措、或是被擊垮時，反而擁有很大的自由空間。你可以選擇離開、轉向、重新出發。

但是有時候，特別是當你正經歷重大人生改變時，這種變動有可能會讓你迷失方向。真是受夠了這種不確定性；請給我具體的東西好牢牢抓住！一旦發生這種情況，一般人多半會展現出驚人的能力，創造屬於自己的具體事物。他們會發明各種新奇技巧，讓自己冷靜；或是蒐集各種紀念品，提醒自己失去了什麼；或是舉行各種典禮，哀悼過往。

他們會創造儀式。

儀式是老派說法，總會讓人聯想到古板的制度、過時的習俗，或是讓人尷尬的服飾。噢，我的老天，該不會又要圍成圓圈禱告吧。不過在執行人生故事專案的過程中，我卻一再發現，人們最迷惘的時候，通常會尋求儀式化的解決方法，而且多半是簡單的儀式。他們會唱歌、跳舞、擁抱、淨化、紋身、塗松節油、跳傘、洗俄羅斯浴。在沒有邊界的世界，儀式可以創造邊界。在洪流席捲的時刻，儀式提供我們庇護之所。

在變形期間，儀式可以幫助我們重塑人生形態。

「關於這件事，我已經想了十年」

瑪格麗特．巴頓（Margaret Patton）出生於名望顯赫、擁有實質特權的家族。她的高祖父老喬治．巴頓（George S. Patton Sr.）在南北戰爭期間是南方邦聯的上校。她的祖父小喬治．巴頓（George S. Patton Jr.）是二次大戰的傳奇上將，曾帶頭進攻北非和西西里島，在諾曼地登陸後，領導美國陸軍第三軍團橫掃法國與德國領土。她父親喬治．巴頓四世（George S. Patton IV）是韓戰、越戰與冷戰時期的重要軍事將領。

「我一直以為我會嫁給軍人，生幾個小孩，到處旅行。」她說。

但是瑪格麗特從小性格叛逆。全家人搭乘頭等艙，她卻「拒絕坐在那，跑去一般人乘坐的機艙後方的座位。」她父母安排她與一位門當戶對的軍官在肯塔基賽馬會（Kentucky Derby）相親，她卻「逃到內場，和一般群眾坐在一起」。她還會因為抽大麻被學校退學。

「我就像過著雙面生活，」她說，「我一直不知道如何面對家族擁有的財富，從小到大我們一直謹記一句座右銘：『被付予很多的人，對他們的要求也很多。』[i]我們參與越戰的影響也揮之不去。可是每當我想要逃跑，就有人對我說：『你他媽的是巴頓後代。你的血脈不允許你逃避。』」

瑪格麗特十八歲那年，她在班寧頓學院（Bennington College）的大一室友，開始在康乃狄克州伯利恆市（Bethlehem）的雷吉娜勞德斯修道院（Abbey of Regina Laudis）接受本篤會修女們指導，學習天主教教理。瑪格麗特是聖公會教徒，但不是非常虔誠。某個週末，她跟著室友去了那間修道院，結果被修道院與世隔絕的環境、靈性與奉獻精神所吸引。

暑假時她又去了一次，這次待的時間更長。某天晚上，修道院創辦人杜絲院長（Benedict Duss）要求見她。杜絲院長向她解釋，隔天，也就是八月二十七日，修女們要舉行一項典禮，紀念位在法國茹阿爾（Jouarre）的總修道院在一九四四年擺脫納粹魔掌，重獲自由。院長解釋，正因為那件事讓她心懷感激，所以決定在康乃狄克州成立新的修道院，向美軍表達謝意。杜絲院長詢問瑪格麗特，是否願意在典禮中負責升起美國國旗。

瑪格麗特想到自己對美國軍方一直有著矛盾心理，便婉拒了邀請：「我覺得你找錯人了。」「我是真的找對了人，」院長告訴她，「你還不知道這件事，我們這家修道院之所以能成立，都要歸功於你的家族。是你的祖父帶領軍隊解放了我們的總修道院。沒有他，我們今天就不會在這裡。」

瑪格麗特聽了之後目瞪口呆。「我記得那天很震撼，」她說，「我被這家修道院吸引，卻沒想到我家族竟然參與了修道院的歷史。」

不僅如此，這裡正是她一生都在尋找的地方，在這裡她能獲得內在平靜與自我奉獻的機會。她詢問院長能否讓她加入修道院。

i 出自《聖經》的〈路加福音〉。

但是院長拒絕了她。他的理由是瑪格麗特太年輕、太天真、完全靜不下心，而且很容易動怒。院長說：「如果你沒有強烈的渴望，就表示你還沒有準備好。」瑪格麗特一直渴望累積豐富的人生閱歷，但是另一方面，她又對這間位在康乃狄克州叢林裡的神祕石造修道院念念不忘，接下來十年她一直努力兼顧這兩種需求。她四處旅行、約會、成立學校、談戀愛。但也時常回到修道院靜修、長住。

「我接受了需要的心理輔導，釐清了一些事。」瑪格麗特說，「後來有一次我去修道院，院長對我說：『你知道，你可能會失去它。』我永遠忘不了那一刻。那句話就像利刃一樣刺傷我。我告訴自己：好吧，我不想失去它。當我待在這裡，我能感受到某種相互性（mutuality）。有一個人就在那裡，我希望那個人能成為我人生的重心。」

「那個人是上帝嗎？」我問。

「那個人就是上帝。」

瑪格麗特告訴家人她決定加入修道院，這意謂著她必須徹底與家人分離：不能一起過節，只能保持最低限度的聯繫，從此她有了新的身分認同。她終於想通要如何超越那該死的血脈。她要將自己的人生交託給上帝。

她父母聽了之後非常震驚。她母親氣到拒絕參加她的入院典禮。但是她父親延續家族的軍人作風：把支持女兒視為己任。一九八二年除夕夜，這位將軍陪著女兒到五月花飯店（Mayflower Inn）附近的餐廳吃飯。「我們坐定之後，我爸說：『我要這餐廳最好的紅酒！我女兒要進修道院了。』我立即喊了一聲：『爸——』我走去沙拉吧時，餐廳經理攔住我，對我說：『你太年輕了，別去。』

我回說：『這件事我已經想了十年。那裡才是我的歸宿。』」

吃完飯後，巴頓將軍開車載瑪格麗特去修道院。她走進更衣室，穿上黑色束腰外衣、戴上白色頭巾。當她走出來時，她父親正在讀《聖經》。「他上下打量我，然後說：『這就是制服，嗯？』」

他們兩人一起走進聖殿，其他人留在外面。「修道院院長破例邀請我父親為我禱告祝福。當時有一位我不認識的修女正在接受退休警官指導，進行射擊練習，目的是為了防身。這位修女就是桃樂絲・哈特（Dolores Hart），她曾是演員，一出道就和貓王搭擋演出。她總愛製造驚喜，很想要為我爸做點什麼。所以禱告一結束，她就對空鳴槍。」

「你也知道，」瑪格麗特繼續說著，「軍人一聽聲音就知道那是槍聲。所以我爸立刻問說：『怎麼回事?!』」

修女們帶著瑪格麗特進入四周圍著高牆的封閉內院。「厚重的大門在我身後轟然關上。我爸大聲喊說：『瑪格麗特！祝你好運！』接著我大喊說：『謝謝爸！我很需要！』」

原本瑪格麗特擁有個人自由、世俗的愛，可以任意進行各種性嘗試，可是現在她的生活轉變成另一極端：她必須過著禁慾、對上帝虔誠、獨身的生活。修女的日常生活和以前的世俗生活完全不一樣。安定、順從與皈依是至高無上的價值。但是，要如何完成如此深刻的轉變？過去千年以來，本篤會修道院引領人們度過各種你所想像得到的深刻轉變，他們從中學到了什麼？

答案是：放慢腳步；深入反思自己；每當你進入旅程的另一個階段，就應當精心策劃一些儀式，以此作為紀念，同時明確宣告你已經達成全新狀態。

就以瑪格麗特為例，她又花了十年，才正式加入那個社群。第一步是探尋儀式（ritual of

searching），瑪格麗特和其他聖職志願者一樣，第一年認真研究自己的族譜，這樣才能確切了解家族歷史對於她的新角色產生哪些影響。第一年結束後，將會舉行著裝儀式（ritual of clothing）。每位聖職志願者都會收到一件黑色束腰外衣與頭巾，瑪格麗特把頭髮剪短，戴上白色面罩，然後宣告自己的名字。她選了瑪格麗特．喬治娜修女（Sister Margaret Georgina）這個稱呼，然後向她這一生努力想要超越的四代喬治．巴頓致敬。

接下來是語言儀式（ritual of language）。新入選的修女要學習拉丁文、禮拜儀式與唱歌，還有如何透過預言與禱告文表達自己。再來是獻身儀式（ritual of commitment），修女必須進行探索，了解自己具備哪些天賦、希望投入哪個領域事奉上帝，範圍從製作起司到作帳等等。後來瑪格麗特選擇植物，所以她開始研究農業，負責照顧花園與菜園。

最後一步是授任儀式（ritual of consecration）。「你對教堂說：『我屬於你。』教堂也會回覆同樣的話。接著你躺在地上，所有人一起頌唱聖徒連禱文。和結婚典禮很像，你會戴上花冠。我的花冠來自修道院土地的各個角落。」

但是他們為什麼要完成這些儀式？為什麼要花十年，長篇大論地說出這些大道理，舉行這些傳統典禮？

「因為人們需要，」瑪格麗特說，「這些典禮能夠幫助社群，了解我們正處於整個過程的哪個位置。它們能幫助我們用不同角度看待自己。你需要某種程度的穩定才能成長。這些儀式能提供我們需要的穩定。」

窗內的燈光

我採訪時會詢問受訪者，他們是否會在面臨轉變期時，做一些特別的事情紀念這一刻。至於怎樣才算是紀念，我並沒有明確界定。可以是任何類型的儀式、姿態、頌詞或是紀念活動。

七八％的人說有；二二％的人說沒有。

受訪者的答案非常有創意，也反映了在變動期間，大多數人幾乎是本能地需要透過這些儀式安慰自己，才不至於被混亂淹沒。我發現儀式可以分成四大類，依照普遍性排序如下：

- 個人（刺青、設立祭壇）
- 集體（開派對、舉行典禮）
- 改名（加上或刪除婚後姓氏、採用宗教名字）
- 淨化（節食、刮鬍）

為了簡化，我們就用儀式這個字泛指這些不同類型的活動。儀式是一種象徵性行動、姿態或典禮，能夠幫助我們在轉變期找到人生意義。

這些儀式為什麼受到歡迎？

最受歡迎的儀式

本質上，儀式是一種意義探索行動。儀式能夠幫助人們重新找回能動性、歸屬感與使命感，因為在人生轉變期間，我們會喪失這三種感受。作家暨女性主義學者克莉絲汀・唐寧（Christine Downing）在其回憶錄《更年期旅程》（*A Journey Through Menopause*）中，曾提到步入轉變期的焦慮感受。「我感覺孤單、一無所知，有些害怕，但又有些好奇與期待，」她寫道，「當我面臨重大人生轉折時，卻不知道歷史上有哪些神話或儀式，如何引導女性懷抱希望、有尊嚴地深刻體驗轉變期。」〔1〕

就和其他意義真空狀態一樣，我們如何回應這個時刻，其實反映了我們想要重新找回意義三大要素當中的哪一個：

能動性：我們會採取某些儀式，好相信自己能掌控部分人生。我們會開始改造自己的身體、點蠟燭、舉辦紀念活動。所以，就如同心理學家傑爾吉・戈登・雷諾克斯（Jeltje Gordon-Lennox）所說，儀式就像標點符號。有時候你需要的是句號，例如一場葬禮或歡送會。有時候是逗點，例如學術休假或是禁食。其他時候則是驚嘆號，例如一場婚禮或畢業典禮。〔2〕

歸屬感：我們會採取某些儀式強化自己與其他人的關係。我們會舉辦晚宴、參加降神會、加入朝聖之旅。唐寧寫道，儀式的目的是將個人與超個人（transpersonal）的體驗結合，提醒我們，長久以來有許多人跟我們一樣，經歷相同的痛苦掙扎，進而幫助我們在當下找到同好，陪伴我們繼續走下去。〔3〕

使命：我們會採取某些儀式，將個人的痛苦或愉悅，與超越個體的更高層次理念連結。我們會受洗、參加守靈、戴上面具、加入抗議活動、致告別詞。當我們感覺被自己的情緒淹沒，最好的解決方法就是遵循古老智慧，這些做法流傳了好幾個世代，已經證實能夠帶給人們安慰。換句話說，儀式能夠提醒我們，我們的祖先和神明知道我們將會遭遇這些轉變時刻，因此留下這些技巧，好幫助我們理解恐懼來自何處。

以下是我在採訪時聽到的儀式活動：

個人

- 美拉德．霍威爾辭去大藥廠工作，自己創辦「混合健身」健身房。他在右手中指上紋了呼吸和思考兩個單字，左手中指上則紋了成功與快樂兩個單字。「我知道，如果我手上有這些該死的刺青，就不可能回去藥廠上班。但是我真的受夠了。我告訴我朋友：『我要像麥克．泰森（Mike Tyson）一樣在臉上刺青。』」
- 奧斯卡．愛默特退出正統派猶太教之後做的第一件事，就是去吃起司堡慶祝，接著買了一條具有象徵意義的牛仔褲，並體驗了過去不被允許的初吻。
- 麗莎．瑞伊．羅森伯格經歷了殘酷的一年：丟了好萊塢製作人的工作，與母親大吵一架，歷經五十二次失敗的初次約會，後來她決定去體驗高空跳傘。「我有嚴重的懼高症，所以我在想，如果可以克服這種恐懼，就沒什麼好怕的。」一年後，她結了婚，生了一個小孩。
- 南西．戴維絲．科的父親離世後，她在家裡的壁爐台上布置了一個祭壇，擺上父親的照片、一瓶傑納西奶油艾爾啤酒、一顆高爾夫球、一個盛滿米飯的茶杯。茶杯旁放著葬禮上使用的祈禱卡。「我一直在等待我爸給我指示。但是我知道他會說：『噢，饒了我吧。』我們兩個都很實際，但是有一天我走去祭壇，看到米飯上有指印。我的小孩還太小，根本搆不著，我心想：是啊，他就是會這樣，很愛逗我玩。」

集體

- 佛烈德．施勒莫結婚三十年後與太太離婚，正式出櫃。這位來自肯塔基州的心理醫生前往新墨西哥州，參加美國原住民的汗屋儀式，一小群人在當地收集石頭和老鷹翅膀，然後在乳頭上方的乳房部位割出一個洞、插入一條細樹枝、延展肌膚，其他人則在一旁歡呼、吟唱。
- 娜歐蜜．克拉克在九一一攻擊事件發生後，決定從男性轉變為女性，她在曼哈頓一家新潮酒吧，為朋友們舉辦了一場「荷爾蒙派對」。
- 黛博拉．費雪曼準備離開信仰正統派猶太教的先生，某天晚上她把先生趕出門，舉辦了一場逾越節活動〔ii〕，主題是提升女權，她創作了一系列祈禱文和儀式，慶賀春天來臨、關注身心健康與重生。與傳統逾越節活動不同，黛博拉的重點不是紀念以色列逃離埃及、重獲自由，而是要慶祝女性擺脫男性束縛，獲得解放。從此之後，她每年都會舉辦相同的儀式。

改名

- 莎拉．平內奧（Sarah Pinneo）是華爾街少數從事衍生性金融商品的女性交易員，年收入高達數百萬美元，但後來她決定放棄高薪搬去新罕布夏州，轉換新跑道，自費出版情色言情小說。

為了避免被嘲笑，她取了筆名莎琳娜．鮑文（Sarina Bowen）。「感覺就像一場儀式，」她說，「等於有了新人格。這是我的另一面，但是我不希望其他人看到這一面。」

- 莎拉．希斯金德（Sarah Siskind）發表了一篇文章探討哈佛大學的種族關係，卻被自由派列為不受歡迎人物，這促使她加入福斯新聞（Fox News），但後來她改變態度，宣布放棄保守立場，立志成為喜劇作家。為了擺脫過去的人設，擁有部分自由空間，建立新的個人品牌，不再為過去遭受的網路羞辱所困擾，她決定加上新的中間名：羅絲（Rose），作為她的專業身分。
- 莎夏．柯恩一直想擺脫奧運花式滑冰選手的舞台人設長期帶給她的陰影，於是決定改回出生時的名字：亞歷珊卓（Alexandra），期望日後能擁有更「正常」的生活。
- 寇特妮．羅格曼斯（Courtney Rogmans）投入畢生心力，探索不同宗教（基督教、印度教、哈瑞奎師那〔Hare Krishna〕）〔iii〕，在各個地方成立另類社群，從加州到奧勒岡州都有，但後來她經歷了痛苦的離婚過程，因此轉向蘇菲派技巧，並將名字改為卡里賈．巴奇（Khaliqa Baqi），這源自阿拉伯文，意思是：「創造與建立自己的方式，表達神性。」

淨化

- 傑森．多伊格退出國家冰球聯盟後變得很懶散，體重更是直線上升，後來新女友鼓勵他遵守

ii 逾越節是猶太人的節日，紀念上帝讓以色列人恢復自由，不再受埃及人奴役。

iii 奎師那是源自於印度教的教派，哈瑞奎師那是一句唱誦禱文，意思是呼喚偉大的神奎師那，向奎師那致敬，讓奎師那賦予我們能量。

嚴格的素食原則，採行更健康的生活方式，於是他開始投入所謂的松節油淨化行動，服用規定劑量的印第安萬靈丹，這種藥物是利用松科精油製作而成，能夠幫助他戒糖，服用後會產生劇烈的戒斷症狀，大量冒汗。

- 艾倫．皮克寫了一封公開信，向朋友懺悔他在擔任喬治亞州國會議員期間，在亞特蘭大有過一段婚外情，後來他賣掉原本作為愛巢的公寓，承諾每天傍晚會從國會山莊開兩小時的車，回到喬治亞中部的家。
- 克里斯蒂安．皮喬里尼退出光頭黨之後，遇到第二個問題；他身上布滿了納粹紋身。要清除所有紋身非常困難，所以他決定用其他紋身掩蓋。「我的脖子背面有一隻老鷹握著納粹黨徽紋身。結果只有耶穌被釘十字架的圖案夠寬，能夠覆蓋原本的紋身。這個新紋身成了我重生的象徵。」

死神別驕傲

並不是所有紀念轉變的儀式都與身體行為有關；有些純粹是情緒層面。哀悼就是一種情緒反應。不論是基於什麼理由，許多人對於人生轉變的過程其實有許多誤解，其中最容易誤解的就是《享受吧！一個人的旅行》（*Eat, Pray, Love*）的作者伊莉莎白．吉兒伯特（Elizabeth Gilbert）說的「悲傷的幸福時光」（sweet time of grieving）。[4]採訪完成之後我發現，一般人常會誤判轉變發生的原因、解決方法、甚至是形式。

賴瑞・莫爾多（Larry Moldo）在自己的專業大頭照中戴著一頂黑色牛仔帽，他住在俄懷明州夏安市（Cheyenne），從這點來看，就能夠理解他為何會選擇這張照片；但是他在西奈山會堂擔任拉比，這是「牛仔州」歷史最悠久的猶太會堂，從這點來看又很難理解他為何要用這張大頭照。

賴瑞出生於明尼蘇達州，父親是鈑金工人。賴瑞喜歡閱讀，性格內向，很討厭戶外活動。「我相信上帝允許我們興建圍牆，好讓我們可以待在裡面。」他是數學天才，在家自學，他的二年級老師會要求他：「『幫我一個忙，別再學更多數學了，等到班上同學跟上再說。』六年後，同學終於跟上了，但那時候我開始研究歷史。」

賴瑞不善於與人相處，所以上大學時選擇住在家裡，後來他在伊利諾州皮奧里亞市（Peoria）的一間猶太教育機構找到工作，接著在奧馬哈市（Omaha）的猶太會堂擔任儀式主任。再後來他結了婚，在岳父的當鋪裡工作，成為合法的槍枝經銷商。

「是我岳父要我做的，」他說，「原來你可以賣你用不到的東西。雖然我不常戴首飾，但還是可以賣首飾。在這裡，連祖母都有手槍，因為每年有兩次他們會帶槍上街，然後對空鳴槍。這是他們慶祝跨年夜與七月四日國慶日的方法。」

賴瑞曾遭人持槍威脅，後來他決定辭去工作，成為一名拉比。「一位朋友對我說：『你已經擁有知識和經驗，但是一般人不會因為你擁有知識就僱用你。你需要有頭銜。』」

這段期間賴瑞和他太太積極備孕，卻一再失敗。後來她好不容易懷孕，卻胎死腹中，嬰兒在六個月大時停止生長。「那時候情緒非常複雜，」他說，「我太太娘家沒有任何人告訴我們，他們家族每個人懷第一胎的風險都很高，連續六代的頭胎都是胎死腹中，每次死因都是臍帶繞頸。」

賴瑞是很傳統的人，他發現自己工作的猶太會堂竟然沒有任何儀式或其他做法，協助經歷胎死腹中的家庭應付這種情況。他和太太甚至不能舉行葬禮，因為醫院拒絕歸還遺體。「我太太一直覺得很不滿。」他說。

所以賴瑞又開始自學。接下來十多年，他大量翻閱猶太文獻，包括妥拉（Torah）〔iv〕、《塔木德》（Talmud）〔v〕，研究流產、胎死腹中或其他新生兒死亡案例，「看完那些文獻得不到任何安慰。」他說。最後他自己寫了一篇關於此主題的拉比論文，〈懷孕失敗與新生兒死亡：猶太法學博士與領唱官的教牧關懷〉。

那麼他學到了什麼？

「悲傷是你的實際感受，」他說，「哀悼是你表現出來的行為。如果你找不到方法表達悲傷，它就會隱藏在你內心深處，讓你無能為力。每當有新生兒死亡，社區就會禁止辦葬禮，所以你的悲傷無處發洩。」

賴瑞憑藉自己的知識，和太太一起發展出他們的哀悼方法。他們為孩子取名，請求至親好友們承認這名嬰兒已經失去寶貴的生命。每年的嬰兒逝世紀念日，他們都會點燃一支蠟燭。後來他們領養了一名男孩，會跟他分享所有與這位未曾謀面的哥哥有關的故事。

「做研究時我發現了一件事：即使你沒有刻意紀念發生在你身上的事情，你的身體還是會為你做這件事。有時候你會覺得難過，你不知道為什麼，但是十五年前發生了某件事，你的身體每年會讓你記得它。哀悼的目的是讓你有機會公開宣洩這些感受，甚至與社群分享你的感受，因為如果你不這麼做，以後這些情緒就會吞噬你。」

一般人多半以為他們理解哀悼是什麼：大多數時候人們是為了死亡哀悼，他們會花很長時間，而且會分階段進行。但是這些老生常談不一定正確。以下我就逐一說明。

首先，哀悼不再只是為了死亡。人們可以為各種事情哀悼，從失去家庭到小孩離家上大學，從工作交給某個人，到天真地以為所有事情最終都會解決。我採訪時發現，悲傷是人們經歷轉變時第二常見的情緒反應，多數時候他們並不是因為失去某樣東西所以覺得難過，而是因為從未擁有某樣東西所以感到遺憾。人們之所以哀悼，是因為從未擁有某種快樂，從未實現某個夢想。就如同約翰・格林里夫・惠提爾（John Greenleaf Whittier）說的：「看過所有悲傷的言詞，不論是口頭或書寫，最悲傷的莫過於：『原本有可能是！』」〔5〕

第二點要釐清的是，哀悼其實不需要花太長時間。直到一世紀前，人們都以為哀悼會永遠持續下去。前總統詹姆斯・波爾克（James Polk）在一八四九年過世時，夫人莎拉・波爾克（Sarah Polk）才四十五歲，餘生四十多年她一直穿著黑色喪服。〔6〕現在，大家都能接受哀悼時間大幅縮短。在哥倫比亞大學專門研究悲傷情緒的喬治・博納諾發現，有六成的哀悼者在失去親友後一個月，再也沒有出現任何症狀。〔7〕有些人只花了幾天就克服了悲傷情緒。另一個極端是，也有高達十五％失去親友的人，在多年後依舊覺得悲傷。

最後一點，悲傷是非線性的。二十世紀有段時間，悲傷被過度簡化，人們會依照線性時間，依序完成不同任務、步驟和階段，就和其他許多心理學領域一樣。不僅如此，沒有按照既定順序

iv 指的是希伯來聖經中的五卷書：創世記、出埃及記、利未記、民數記和申命記。

v《塔木德》是猶太教的重要經典，記錄了猶太人信仰與生活的律法。

完成每個步驟的人，會被認為在自欺欺人，需要接受輔導與糾正。但是現在我們知道，每個人都有自己的路徑和時間表。博納諾寫道：「研究普遍認為，喪親之痛並非單一的情緒感受。」〔8〕

博納諾和一些人發現，如果失去親友的人採取具體行動，哀悼親友離世，就能快速克服悲傷情緒。哀悼的附帶好處是，不僅能幫助失去親友的人，還能幫助他們身邊的其他人走出悲傷。尤其當哀悼者加入了被認為積極正面、甚至是公開的體驗，例如大笑、分享故事、舉辦集會活動、設立紀念碑等等，就不再只是單純的哀悼，人們可藉此建立連結，進而重建自己的人生。所以在我的受訪者當中，有三分之二的人表示，在人生轉變期間，他們會以某種方式表達哀悼。

以下是我聽到的相對有效的哀悼技巧：

- 個人週年紀念日。達文．谷德溫在阿富汗經歷嚴重的腦部外傷一週年後，自行創造了一個特殊節日。「每年的八月三十一日，我什麼事也不做，也不去上班。我就坐著想事情，然後打電話給我朋友凱莉，問她過得怎麼樣，當年事發時她就坐在後座。每年的這一天，我總是會有點難過。」
- 家庭儀式。德韋恩．海斯（Dwayne Hayes）住在密西根州，曾是個非常大男人的丈夫，他太太兩度懷孕失敗，後來又因為胎盤早期剝離，雙胞胎女兒不幸胎死腹中，這使得他情緒崩潰。「我們為女孩們辦了很多儀式，」他說，「每年我們都會和後來出生的小孩一起慶祝她們的生日。我們一起做杯子蛋糕，到她們的墓園祭拜。冬天時我們會帶上花圈。」
- 深情送行。麗莎．霍夫曼因為極度害怕空巢期的生活，所以和朋友共同成立了臉書社團，為那些小孩剛邁入成年期的媽媽們提供協助。在孩子即將上大學前，她特地精心策劃，幫助孩子度過轉變期，適應大學生活。「我創造了很多儀式，包括如何安頓好他們的宿舍生活、一起去哪些餐廳吃飯、去逛哪些商店。我成立了一個特別的簡訊群組，讓我們之間的溝通儀式化。我稱為『數位餐桌』。後來我終於明白，我並不是因為他們離家，所以覺得難過，而是因為不能再像以前那樣了解他們，所以覺得傷心。我只是不希望他們變成陌生人。」

- 私下反思。海倫・金（Helen Kim）是一位韓裔美籍生物物理學教授，在阿拉巴馬州任教，不幸得了晚期胃癌，必須切除三分之二的胃，後來他的婚姻也宣告破裂，因為她再也無法全心全意為她先生付出，她先生也不願意照顧她。每次她與同事外出吃飯，內心的創傷就會再度掀開。「我經常因為拉肚子而必須躲進洗手間。我會坐在那裡想：為什麼我要變得不一樣？我小小哀悼了一下，然後回到餐桌，沒有人發現我有什麼變化。」
- 整體思考。賽斯・穆努金畢業於哈佛大學，二十多歲時大部分時間都在吸食海洛因，他說二十五年後，他還是會因為再也無法擁有某些體驗而感到難過。「我哀悼很多事情，像是聽演唱會、吸大麻，以前我很喜歡做這些事。我哀悼以前有機會體驗迷幻藥，我對這些藥物感到很好奇。我哀悼以前的我放蕩不羈、行事莽撞，比起現在開著速霸陸森林人（Subaru Forester）載動物去看獸醫、去看胃腸科醫生的我要浪漫多了。我哀悼所有這些事情，但是還是寧願成為現在的我，也不願意做以前的我。」

這些靴子有話要說

我發現了許多哀悼形式，其中有一些是我主動尋找的，有些則是意外的收穫。例如，人們紀念生活中某種情緒狀態結束時，採取的最後一種方法，就是我無意間得知的：他們會挑選某個能夠與他們過往人生連結的紀念物，讓它承載未經消化的情緒，然後帶著這個紀念物繼續生活。

達萬．威廉斯是初期受訪的對象，從小就沒有父親，在費城內城長大，二十二歲時因為持械搶劫鋃鐺入獄。當時達萬已經是好幾個小孩的父親，他參加了專門為入獄父親開設的課程，出獄後還成了該課程的工作人員。他告訴我，他把服刑時穿的靴子放在他家後門，每天出門時他最不想看到的，就是那雙靴子。「那雙靴子時時刻刻提醒我，這是你最不想要的結果，先生。你努力了那麼久，現在你可以去任何地方。」

訪談完達萬後不久，我採訪了艾瑞克．哈尼，他祖上七代都是喬治亞州北部、阿帕拉契亞山區鄉村的白人居民，後來他成為反恐精銳部隊三角洲部隊第一批成員。一九八〇年四月二十五日，他搭乘指揮機參與應爪行動（Operation Eagle Claw），營救在德黑蘭遭到狹持的美國人質，飛機原本要在伊朗中部的沙漠區降落，沒想到竟然遭遇惡劣的天氣現象：哈布沙暴（haboob），這是一種大規模的強烈沙塵暴，會遮蔽視線。遭遇襲擊的地區隨後陷入一片黑暗，一架美國「海上種馬」（Sea Stallion）直升機不幸撞上艾瑞克搭乘的指揮機〔vi〕，引發大爆炸。「我很害怕自己被燒死，」艾瑞克說，「但是後來螺旋槳撞上燃油箱，燃油直接沿著機身裂縫灌進機艙裡。」所有團隊成員緊急跳傘逃生，其他未受損的飛機緊急終止任務、撤離現場，艾瑞克是最後被拉上飛機的成員。

現在，在艾瑞克的寫作辦公室裡，還擺放著當晚他穿的那雙靴子。「我並不想重溫那段痛苦經歷，」他說，「我已經在這個新階段找到了意義。但我想要記住，那也是我現在的一部分。」

達文．谷德溫當年在阿富汗執行任務時，運輸車不幸輾過簡易爆炸裝置，他受傷時腳上穿的那雙靴子，現在就擺放在他臥室門口，上面還留著血跡。「每天我都會看到那雙靴子。我必須這麼做，目的是讓自己知道：『我做到了，』同時提醒自己要謙虛。」

三種不同的人生。一樣的物品。相同的故事。這是怎麼一回事？

訪談時，我會詢問受訪者是否有保留任何紀念物或是象徵性物品。八五％的受訪者表示他們需要保留紀念物；十五％的人表示沒有。

我們擁有的東西會形塑我們的身分認同，這並不是什麼新概念。兩代學者都觀察到，人們在塑造與保有「持續的自我」(ongoing self) 時，所有物（belonging）扮演了關鍵角色。在一九八〇年代初期，米哈里．契克森米哈伊（Mihaly Csikszentmihalyi）和尤金．羅奇伯格．霍頓（Eugene Rochberg-Halton）曾寫道：「物品會讓我們知道我們是誰。」〔9〕

但是我認為，這些物件還具有更迫切的意涵。那些沾染血跡的鞋子、褪色的照片、未穿戴過的首飾、臉部傷疤，除了具有象徵意義之外，也會成為啟動改變的動力。首先，這些物件承載了人們在動盪期間洶湧而出、難以控制的情緒反應。如果人們將心中紛亂的情緒，投射到特定物件上，就更能掌控自己的情緒、降低威脅。

vi「海上種馬」是軍民兩用運輸直升機，主要負責兩棲運輸任務。

更重要的是，我們可以透過物件，默默在心中緬懷過去。我觸摸這串項鍊，想起我媽媽。我看著那張照片，想起我在接到那通可怕的電話之前，內心有什麼感受。由此看來，紀念物最終會消失在我們的生活背景中，例如：被放置在櫥櫃後方或抽屜裡；但是另一方面，紀念物會準備好喚醒我們，引領我們的內心回到過去。換句話說，紀念物變成了原始經驗的替代品，雖然它在我們日常生活中的重要性逐步降低，但是會漸漸成為我們整體人生故事的一部分。

我聽到許多有意義的紀念物，其中有一些是可以看的物件：

- 艾美·墨菲（Amy Murphy）的手機裡一直存著一張照片，照片裡她開心地抱著剛出生兩星期的兒子，後來兒子被診斷罹患精神疾病，這疾病將主宰他未來十八年的人生。
- 簡·艾格伯特的妻子輕生後，他將過去幾年兩人共同生活的照片，集中儲存在數位相簿裡。「當時我很生氣，」他說，「但是我看到我們剛認識的時候，一起去中國、阿富汗、伊朗旅行時拍下的快樂照片，到後來她的精神狀況逐漸惡化、完全笑不出來，我們再也沒有拍下任何快樂的照片。以前我從沒有注意到這些變化，但是看著這些照片能夠提醒我。」

另外有些人保留了醫療創傷相關的物件作為紀念：

- 佩吉·佛萊契·斯塔克的女兒死於先天性疾病，她一直保留過去用來聆聽女兒卡蜜兒心跳的聽診器和一袋帳單。「每個物件都是當時的東西，讓我想起那段時光。我翻著帳單，回想起這次是我帶她去看心臟科醫生，這次是我帶她去醫院。」

- 亞當．佛斯在痛苦分手之後開始酗酒，後來住進波士頓某家精神病院，現在他的皮夾裡還留著當初住院時的血壓與脈搏紀錄單。「基本上量不到血壓，因為我的血液濃度太低，全是酒精，可見我喝了多少酒。我一直留著這張紙提醒自己：這就是你以前對自己做的事。你曾經那麼接近死亡。」

有些紀念物是衣物：

- 簡．莉里（Jen Leary）希望終身成為消防員。在費城消防局，與她同梯的一百名消防員當中只有她和另一個人是女性。她成立了一個組織，專門收容消防隊員從火災現場營救出來的寵物。但是某天，一隻比特鬥牛犬突然攻擊她女友，簡出手阻止，手腕被撕裂，在三十一歲那年被迫退休。在安全辦公室工作的一位朋友非常同情簡的遭遇，特地通融她違反規定，保留自己的安全帽，她一直把這頂帽子放在家中。
- 薇薇安．明（Vivienne Ming）中學時開始踢足球，當時他是生理男，讀大學中途輟學，住在自己的車裡，他曾試圖自殺、幾乎送命，後來重回校園，取得認知神經科學博士學位，並且變性。「我還保留當時失心瘋買下的燕尾服，我就穿著這件燕尾服，帶著我第一個女友參加畢業舞會。我和我太太結婚時已經開始注射荷爾蒙，也成功減肥，所以我決定婚禮當天穿那件燕尾服。穿上那件燕尾服，感覺就像在做角色扮演，不過除了我和她之外，沒人知道。」

還有些人保留的紀念物就在自己身上：

- 艾瑞克．強森（Eric Johnson）曾為布魯克林黑幫大老工作多年，從事非法賭博，目睹女友被殺害，不幸染上古柯鹼毒癮，後來成功戒毒，開了一家水電公司，還成為教會執事。他說他的紀念物是當時吸毒留下的印記。「就是我手臂上的針頭痕跡。我不會對自己的故事感到羞愧，正因為有了那段過去，我才能走到這裡，我會看著這些痕跡提醒自己，我不想再回到過去。」
- 達克．夏儂在一九六八年被派往越南時，刮掉了鬍鬚，但後來他的兩位弟兄不幸喪生，他又開始蓄鬍紀念他們。「後來每天刮鬍子的時候，我看著自己的鬍鬚，就會想到那些夥伴。已經五十年了，我一直留著鬍鬚。我有五個孫子，每個孫子到了十三歲那年，我就會對他們說這個故事，請他們以後說給自己的孫子聽，讓他們也能記得我那些朋友。」

所有典禮場合與物件，包括儀式、哀悼行為與紀念物，不僅能夠承載我們人生中情緒感受強烈的時刻，還能讓這些時刻變得具體。

尤其在我們正經歷轉變期的漫長告別階段時，這些場合和物件特別有效，它們能讓我們提醒自己，過去真的已經成為過去。它們能具體展現以及控制我們內心的不確定感與恐懼。它們就像是我們對自己、對其他人發表的一份聲明，正式宣告我們順利度過重大的人生轉變，已經準備好繼續探索未來。

原註

1 Christine Downing, *A Journey Through Menopause*, Spring Journal, p. 5.
2 Jeltje Gordon-Lennox, *Crafting Secular Ritual* (Jessica Kingsley Publishers), p. 30.
3 Downing, p. 7.
4 Elizabeth Gilbert, *Eat, Pray, Love* (Riverhead Books), p. 164.
5 出自約翰・格林里夫・惠提爾的詩作〈莫德・穆勒〉（Maud Muller）。
6 Amy Greenberg, *Lady First* (Knopf), p. 203ff.
7 Bonanno, *Sadness*, p. 60ff.
8 Bonanno, *Sadness*, p. 6.
9 Mihaly Csikszentmihalyi and Eugene Rochberg-Halton, *The Meaning of Things* (Cambridge), p. 91.

9

擺脫它
捨棄舊心態

SHED IT
Give Up Old Mind-Sets

「混亂的過渡階段」顧名思義，就是指我們人生中的這段期間充滿混亂。這時候你會迷失方向、意志消沉，有些人認為終於得到解放，有些人卻滿腔怒火。以前我們長期養成的習慣突然被打破；我們多年前建立的身分認同不復存在。我們原本以為可以訴說一輩子的個人故事，瞬間戛然而止。

現在該怎麼辦？

根據我的訪談內容，在人生轉變的關鍵時期，一般人通常會做兩件重要的事。他們不一定會依照順序去做，也不一定馬上去做，而且不一定是有意識地去做。但無論如何，他們就是會去做這些事情。

他們會擺脫某些東西：心態、常規、生存方式、幻想、夢想。

第二，他們會創造新東西：新態度、新才能、新技能、新天分、新的表達方法。

我們會在這一章探討第一點，在下一章討論第二點。現在，我們就先從同時涵蓋以上兩點的案例開始。

「就像屁股放屁一樣」

馬克．萊克曼出生於奧勒岡州波特蘭。「我爸媽是勇於突破的現代主義設計師、建築師和規畫師，我就是他們創造的科學怪人，」他說，「從小在充滿創意的家庭中成長，然後被指派去執行他們的命令。」馬克的父親是波特蘭都市設計局的創始人，母親是專門研究早期都市村落的學者，經常帶著她兒子遊歷世界各地，研究新石器時代的社區文化。

「我接觸到非常多好玩的東西，」馬克說，「在六〇年代，約翰．甘迺迪（John F. Kennedy）要求我們想想可以為國家做什麼。我直覺地想到，我們可以為國家做一件事。」

馬克上了中學之後，把熱情投注到創作巨型漫畫書，整本書有兩英尺長、三英尺寬，他將漫威超級英雄和反派角色改為太空人，他們為了西方擴張主義相互爭鬥。「我覺得我是在努力彌補青少年時期的焦慮。」

在空檔年（gap year），馬克四處翻修房屋，後來他進入奧勒岡大學主修建築，讀了五年，畢業後在當地的設計公司工作。

「幸運的是，就在我對職涯感到茫然時，正好發生了大量有毒廢棄物掩埋事件，」他說，「當時我的公司正在為美國銀行設計辦公大樓，地點就在波特蘭市中心的河岸邊，我們的承包廠商賄賂政府稽查員，要他們忽視掩埋在該地的儲槽含有高濃度的汙染物質。」

他接著說：「他們是用開玩笑的方式揭露整件事。每個人都笑了出來，就好像這件事沒什麼大不了的，我們並沒有違法。」

馬克的回應是讓它變成大事，至少對他來說是如此。「我很有技巧的辭掉工作，」他說，「我把我的六位主管全部請到會議室，語重心長地告訴他們，當初我們進入設計業時，懷抱著共同的理想，但現在卻背棄了那些理想。總之我跟他們說，我要離開公司，但是我還是相信你們。幾年後其中一位主管告訴我，那天我說的話促使公司做了一些改變。我很高興聽到他這麼說。」

馬克接著做了許多經歷人生地震的人都會做的事：他開始漫無目的遊蕩、閒晃，迷失了方向。「我開始四處旅行。一開始沒什麼目的，我只知道我必須出去走走，到處看看。我去了歐洲，在地中海旅行，然後往南去北非。我開始詢問其他人：『我出了什麼問題？我的社群出了什麼問題？』人們回答說：『你知道，美國人其實一點也不有趣。你們很喜歡長篇大論，討論東西的成本是多少，你們不太會去聽別人說什麼。』」

不過那些人還是邀請他到處轉轉。接下來七年，馬克在各地旅遊。他抵達某個地方，認識一些新朋友，他們提供他一些工作機會，他在那裡生活一段時間，然後前往下一個地方。在這段期間，他剝離一層又一層的身分，逐步褪去偽裝、褪去醜陋的美國人性格、也褪去話太多的毛病。他感覺自己完全赤裸，毫無防備。「有一度我想走去六個街區外的橋樑，直接跳下去。」

但是，他慢慢地努力發掘自己的核心信仰。他開始擺脫對金錢的依戀。「我必須讓生活變得簡單，不再追求舒適，不再想著成為消費者。」他不再執著於發展自己的生涯。「我必須重新調整，想想可以如何運用另類資本，別再去想預算和成就的問題。」他開始降低對於文明舒適圈的依賴。「我終於明白，為了體驗不同的人類生活模式，我必須去拜訪不曾受到殖民主義影響、仍保留前工業生活模式的民族。」

馬克真的這麼做了。他深入墨西哥東南部偏遠地帶的叢林區，接受當地拉坎冬馬雅（Lacandon Maya）族人的邀請，與他們共同生活，這是目前全球少數仍與世隔絕的部落之一，他們居住在鄰近瓜地馬拉邊境的薩帕塔民族解放軍（Zapatista）〔i〕交戰區。「感覺就像在努力尋找伊甸園。」

馬克花了幾個月取得馬雅人信任，某天他經歷了一段特殊體驗，他相信，只有在他徹底淨化之後，才有可能發生那件事。「我從沒有跟別人提起過這一刻，但是真的很神聖，」他說，「當時我和一位年輕人坐在馬雅聖殿邊。整個社區正在舉行集會。每個人穿著相同服飾。除了蓄鬍之外，幾乎看不出有男女差異。這個年輕人名叫馬力歐（Mario），過去幾個月一直擔任我的嚮導。」

兩人雙腿交叉坐著，有隻蝴蝶停在馬力歐肩上。「就在那時候，他手一揮，蝴蝶立刻離開他的肩膀，飛到他手的上方。這隻蝴蝶就在他張開的手掌上方繞圈飛舞，不肯停在手掌上。馬力歐向前蹲下，伸出另一隻手掌，蝴蝶就在那隻手的手腕上方盤旋，就這樣來來回回，像是在跳舞一樣，我想大概有六次吧。」

「然後，該怎麼形容呢？」馬克繼續說，「那隻蝴蝶停在他的右手食指上。馬力歐身體向前傾，似乎想把蝴蝶交給我，他對我說：『伸出你的手指。』我伸出手指，看得出來那隻蝴蝶完全不想移動到我的手指上。所以馬力歐傾身向前，像是急著強迫蝴蝶做什麼。後來蝴蝶終於從他的手指飛到我的手指上。你知道，我對於史蒂芬．史匹柏效應（Steven Spielberg effect）、太空外星人、行星爆炸這些話題實在不感興趣，但是就在那一刻，我看到一隻蝴蝶和人類巧妙地共舞，我感覺我的體內住著一個十歲的男孩，依然充滿活力，我意識到，原來人生比我想像的還要多采多姿。」

他接著說：「我記得，當時我感覺體內某個東西正在消失，就像屁股放屁一樣，或是類似的感覺，我很肯定，我一定要重新找回小時候第一次覺得要為這世界做點事的心情。」

馬克回到波特蘭之後，一直想著：那天他親身經歷的那種社區聚會，早已不存在於現代的人類社會之中。我們已經習慣了工業化矩陣式街道，總是緊鎖大門，將人際接觸降到最低。因此，他決定成立名為「城市修復工程」(City Repair Project)的游擊式設計社群。第一個計畫是興建移動茶館，有門與窗戶，還有向外延伸的大型遮篷，外觀就像蝴蝶翅膀。有一組團隊會在星期一傍晚，在繁忙的住宅區路口架設茶館，邀請附近居民帶著甜點來喝茶，聆聽美妙的音樂。

「這個茶館結合了馬雅傳統聚會場所，以及英國牛津常見的下午茶店風格，」他說，「我們一直討論應該重新改造十字路口。但是我的老天，這城市有兩萬兩千個路口。」

居民很喜歡這個概念；過沒多久，其他地區的居民也開始邀請團隊，在他們社區的路口架設移動茶館。但是當地政府單位有些猶豫。馬克回想起小時候父親給他講的睡前故事，內容是關於如何對抗腐敗的地方官員。面對居民的強烈抗議，市長和市議會終於通過法案，讓居民集會合法化。馬克開始積極推廣他的運動。接下來二十五年，他的組織逐步成長，陸續在世界各地舉辦「社區營造」活動，包括穀倉籌建聚會、粉刷美化十字路口。

他說，這一切源自於他與那隻蝴蝶相遇的那一刻。「我的意思是，當你沒了工作，你可以坐在那裡哀聲嘆氣，或是把它當成自我改造的機會。我踏入了那個世界的庇護之地，覺得很安全、神聖，我開始產生強烈渴望，想要改變自己。我不想故意搞神祕，但是我相信，有一隻蝴蝶或是

i 這是由馬雅民族組成的游擊組織，長期控制墨西哥南部部分區域，最初成立的目的是反對資本主義私有制、捍衛原住民權益、爭取原本屬於原住民的領地和天然資源。

類似的東西在我體內棲息。我回歸到原始狀態、變得脆弱，然後開始羽化，最後重獲新生。」

失落的技能：迷失

當我們處於「之間」的狀態，就是進入混亂的過渡期。這是一段複雜的轉化過程，你拋開舊方法，並試驗新方法；既要擺脫過去，又要開始定義未來。用蝴蝶的語言來說，這就是成繭；用英雄的語言來說，就是迷失。

在我們深入探討人們如何面對迷失、甚至偶爾從中獲益之前，不妨先停下來提醒自己：迷失是必經過程。自故事誕生之初，一直都是如此。

絕大多數主流宗教都提到：重大的人類文明突破，都會經歷斷裂與迷失期。印度教稱此階段為**森林棲身**（forest dwelling）；亞伯拉罕諸教[ii]稱之為**沙漠棲身**（desert dwelling）。[1]亞伯拉罕走向未知之地；摩西帶領以色列人進入荒野；以色列人被迫流亡到巴比倫；約拿被鯨魚吞下；耶穌走進沙漠中；保羅在前往大馬士革途中決定改信基督教；穆罕默德躲進山頂。

遠古神話也有類似的比喻。伊底帕斯（Oedipus）前往未知之地，赫丘利（Hercules）、傑森（Jason）、柏修斯（Perseus）、阿基里斯（Achilles）和奧德修斯（Odysseus）都有過類似經驗。後來的聖本篤、安東尼、佛陀、馬基維利（Machiavelli）和但丁也曾面臨相同處境。經典童話故事也出現相似的主題，例如：小紅帽突然就闖進了危險世界；傑克和吉爾、白雪公主、睡美人、傑克與豌豆也是一樣。約瑟夫．坎伯（Joseph Campbell）將這段過程稱為**跨越門檻**（crossing the threshold），意思是英雄離開平

凡世界，踏上冒險之旅。〔2〕

正因為這個特點，所以迷失的過程比你以為的還要驚險。瑪格麗特・愛特伍（Margaret Atwood）的說法或許更能掌握迷失的精髓，她觀察到，「當你身處於故事之中，它不再是一則故事，只剩下一團混亂；漆黑中傳來呼嘯聲，伸手不見五指，只有破碎的玻璃與斷裂的木頭殘骸；就像被捲入狂風的房屋，被冰山撞毀或是被急流沖毀的船隻，船上所有人都無力阻止。」〔3〕

迷失就是這種感受！

對於正處於迷失階段的人而言，這句話似乎沒有什麼安慰作用，你確實應該要有這種感受。就如同安德烈・紀德（André Gide）所說的，「一個人必須接受，得有很長一段時間看不到海岸，才有可能發現新大陸。」〔4〕和受訪者聊過之後，我意外發現：很多人認可、甚至樂於接受這種極端痛苦的感受。如果以成癮作為比喻，就是觸底（hitting bottom）。觸底的意思就是你已經無路可走，只能往上爬。J・K・羅琳（J. K. Rowling）曾經描述了自己的迷失時刻，大學畢業七年後，她成了失婚、失業的單親媽媽，「雖然不至於流落街頭，但是在現代的英國，已經算是最貧窮的水準」，而且「依照正常標準，我就是徹頭徹尾的失敗者」。但是，人生的谷底反而「變成了最穩固的基礎，讓我能夠重建自己的人生。」〔5〕

布魯諾・貝特爾海姆（Bruno Bettelheim）曾出版一本知名著作《童話的魅力》（*The Uses of Enchantment*），探討童話的隱藏價值。或許現在正是時候進行反向操作，把書名改為《童話的幻滅》（*The Uses of*

ii 包括基督教、伊斯蘭教和猶太教在內，承認亞伯拉罕為其宗教一部分的宗教信仰。

Disenchantment）。有非常多宗教證據支持這一點。例如史上極出名的讚美詩歌〈奇異恩典〉（Amazing Grace）裡有句歌詞如下：「我曾經迷失過，如今已被找回。」此外，還有許多心理學證據可提供證明：數十年來研究人員發現，曾經歷過身分認同危機、後來成功化解危機的人，不論是在生涯成就、親密關係或適應力等方面，都表現得比較出色。〔6〕

不過，最好的證據或許存在於童話故事中。野狼總是能激發出英雄最好的那一面。如果沒有野狼，整個故事內容就只剩下在森林中漫步。

以下我分享幾個案例，說明其他人如何在面臨轉變時，全心接受意義真空的狀態：

- 吉娜・比安奇妮表示，她依舊清楚記得，被迫辭去矽谷公司的執行長職務後，自己做了哪些事情：「那天晚上，還有之後好幾個星期，我就只是喝紅酒、吃薯條。事實上對我來說，薯條比紅酒重要。我真的只想吃薯條，特別是和朋友一起。」
- 安娜・克里什塔爾發現，從以色列搬回家照顧生病的母親後，她不得不承認自己失去了方向，感到茫然。「那時候我瘋狂追劇，穿著瑜伽褲躺在床上，伸出雙腿，把筆電放在肚子上，腦袋放空，追著一集又一集的《公園與遊憩》（*Parks and Recreation*），後來我終於受不了了。我記得那時候我心想，這太荒謬了，如果有個穴居人現在踏進這裡，他一定覺得這個人甚至不是人類。我想著，我他媽的待在這，我可以繼續花三個月期待改變，或是主動做出改變。」
- 鮑伯・霍爾在五十多歲時搬回內布拉斯加的老家，當時他已經結束《蝙蝠俠》漫畫創作專案、婚姻破裂，後來又得知自己是被領養的。這些事像連續遭逢三次車禍，讓他失去了方向。「我沒有故事可說，」他說，「我感覺自己好像不存在。就好像鐵達尼號突然轉向。一切都必須重置，但是我不知道要朝哪個方向重新啟動。」

- 布萊德．克洛迪（Brad Corrodi）錯失機會，無緣成為博思艾倫（Booz Allen）合夥人，後來他在一家新創公司找到相當有發展潛力的工作，但是結果同樣令他大失所望，他因此情緒崩潰。他稱這段經驗就好比待在安靜的房間。「所謂安靜的房間，意思是你坐在空蕩蕩的臥室裡，沒人打電話給你，你不斷猜想，我能不能重新鼓起勇氣、堅定信念、找回熱情，重新打開潛在投資人試算表，拿起電話，試著打四通電話，和秘書聊天，聽他們瞎掰毫無說服力的相同藉口，告訴你為什麼不能和某個人通話、或是為什麼上星期沒有回電給你。每當你陷入這種處境，房間就會再度變得安靜，你無法相信你可以撐下去。」
- 黛比．科帕肯在四年內連續遭受個人、專業與健康危機打擊，她認為唯一有效的回應方式就是主動化解危機。「我稱這幾年為混亂年。這幾年我的生活充滿了各種騷亂、變動，我認為這是我人生中最痛苦的時候。噢，我的老天，我能活到明天嗎？不過，這也是我人生最美好的時光。我想我們都非常害怕人生缺乏結構、缺乏關注、缺乏愛、缺乏我們理解的一切。我並不是說我從沒經歷過黑暗時刻。我的意思是，每當陷入黑暗時刻，我可以對自己說，現在我正陷入黑暗時刻。我度過黑暗時刻的方法是，暫時不去處理我的感受，過了一段時間之後，我自然會走出黑暗，恢復正常。」

穿越樹林的三種路徑

以上故事都有一個共通特點，就是人們在描述混亂的過渡階段時，都會使用黑暗期、混亂年、徘徊遊蕩、四處游走等字彙，會覺得漫無目的、看不清未來、漂泊、流浪。我們開始逃離正常的生活邊界，變成了難民，再也無法參與身邊其他人的例行活動。

我們該如何回應？我們必須劃定自己的邊界，建立自己的常規。我們要設想新方法，讓這段混亂失序的時期變得更有結構。

之前我並沒有特別研究，在人生轉變期應當如何安排時間，直到後來我遇見了艾達．貝內迪托（Ida Benedetto）。艾達在紐約哈德遜河谷長大，從小父母對他採取放任的教養方式。「每當我回想小時候，就會想到那時候我會四處晃蕩、探險，而且經常自己一個人，我覺得很開心。」

長大後她也進入了天主教女校就讀，所以清楚知道罪惡的界線在哪。「雖然我很喜歡四處探索，但是我不會讓自己置身在某些危險之中。我從不碰毒品，也不隨便跟人上床。」

艾達一邊上大學、一邊旅行，後來有位朋友建議她學習遊戲設計。「我上了一堂課，當下就覺得，天啊，如果我沒來上課，我的人生會變成什麼樣子？」

艾達畢業後，和男朋友在紐約市發起「擅闖探險」（trespass adventure）活動，包括在停止運作的糖廠舉行攝影遊獵，在廢棄的觀景台開音樂會，在水塔設立地下酒吧。後來，這對情侶來到波科諾山（Poconos）的旅遊勝地，舉辦了一場最令他們難忘的活動。「我們到了之後才發現，這地方已經荒廢，」她說，「我們就自己走進去。裡面有一間小木屋、一座婚禮鈴鐺形狀的游泳池，還有似乎是以前來這裡度蜜月的情侶幽靈。」

他們邀請賓客參加一場祕密探險之旅。「我們沒有告訴他們會去哪裡，也沒有告訴他們，到了那裡之後要做什麼。結果有超過一半的情侶發生性關係。」

公司業績蒸蒸日上，佣金源源不絕湧進，艾達和她男友意識到他們創造了不可思議的成就。但是支撐兩人事業的戀愛關係卻開始陷入緊張。艾達的男友喜歡捻花惹草，艾達變得緊迫盯人、疑神疑鬼，過沒多久兩人的合作關係破裂。「我猜想，這段關係雖然充滿爭吵、醜陋，卻得到非常了不起、有創意的成果。」

艾達備受打擊，但是她的回應方式卻很有啟發性。她回到自己最熟悉的遊戲設計領域，重新回想自己以前會如何精心設計遊戲關卡，然後運用這些原則重建自己的人生。具體來說，艾達開始參加性派對，或是單身者、情侶、同性戀、異性戀或雙性戀經常參與的集體聚會。她開始服用死藤水（ayahuasca），這是用亞馬遜藤蔓製成的迷幻藥，參加者會在可控情況下喝下一定劑量的死藤水。另外，艾達還加入了荒野探險活動。

後來艾達完成了碩士論文：〈轉變模式：在二十一世紀如何設計性、死亡、與生存〉，深入探討這些帶有死亡意味的活動。隨後她的興趣轉變，開始為企業設計團體活動。她得到的啟發是：「當你的人生崩塌，你需要定錨。當你邁入轉變期，如果能精心設計一些體驗活動，會更容易度過這段時期。」

我採訪完艾達與另一些遊戲玩家後，得到了一個寶貴教訓：在遭遇人生轉變時，我們需要結構，也就是遊戲玩家所說的精心設計的體驗（designed experience）。遊戲主要包含三種類型：第一種是沙盒（sandbox）遊戲。這些遊戲有嚴格的界限，界限內則極端自由。例子包括：《當個創世神》（*Minecraft*）、《開心農場》（*Farmville*），或是更有探險性質的《要塞英雄》（*Fortnite*）。第二種是探索（quest）遊戲。這些遊戲的目標是達成特定目的，然後獲得一定的報酬。例如：《寶可夢》（*Pokemon*）、《魔獸世界》（*World of Warcraft*）與尋寶遊戲。第三種是循環（cycle）遊戲。這些遊戲具有一系列迴路，目標是每一次的成績要比上一次好，例如：《瑪利歐兄弟》（*Mario Bros.*）、《糖果傳奇》（*Candy Crush*）與《小精靈》（*Pac-Man*）。

當我們面對不同的遊戲類別，會採取不同的方式執行例行任務、應對風險或是尋求肯定，這激發了我的靈感。如果要討論一般人在動盪時期如何建構自己的人生，其實很適合用這三種遊戲作為類比。所以我向受訪者多問了一個問題：「在轉變期，你如何安排自己的時間？」

分析後的結果也呈現類似模式。有些人選擇比較冒險的做法，也就是接近沙盒遊戲類型：他們會隨意和別人上床，嘗試吸毒，改造外表，重新裝扮自己。有些人則會採取逐步探索的線性路徑：他們會加入十二步驟方案，參與朝聖，報名上課，開一家含早餐的民宿。另外有些人會採取循環模式：他們會加入宗教服務活動、練習冥想、投入園藝工作、寫日記。

我們分析了所有受訪者的回答，除了兩個人之外，幾乎都符合上述三種類型的其中一種。最受歡迎的是循環模式，這點反映出多數人喜歡規律。排名第二的是沙盒，有不少人的確會在這時候逼迫自己挑戰極限。探索類型排名第三。還有些人確實提到他們會混合運用兩種不同類型。

以下分享一些案例，說明人們如何在最混亂失序的時期，重新建構自己的人生：

循環

- 艾瑞克・強森開始每個星期天上教堂。
- 海倫・庫爾科（Helen Churko）每月參與一次寫作團體活動。
- 夏薇・維斯伯格開始接受治療。
- 約翰・史密薩每星期有三天義務為退伍軍人提供協助。
- 梅蘭妮・克勞斯種植葡萄樹。
- 瑪格麗特・克雷恩（Margaret Klein）遵循猶太教年曆的人生循環事件。

探索

- 芭芭拉・普雷斯蒂賈科莫（Barbara Prestigiacomo）曾是調香師，後來進入病蟲害防治學校進修。
- 鮑伯・霍爾出發尋找自己的生父母。
- 艾德・科南特（Ed Conant）和第三任妻子結伴進行跨州公路旅行，尋找退休後的住家。
- 麥可・安傑洛（Michael Angelo）跨越大半個美國，試圖挽救瀕臨破裂的婚姻。
- 萊澳・伊頓重新造訪他與太太一起生活過的所有地方，最後他來到他們稱之為家的希臘島嶼，把太太的骨灰灑在花園裡。
- 布雷特・帕克（Bret Parker）被診斷出帕金森氏症之後，開始規劃七天內在七大洲、參加七場馬拉松比賽。他辦到了。

沙盒

- 馬特．維揚特辭去工作，帶著太太與新生兒，搬到哥斯大黎加的海灘小屋。
- 達克．夏儂曾接觸過毒品。
- 瑟琳娜．史蒂爾在與先生結婚之前，只有和她先生約會過，她先生自殺後，有段時間她開始嘗試與其他男人約會，「探索自己的性慾」。
- 傑森．多伊格從全國冰球聯盟退役之後，投入房地產與股票投資，並且推動碳抵換。〔iii〕
- 安．伊米格放棄表演事業、經歷流產之後，進行十多次不同領域企業的資訊式訪談，每次大約二十分鐘。她的開場白如下：「我還沒想清楚自己要做什麼。我想知道你們為什麼這麼熱愛自己的工作。」
- 莎拉．霍爾布魯克開始和各種人約會。「我先生背叛了我，當時我正懷著他的孩子。我剛離婚，臉上的嬰兒肥立刻消失不見。我的乳房腫脹，因為我正在餵母乳。我不是滿臉皺紋的四十歲老女人，也不是肌膚下垂的五十歲老女人。我的人生還很長。我不是在找未來的丈夫，我要找的是當下可以陪伴我的男人（Mr. Meantime）。我明確告訴每一個人：『我不想正式交往。如果你想，就不要浪費時間在我身上。』你知道嗎，其實沒那麼難找！我這麼做確實有些瘋狂、有些任性，但是當時的我正好需要。」

莎拉最終再度陷入熱戀，她的婚姻相當幸福，維持了二十年，又生了兩個孩子。她的故事提醒我們：許多人之所以選擇循環、探索或沙盒模式，原因是這符合他們原本的生活步調。但是，也有不少人選擇某種模式或許只是暫時的權宜之計，只因為這個模式能賦予他們當下需要的結構，甚至讓他們在恢復正常生活之前，有機會嘗試不同的人生形態。

擺脫

承認自己迷失了、重新找到方法安排自己的時間，這一點和其他步驟一樣重要，唯有如此你才能堅持下去，度過混亂的過渡階段。不過，當你進入這個關鍵時期，還有一件真正重要的事情要做：你必須捨棄舊方法。該怎麼做？

你可以學習動物的做法。

許多動物都會經歷蛻皮的生物過程，牠們會定期褪去角、毛髮、皮膚、毛皮、羽毛、羊毛，甚至性腺。蛇會蛻皮，鳥會褪去羽毛，螃蟹會褪去外殼，蚱蜢會蛻掉外骨骼。牠們之所以要經歷這段過程是因為在成長，牠們會經歷體型、形狀、季節或成熟度的變化。牠們必須先褪去老舊的殘餘物，才能達成新狀態。

當人們進入人生轉變期，也會經歷類似過程。我們會褪去陳舊的心態、信念、常規與夢想。心理學家發現，我們日常表現出的行為，有一半並不是主動選擇的，而是習慣使然。[7]你知道嗎？我們也會褪去這些行為。不過，這過程不見得容易。改變習慣「不是直接把它拋出窗外，」馬克・

iii 指透過減碳計畫來抵銷碳排，最終達到零碳目標。

吐溫(Mark Twain)寫道,「你必須一步步哄著它下樓。」〔8〕不過我採訪後卻發現,情況不一定如此,人們通常會擁抱改變的機會。

過去的人相信只會發生「中年危機」,現代人則認為,人生任何時期都有可能發生危機,兩者的重大差異在於:現在的人認為,我們在轉變期間會有所成長。傳統觀點以為,面臨死亡的人通常不太願意受到限制。喔,好吧,我想我不會成為洋基守中外野,也當不了副總統,或是退休後到私人島嶼上生活。不過,我想我可能會背叛配偶或是買一台跑車。

現在那種想法已經改變。人們想擺脫的特質大多是他們不欣賞的,例如:討好別人、暴飲暴食或飲酒過量。當然,人們想要擺脫的,有部分可能是值得珍藏的快樂體驗,例如穿比基尼、騎摩托車、或是加入臨時舉辦的足球賽。但是,也有很多是我們樂於擺脫的惡習、罪惡與虛榮。

歸根究柢,我們必須放棄某些讓我們痛苦或開心的身分,這是重要前提,唯有如此,我們才能騰出空間擁抱新身分,從而產生滿足感。

在人生轉變過程中,最大的難題就是必須捨棄部分個性。

卡蘿.貝茲當選查塔努加市議員之後,就必須拋開自信不足的感受。克里斯蒂安.皮喬里尼退出新納粹團體後,不得不放棄對權力的迷戀。黛博拉.費雪曼離開正統派猶太教之後,就不再順從男性權威。麥可.米契爾當了四十年的醫生,退休後他意識到,不需要老是想著一定要做一件有建設性的事情。艾倫.謝佛從明尼亞波里斯搬回達科他州北部,有位同事提醒她,上班時不能露太多乳溝,從此之後她再也不能穿著性感服裝。凱倫.彼得森.馬青加細心照顧受傷的丈夫恢復健康,隔年她就下定決心,再也不要花心思取悅身邊的人。「我已經沒有多餘時間。我的人生對我來說太寶貴了，我要把我神聖的私人空間全部留給自己。」

下一個重大阻礙是放下情緒。

瑪麗—丹尼斯．羅伯茲（Mary-Denise Roberts）小時候曾被性虐待，受到嚴重精神創傷，一直很難擺脫內心的恐懼，害怕約會對象隨時可能動手毆打她。艾瑞克．哈尼自軍隊退役、退出準軍事化保全事業，成為全職作家後，開始有意識地改變自己，不再堅持遵守紀律、建立秩序、掌控一切。蒂芬妮．格萊姆斯在太太戴德轉變為男性後，必須放下對太太身體的迷戀。瑞塔．帕拉姆樂於當祖母，但是當她被迫撫養孫女後，便不再一味地寵溺她們，反而嚴格要求她們遵守紀律。

另外有許多人提到，他們放棄了某些生活習慣。

可可．帕皮從布魯克林搬回到薩凡納老家之後，就得放棄四處散步的習慣。安柏．亞歷山大的兒子被診斷出腦瘤後，她不得不捨棄與丈夫的晚間約會。曾有幾年時間，安．拉默為了照顧兩個罹患嚴重癌症的小孩，不得不犧牲與朋友聚會的時間。利．溫芝終於下定決心減重六十磅，從此之後她不得不放棄一回到家就開冰箱的習慣。我還聽過一個非常不可思議的案例。蘭狄．萊莉完成肝臟移植之後，發覺完全不認識自己的身體，因為她突然愛上了酪梨醬，但是以前她根本不喜歡；她甚至喜歡吃義式細麵條，以前她從來不吃這種麵；她的陰毛變成金黃色，但以前是深色的。「我知道我說得太詳細了，」她說，「但是我花了一些時間，才開始習慣說出這些事情。」

有些人表示他們必須放棄特定信仰。

萊斯特．強森改信伊斯蘭教後，再也不能慶祝聖誕節、不能吃火腿。珍妮．韋恩成為教會主任牧師之後，必須從追隨者轉變為領導者。凱特．霍格幸運地從龍捲風災害中生還之後，再也不認為神會解決所有問題，她認為神一直都存在，但最終還是要靠人類自己動手解決。珍妮兒．漢契特成功戒癮後，再也不能像以前那樣「每次面臨某種情境，就一直想著自己可以得到什麼，我應該要去想，自己可以為其他人做些什麼。」約翰．奧斯丁在執法單位服務了二十五年，離開之後他必須習慣再也不能持槍，要和普通公民遵守相同的規則。「等等，現在我坐飛機要排隊？現在我看到那個交通號誌就要停車？現在我必須說服其他人聽我說話？以前都是我命令別人。」

最後，有不少人表示他們被迫放棄某些金錢觀。

傑佛瑞．斯巴爾退出家族的紡織事業、成立心理健康非營利組織之後，就必須放棄固定領薪的需求。吉娜．札克為了離開組織、創辦自己的事業，放棄了某個幼稚的需求：向她母親證明她是成功的。薇薇安．明被史丹福大學解僱、從男性轉變為女性之後，必須放棄原本的地位（與收入）。梅蘭妮．克勞斯和她先生投入所有積蓄，在波夕興建自己的釀酒廠，從此之後再也不能去她最愛的中國餐廳吃飯、看電影、或是從事其他夜間活動。「每次說出這句話，我都覺得很煩、很有壓力：『好，現在是星期五晚上，我們應該做什麼？嗯，我們現在一毛錢也沒有，是不是應該待在家做愛？』我不確定你會不會想要寫下來，不過情況真的就是這樣！」

就和轉變期其他階段一樣，「擺脫」行為是調整個人故事不可或缺的步驟。這是一個敘事事件。你必須闔上人生故事的某些篇章，才能開啟新篇章。下個新篇章將會是你創造力大爆發的時期，這絕對是非常令人興奮的一件事。

原註

1 Bridges, *Transitions*, p. 43.
2 Campbell, *Hero*, p. 64.
3 Margaret Atwood, *Alias Grace* (Anchor), p. 298.
4 André Gide, *The Counterfeiters* (Vintage), p. 353.
5 J. K. Rowling, *Very Good Lives* (Little, Brown), p. 33.
6 Erikson, *Identity*, p. 228.
7 Charles Duhigg, *The Power of Habit*, Random House, 2012, p. xvi.
8 Mark Twain, *Pudd'nhead Wilson's Calendar* (Dover), p. 26.

10

創造它
嘗試新事物

CREATE IT
Try New Things

許多轉變的過程艱苦而漫長。你要接受不確定的情境、透過儀式改變現狀、擺脫以往的衝動。但是就在某個時刻，發生了意想不到的事：整個過程開始變得有新意、有想像力、甚至帶給你快樂。你開始嘗試轉往新方向，重拾遺忘已久的興趣，重新回顧自己的故事。

你嘗試某件事、任何事，而就在幾天前，這一切還看似不可能發生。

採訪後我發現，很多人都提到，在這個沉悶時刻，也就是人生面臨劇變、跌至谷底之際，他們會轉向追求創造力。我指的不只是抽象意義的創造力，例如找到新方法解決熟悉的問題，還包括了字面意義，也就是實際創造新事物。他們開始跳舞、下廚、唱歌、繪畫；他們會寫詩、寫信、寫感謝函、寫日記；他們彈奏斑鳩琴、穿上踢踏舞鞋、玩雜耍球、拿起園藝剪刀。

在最混亂的時刻，他們選擇用創造力回應。

「我真正享受的是在帆布上潑灑顏料」

札卡里・赫里克（Zachary Herrick）是早產兒，出生於堪薩斯市（Kansas City），父母是非裔美國人，兩人都古柯鹼成癮。後來他被白人父母收養，他們還撫養了兩位黑人小孩。「即使在八〇年代，人們也會在泳池邊看著這對白人夫妻帶著一群黑人小孩，然後開口問說：『為什麼？』」他經常被嘲笑是「臭猴子」（funky monkey）；有人用噴漆在他姊姊車上寫了「黑鬼」。

札卡里從出生起就有學習障礙，他覺得課程很難，一點也不有趣。他參加體育活動，找到一份工作，非常受到同儕歡迎，但是成績向來不是他的強項。「我父母不斷強調，你不能讓外力決定你是什麼樣的人，所以我一直記住這句話，也確實這麼做。」畢業後，他在一家櫥櫃工廠工作，後來轉去營建業，直到他父親、同時也是越戰退伍老兵，建議他從軍。

「從第一天我就愛上了軍隊，」他說，「我在那裡交到最多朋友。」他在班寧堡（Fort Benning）順利完成步兵訓練，之後被派往夏威夷。「我心想，太棒了，有海灘和女人。」不過陸軍軍營設置在山上，因為夏威夷高地的地形與阿富汗類似。過沒多久，札卡里和他的同袍就被派往坎大哈省（Kandahar Province）。

在阿富汗駐軍的第三個月、也就是六月第三個星期，札卡里參與了一項任務，前往巴基斯坦北部的阿爾甘達卜河谷（Arghandab valley）搜捕塔利班。「我們在凌晨兩點降落，然後下山進入城鎮。我們在距離村落一英里遠的地方停下腳步，查探周圍情況。就在這時候，我們遭到伏擊。」

那天札卡里全副武裝，頭戴鋼盔，手握步槍，身上攜帶彈藥和手榴彈。在當下，他第一次帶了另一樣東西在身上：恐懼。

「我們開始與敵人交火。他們大概與我們相距三十公尺。有一個人坐在土屋外面，我可以看到他的眼睛。我的意思是，這是近距離交戰。砰！接著我被一把狙擊步槍擊中，也可能是AK步槍，我不確定。感覺就像鞭炮在我嘴裡炸開。我記得當時是白天，我回到其他弟兄駐守的小屋。我說：『我被槍打中了。』他們說：『是，我們知道。』」

札卡里躺在地上，周遭的戰火依舊持續。「我沒有想到情況那麼糟我還看得見，還能感覺我的下顎受傷了。我吞下自己的牙齒和骨頭。我無法用鼻子呼吸，但可以用嘴巴呼吸。」

軍醫走進來，大喊：「嘿，黑捲毛！」「那是我的綽號，」札卡里說，「我豎起大拇指。他迅速看了一下，眼睛瞪得非常非常大。有那麼一瞬間，他就那樣看著我，像是在說：我靠。接著他拿起背包，用紗布壓住傷口，我的臉上堆滿了紗布，這裡、那裡，到處都是。『別睡著了。』他說。我心想，如果我現在死了也沒關係，因為至少在我死的時候，我最好的朋友都陪在身邊。接著，我們的小組長進來了。他的臉也被槍擊中。他坐下來，我們兩個互看對方一眼，像是在說：老兄，今天運氣真背。」

札卡里迅速被送上契努克（Chinook）直升機，後送到德國，接著再轉送到華盛頓特區之外的華特里德醫學中心。「當我們搭上最後一班飛機起飛時，我開始感覺疼痛，包括我的手臂、腿部和胸部，我覺得時間變得好漫長。我開始被流血嗆到，我感覺我的牙齒有缺口，我沒辦法呼吸。但是我告訴自己，我絕對不要死在飛機上。我醒來的時候看到一位金髮美女護士，她露出燦爛甜美的笑容，我對自己說：我還活著。」

札卡里的姊姊是第一個拿鏡子給他、告訴他真相的人：他的臉整個被打爛，沒人敢直接說出真相。他的口腔、嘴、鼻孔和下顎骨全毀。接下來幾年，札卡里動了三十次手術，從鼻尖到下巴頂端，包括重新縫合他的舌頭，植入新的下顎骨，重建臉部。他只能用胃管進食。因為體重掉太多，所以僅能靠輪椅代步，「這是一條漫長的道路，」他說，「不只是身體上，還包括情緒上。基本上我已經成了廢人。」

他擬定了計畫，決心重新奪回自己的人生。

但是發生了一件意料之外的事情。當時札卡里自己一個人住，身上的胃管已經拔除，體重開始回升。他母親也搬到了隔壁。他必須放棄以前愛吃的食物，「再也不能吃辣的食物，因為我的嘴巴受不了。」他說。

所以有一天他決定自己下廚。「我媽鼓勵我，她說：『既然你喜歡吃，就自己動手做。』約會時我也開始用這一招。」他學會做羊排、烤雞、煎鮭魚。「我喜歡烤肉，」他說，「也喜歡做早餐，今天我做了鬆餅，帕尼尼三明治是我的招牌菜。我全都愛，我喜歡嘗試，喜歡創造事物。」

他可不只是熱愛烹飪而已。

「寫作真的對我幫助很大，」他說，「我在華特里德醫學中心住院時開始寫。後來我去美國聯合服務組織（USO）上寫作課。[i]現在正在上第三堂。你可以創造一個完全不同的世界，你可以寫下自己的感受。這真的對我很有幫助。我學會如何挖掘那些我覺得很難說出口、或是在腦海中揮之不去的事情，我可以把這些事情寫在紙上。」他寫詩、故事和散文。「與其告訴某個人：『我做了不好的夢。』不如把它寫下來，感覺會好過一些。」

後來他開始繪畫。

「花、樹木之類的景物，」他說，「但我是個步兵，其實我真正享受的是潑灑顏料、看它在畫布上炸開，真的很好玩！這行為很有攻擊性，但是不會傷害到任何人，我也很享受這麼做。」

「等等，你開始把顏料潑灑在帆布上？」我問他。

「是啊，你知道那傢伙嗎？傑克森・波洛克（Jackson Pollock）。[ii]我很喜歡他。」

等一下。我問札卡里，十六歲的他是否會想到二十五歲的他做鬆餅、寫詩，仿效傑克森・波洛克的手法作畫。

「我可能會說那也太蠢了。」他說。

那麼，到底發生了什麼事？是什麼原因，讓曾經有學習障礙、中學差點畢不了業的步兵硬漢札卡里・赫里克，沒有選擇結束自己的生命，反而投入烹飪、寫作和抽象表現主義繪畫，重拾自信心，然後愛上一位不介意他毀容的女子，兩人結婚，最終創辦了自己的太陽能事業？

「我把它看作另一種表達自我的方式，」他說，「以前的我用槍壓制敵人，現在的我則是用強勢的語彙或堅定的語氣戰勝敵人，這樣我才能超越過去，進入新的境界。我還是札卡里，但現在我是充滿創意的札卡里。我是那個會把顏料潑灑在畫布上，讓畫布變美的札卡里。我是那個透過詩建立連結的札卡里。我的身體依舊健壯，但是現在我可以從士兵轉換成不同的存在方式。現在

i USO是專門為美軍及其家屬提供現場表演及慰問服務的非營利組織。

ii 一九一二～一九五六，美國畫家，抽象表現主義的擁護者。發明了「滴畫法」，將巨大畫布平鋪在地上，用鑽有小孔的盒子、棒或畫筆把顏料滴濺或是潑灑在畫布上。一生充滿了爭議，酗酒、對婚姻不忠，四十四歲時因酒駕車禍身亡。

的我是全方位探索人生。」

馬諦斯規則：實驗

一九四一年一月，七十一歲的法國繪畫大師亨利．馬諦斯（Henri Matisse）躺在尼斯某間醫院的病房裡，準備迎接死亡，當時大家已經預見，他或許會成為二十世紀最偉大的畫家。醫生在他的結腸裡發現了一顆腫瘤，他們斷定無法醫治。後來馬諦斯在女兒瑪格麗塔（Marguerite）催促下，花了十二小時冒險前往德國占領的里昂，當地醫生進行了一項實驗性手術，切除了十四英吋（約三十六公分）的腸道。整個手術過程長達四天，結果反而讓馬諦斯更接近死亡。〔1〕

「在兩次劇痛之間的短暫平靜時刻，我想像自己躺在墳墓裡，」馬諦斯回想說，「空間狹小，完全封閉，沒有門。我告訴自己：『不，我寧願受苦，也要活下去！』」〔2〕

他真的是吃盡苦頭。接下來三個月，這位偉大的畫家只能待在室內，只有少數幾位訪客來探望他，他覺得這些人粗鄙不堪。後來馬諦斯終於有機會出門，到附近的公園晃晃，修女們暱稱他是「復活者」（Le Ressuscité），也就是「死而復生的人」。那年五月，這位藝術家在寫給兒子的信中主動提起這個話題：「之前我已經接受事實，相信自己不可能活著離開手術台。但是現在我感覺自己從鬼門關前被救了回來。這改變了一切。從現在到未來的時間，都是意想不到的獎勵。」〔3〕

他利用這個獎勵改寫了藝術史。後來馬諦斯又多活了十四年，但是他的身體非常虛弱，只能躺在床上，無法站立，更沒有力氣拿畫筆，甚至視力也變得模糊。他的解決辦法是發明新的影像創作方法，他稱之為「用剪刀畫畫」（drawing with scissors）。他會使用寶藍色、黃色和紅色畫紙，這些顏色都非常鮮豔，所以他必須戴上太陽眼鏡保護眼睛。他把畫紙裁減成各種大膽圖案，然後請助理把這些圖案貼在牆上。由於他再也無法累積新的體驗，所以他利用剪紙重現的世界，包括馬戲團、花園、舞者、女人等，全都是他從年少記憶中擷取的「結晶」。

這就是人生故事專案。評論家指出，這些剪紙作品是馬諦斯輝煌的創作生涯中，最出色的作品。他走出死亡之谷的陰影，創作了充滿生命力的經典作品，讓大家知道開創「第二人生」意謂著什麼。

像馬諦斯這樣的人大有人在。很少人會想到，可以運用創造力面對人生轉變期（我確實是這麼做），但事實上這種做法很普遍。歷史上有非常多故事提到，人們如何運用各種想像力回應挫敗。米開朗基羅在西斯汀禮拜堂駝著背繪畫，畫中的人物形體符合解剖學原理、充滿動感，是劃時代的成就；莫內得了白內障，導致視力模糊，他的調整方式就是不去描繪睡蓮的細節，結果反而更凸顯了睡蓮之姿稍縱即逝、顯得更超脫俗世；芙烈達．卡蘿（Frida Kahlo）十八歲時出了一場車禍，終身只能坐輪椅，她決定離開科學界，投入藝術創作，重新振作；貝多芬的聽力雖然日益惡化，卻也因此迸發出無人匹敵的原創力，彌補受損的聽力。「多虧了道德和藝術力量，我才沒有選擇輕生。」他寫道。〔4〕

當然，以上都是歷史上富有創造力的人物。他們可以輕易地將自己的痛苦轉化為藝術。但是事實證明，促使這些人想像力爆發、運用想像力回應挫敗的背後原因，也完全適用於我們。

第一，當人們陷入孤立、與世界脫節時，創造力會被激發出來。近二十年來的創造力研究發現了一個固定模式：遭遇逆境的人通常會被社會冷落，感覺被排擠、與身邊的人格格不入，嚴重與外界脫節。[5]不過，這種感受反而讓他們有更多自由去冒險、實驗、探索不符合社會主流的表達方式。一項針對慢性病患者如何轉向藝術領域的研究顯示，面對困境的經驗促使他們的知覺變得更敏銳、感受性也增強，更渴望探究生活周遭的深層議題。這些患者急於找到創造力出口。

其次，邊緣空間或過渡階段也會激發豐沛的創造力。十九世紀數學家亨利・龐加萊（Henri Poincaré）曾經生動地描述，創意如何在處於夾縫或過渡的時刻誕生。他說，某天晚上他破例喝了黑咖啡，結果一直睡不著。「腦袋不斷蹦出各種想法。我感覺它們彼此碰撞，最後兩兩相扣。」[6]他把腦中的想法比擬成小蚊蟲，不停成群亂舞、相互碰撞。他發現，當你非常專注一段時間之後開始放鬆，在你最意想不到的時刻、在你半睡半醒之間、或在你專心處理另一件事的時候，就會突然間靈光乍現。當你處於人生轉變期，就會反覆經歷這些時刻。這也難怪，在這些時候我們會任由小蚊蟲飛舞，並真心擁抱突然冒出的想法。

最後一點，混沌狀態會激發創意。與創造力有關的故事都有一個共通主題：許多新奇想法或新發明，都誕生於動盪或劇變時刻。不妨想想上世紀的藝術突破，例如爵士、搖滾、立體主義、抽象表現主義，都發生在全球陷入衝突的時刻。適用於社會整體的原則，同樣適用於個人。當我們的人生受到破壞時，就會激發出創新想法。我在訪談時也發現，有時候這些脆弱的新生枝枒會長成新的自我。

以下列舉一些案例，說明人們如何在轉變時期投入各種創意活動：

- 蓋拉．帕沙爾不幸捲入埃默里大學教授醜聞案、失去研究職務，後來她開始製作手繪鳥舍，不久之後在畫廊販售自己的作品。
- 哈爾．伊士曼（Hal Eastman）是史丹福大學商管碩士，在長達三十年的職業生涯中，曾任職於波音與福特公司，掌管兩家上市公司，之後成立了自己的公司，五十五歲那年他突然放棄工作。他一直尋求改變，某天他在愛達荷州住家附近的餐廳偶然遇見一位舞者，他詢問對方，能否拍攝她在大自然中的身影。「不是要拍性感照，」他說，「你可以帶你男朋友一起，如果這樣會讓你覺得比較自在的話。」後來他陸續出版了五本藝術攝影集，其中一本是戶外拍攝的舞者縮時影像，另一本呈現如夢幻般的無鞍騎乘姿態，還有一本展現了自然界的律動。
- 莎拉．羅絲希．斯金德離開福斯新聞、宣告放棄保守立場之後，陷入了憂鬱，就在這段期間她學會烏克麗麗。「這是很棒的樂器，能夠幫助你度過轉變期，因為即使你搞砸了，還是很好聽。」
- 伊凡．沃克－威爾斯接受化療期間，自學烹飪與吉他。「那時我正在練習切洋蔥，晚上總是會做一些稀奇古怪的夢。兩件事完全不相干，但是我真的希望能好好切洋蔥，這讓我的焦慮有了發洩出口。」
- 珍妮．韋恩被升為主任牧師之後開始透過繪畫，具體呈現她的祈禱文內容。「以往我一向只注重語言表達，但是這次我感覺靈魂傳遞的符號太深奧了，難以言喻。」
- 卡里加．巴基離開她先生之後，在自己家設置縫紉間，「開始用織布創作美麗的作品」。
- 傑佛瑞．斯巴爾曾是俄亥俄州立大學的網球選手，身體因為強迫症變得虛弱，後來退出家族事業，成立非營利組織，運用藝術治療協助精神病患。他第一次發表演講時嚇壞了。萬一他突然發病怎麼辦？「我在地下室練習。然後上樓走去廚房問我太太：『親愛的，我有個想法。我想現場畫畫。』她說：『你真是他媽的瘋子。』我說：『你看——』我戴上一頂軟呢男帽，穿上沾有顏料的白色畫家工作服，創造出完美人設。接著我開始畫畫。她說：『好吧，就隨你吧。』」後來他真的在兩場TED演講的現場畫畫。

- 我還聽過更有創意的創造力行動，薇薇安・明為自己創造全新的嗓音。轉變為女性之後，取得理論神經科學博士學位的她努力研讀論文，四處向醫生求教，最後她得出結論：跨性別女性最大的挑戰是嗓音的共振。所以她設計了一系列練習延展聲道，讓自己的音調更接近女性音域。「現在，即使我在電話上沒有說出名字，對方也會叫我女士，我聽了很開心，直接回說：『我想你是指醫生吧。』因為，真的，我就是這麼機車。」

鮑德溫規則：寫作

上大一那年的十一月初，某天我走進耶魯大學美術館的大型演講廳，聆聽詹姆斯・鮑德溫（James Baldwin）演講。我不記得自己出於什麼動機；我想我是一個人去的。鮑德溫是知名的小說家、散文作家和社會運動份子，那年他五十九歲。但是當時我並不知道，他針對寫作提出了許多犀利的絕妙評論，大受好評。

天分不重要。我認識很多有天分的廢物。除了天分之外，你需要的都是一些再平常不過的條件，例如：紀律、愛、運氣，不過最重要的是忍耐。

如果你想要成為作家，我沒什麼好說的，我無法阻止你；如果你不想成為作家，我說任何話對你都不會有幫助。一開始起步，你需要的是有人告訴你，你的努力是真實的。

對我而言，寫作就是找出你不想知道、你不想發現的事情。但是不管怎樣，就是發生了某件事，強迫你這麼做。〔7〕

果然，演講一結束，就有觀眾站起來詢問鮑德溫，對於剛起步的作家有什麼建議。雖然當時我還沒有想要成為作家，仍清楚記得他回答的每一個字：

成為作家，你只需要一張桌子、一張椅子、一張紙和一支筆。

雖然現在看來，他的回答會有些違和、有點老派，就像「林肯在小木屋裡利用燭光讀書」一樣，但是在當時，我感覺他的回答猶如壯麗的拉什莫爾山，充滿威嚴。

孩子，你想要成為作家嗎？閉上嘴，努力寫就對了。

我在執行人生故事專案時，總會反覆思考他的回答。我萬萬沒有想到，竟然有這麼多人告訴我，在他們情緒低落或是經歷人生轉變時，開始投入寫作。就在世界最動盪不安、他們的人生處境變化最劇烈的時刻，他們找到了一張桌子、一張椅子、一張紙和一支筆，然後開始寫作，讓人生重新步上正軌。

現在有充足證據支持這個觀點。一九八六年，德州大學奧斯汀分校極具創新精神的心理學家詹姆斯．潘尼貝克（James Pennebaker）進行了一項實驗，他要求一組學生想一想有哪次人生事件造成創傷，然後寫下自己對這段經歷的想法與感受。另外，他要求控制組學生寫一些無關緊要的話題。但是因為教室安排受到限制，所以他要求學生每天書寫十五分鐘，連續寫四天。〔8〕

潘尼貝克的研究成果充滿戲劇性。許多學生在書寫時忍不住落淚；他們寫下長篇文字，如實描述童年的艱辛；有些學生提到，那四天他們經常夢到過去的困苦經歷。這個實驗造成的直接後果之一是：加深了學生的悲傷與焦慮。但是緊接著發生了一件令人印象深刻的事情。一個月後潘尼貝克追蹤學生的情況，結果發現，學生因病前往健康中心的次數減少了，而且更能感受到人生的價值與意義。有七十％的學生表示，他們從此更了解自己。〔9〕

這項實驗結束之後，全球各地陸續進行了數百次類似實驗，結果讓人大開眼界。如果人們願意寫下人生中最讓自己感到有壓力的體驗，他們會更了解自己的情緒，更能完整表達自己，甚至有證據顯示，他們的免疫系統會更健全。〔10〕曾經被公司解僱的人如果寫下自己的感受，不僅可以更輕鬆地應對失業導致的婚姻、醫療與金錢困境，而且能更快找到工作。〔11〕被潘尼貝克稱為自由作家（freewriter）的人當中，有二七％在三個月內找到新工作，至於控制組僅有五％。寫下自身失業經驗的人當中，有五七％在七個月內找到工作，是控制組的三倍。

潘尼貝克說，他不清楚寫作為何有效。〔12〕參與實驗的人表示，從此他們對自己的煩惱有了新想法，過去他們以為自己沒有能力應付的情境，現在可以輕易化解，而一旦這些難題解決，就沒什麼好擔憂的。寫作行為的核心，其實就是一段成長過程，人們會逐步掌控自己的敘事。第一天，參與者多半只是描述事件，可是到了最後一天，這些事件有了形態、脈絡與目的。寫作行為會加速創造意義。

最後一個原因（寫作可以加速意義形成）與我聽到的故事最相符。寫作等於是運用更嚴謹的形式，表達我們腦海中的故事。它強迫我們將抽象、雜亂，有時甚至是潛藏在心底的想法，轉化為具體、結構化的文字內容。在這過程中，我們的想法會更透澈、情感更鮮明、意義更清晰。原本我們以為只有自己在受苦，但是寫下來之後反而更有安全感，而且發現許多人和自己一樣。此外，當我們把想法轉換成文字，等於短暫參與了創作。

以下是受訪者與我分享的故事，說明了寫作如何幫助他們更順利度過人生轉變期：

- 凱倫．彼得森．馬青加經歷了難熬的一年，照顧摔傷的先生、捐骨髓給她弟弟，後來她找到了非常特別的自我表達方法，並得到慰藉，這方法就是寫笑話。她開始在洛杉磯的俱樂部表演單口喜劇。「整整兩年，我唯一的放鬆就是大笑，這就是我之前的處境。我想，我應該上台表演。我參加了開放麥克風之夜（open mic night），那裡有一堆憤青，只想說黃色笑話。他們覺得很不自在，因為我已經五十一歲，都可以當他們的媽了。」
- 德韋恩．海斯的雙胞胎女兒不幸胎死腹中之後，他創辦了一本以父職為主題的雜誌：《站起來：獻給真正在乎的男人》（*STAND: For Men Who Give a Damn*）。

- 艾薇・沃夫・塔克（Ivy Woolf Turk）因為參與了金額高達二千七百萬美元的房地產龐氏騙局，被判刑入獄，她親手寫了一封又一封的長信給她的孩子，幫助自己熬過服刑的日子，出獄後她成立了支援團體，協助曾經入獄的女性。
- 利・溫芝一直在寫減重日誌，記錄體重變化、對飲食的感受，以及如何學會用食物以外的方法犒賞自己。「我心中反覆出現一個疑問：我為什麼變得不快樂？我很有錢，受過教育，小孩都很健康。我似乎有倖存者罪惡感（survivor's guilt）。」
- 艾德・科南特在冷戰時期曾經擔任潛艇軍官，退役後成為軍火承包商，開始在喬治亞州當地報紙發表讀者投書，批評華府失能。
- 卡蘿・貝茲當選市議員之後，學會反擊寫信批評她的黑粉，從此克服了冒名頂替症候群。「有人寫信給我，劈頭就說：你就是一個大爛人。通常是男性。以前我都會回信說：非常謝謝指教。我尊重你的意見。但後來我決定豁出去了。我開始寫信回嗆對方。別再威脅我，如果你再威脅我，我就報警。這是我在練習做自己的過程中學到的。」
- 羅絲瑪麗・丹尼爾曾罹患產後憂鬱症，後來她開始寫詩。「當時我二十四歲，我看到一張傳單，是埃默里大學推廣教育中心開設的現代詩課程。我從沒有聽過艾蜜莉・狄金生或是任何詩人的名字，所以感覺像是被傳福音。班上同學都覺得我真的很搞笑，因為我會說：我會在句子結尾放上射精點，鬧出大笑話。我也完全不知道《伊底帕斯王》（*Oedipus Rex*）要怎麼發音。但是我的人生瞬間發生了改變。」她成為專業詩人至今六十年了。

夏普規則：挖掘

崔拉・夏普（Twyla Tharp）是近六十年來頗具遠見的藝術家。她在一九六五年成立自己的舞團，編排了一百二十九支舞作，曾為十二檔電視特別節目、六部好萊塢電影、四檔百老匯節目編舞，另外還編排了兩支花式滑冰規定動作。她得過一座東尼獎、兩座艾美獎、國家藝術獎章、甘迺迪中心榮譽獎與麥克阿瑟「天才」獎。她不斷突破障礙、跨越界限，強迫自己和舞者逼近最前端的極限。不過，夏普在她撰寫的《創意是一種習慣》（*The Creative Habit*）書中，提出了一個意想不到的觀點：有時候度過人生困境最有效的方法，不是向前尋找靈感，而是要回頭挖掘。

夏普提到，她認識一位很成功的企業領導人，有一天這個人告訴她，每當他卡關時，就會去翻閱四、五年前的公司檔案。那些看似瑣碎的工作任務，總會讓記憶不斷湧現，激發許多創新想法。「你看，在企業環境，你很少會遇到真正原創的東西。」這位領導人說。[13]絕大多數好的想法都被鎖在檔案櫃裡，或是存在人的大腦裡。夏普認為，這位領導人的看法確實有些道理。「在職場或是藝術領域，多數人都認為他們必須向前看、走在時代前端、發揮創意，但是這位領導人卻發現，創造力的真正祕訣是：往回走，重新回想過去。」

看完夏普如何描述她個人的經歷之後，我開始理解在採訪過程中聽到的故事。當夏普覺得生活一成不變時，她並沒有選擇科幻小說，把自己送去未來；她選擇了考古學，把自己送回過去。她會翻找老照片、聽老音樂、請教過去的導師，最重要的是，重新挖掘以前的記憶。「當你明白記憶的力量，就會漸漸明白，在原本你忽視的地方，存放了許多能讓你運用的創意。」

人生故事專案有個明確主題：當人們經歷人生轉變期、重新塑造自我時，會從過去記憶中得到慰藉，重新獲得養分。他們會重拾過往的熱情，重新激起兒時的幻想，喚醒沉睡已久的夢想。還記得你收藏在床底下的顏料盒、網球拍、或是很久沒吹奏的小號嗎？還記得以前的你渴望建造一艘船、開一家紅酒專賣店、或是種植高品質的番茄嗎？喔，好的，現在回到我身上。以前我想要跳踢踏舞，參加合唱團，或是參考食譜《法式料理聖經》(*Mastering the Art of French Cooking*)〔iii〕學習法式料理。對許多人來說，人生最低潮的時期，往往是挖掘過往興趣的最佳時機，他們能藉由重拾以前的興趣，再度恢復活力。

以下分享一些案例，說明人們如何挖掘過去，回應當下處境：

- 珍奈・布勞爾（Janay Brower）出生於大急流城的貧困家庭，之後成為無家可歸聯盟領導人，但後來組織改組，雙方鬧得很不愉快，於是她選擇離開，重新開始寫詩。「我把小孩送到學校後就去星巴克，寫下幾首短詩和感想。到了那時候我才發現，我已經忘記以前我喜歡什麼。我一直在想，我像是得了健忘症，完全不記得那些能讓我情緒穩定的事情。」
- 海倫・金原本在大學教授生物學，後來得了胃癌，因此決定退休。某天她撿起一張推廣教育傳單，看到上面列有「成人芭蕾」課程。「小時候我看過波修瓦芭蕾舞團（Bolshoi Ballet）表演的《天鵝湖》(*Swan Lake*)，當時我心想，哇，這太美了。可是一想到要把自己的腳趾塞進那可笑的小鞋裡，就覺得無法接受。但是這次我卻想著，我要成為芭蕾伶娜。我去上課，其他女孩都比我厲害很多。過了幾星期，我去找老師，告訴他我要退出。他說：『不，不是這樣的，你的基本動作做得很不錯啊。』我想他大概需要錢吧。但是其他女孩也對我說：『不，不要放棄。』所以我決定繼續上課。」

- 約翰・魯斯基（John Ruskey）出生於科羅拉多州，就讀寄宿學校時看完《頑童歷險記》（*Huckleberry Finn*），因此畢業後和班上一位同學合力打造了一艘木筏，兩人沿著密西西比河順流而下，漂流了五個月，最後在曼非斯市南端撞上一座電塔。將近二十年後，他離開了密西西比州三角洲藍調博物館（Delta Blues Museum）的工作，在經歷一段低潮期之後，重新回到初戀的懷抱：那條大河。「我買了一艘獨木舟，開始划船、四處探索，重新體驗大自然的野性精神。我開始畫畫，將所見美景變成一幅幅畫作。每次在水上泛舟時，這條河總會給我一些回報，吸引我隔天再度回到水上。」不久後他成立一家公司，專門帶領遊客在密西西比河泛舟探險。
- 蘿拉・戴奇勒（Laura Deitchler）是小學老師，也是一位母親，住在內布拉斯加州林肯市（Lincoln），當她得知丈夫打算販售大麻霧化器，她決定把他踢出家門，卻因此陷入了憂鬱。後來她重新擁抱童年時的夢想：成為小說家。「離婚讓我有機會按下更新鍵，積極嘗試、重新活出原本該有的樣子，擁有原本夢想的人生。那個人沉睡多年，她只是需要一些關照。」某個星期六下午，蘿拉開車去邦諾書店，買了幾本莫斯金（Moleskine）手帳〔iv〕，寫下日常的生活點滴，後來她根據這些紀錄，出版了一本充滿趣味的自傳。

iii 這是由法國人西蒙・貝克（Simone Beck）和路易斯・貝多爾（Louisette Bertholle）以及來自美國的茱莉亞・柴爾德（Julia Child）合作撰寫的法式料理食譜。

iv 莫斯金是義大利品牌，專門設計與生產筆記本、手帳、素描本等文具用品。

費登奎斯規則：流汗

摩謝．費登奎斯（Moshe Feldenkrais）的人生可謂多采多姿，是二十世紀許多間諜小說與二十一世紀傳記電影的靈感來源。他是猶太人，一九〇四年出生，原本住在現為烏克蘭的地區，八歲時搬去白俄羅斯。一九一八年冬天，十四歲的費登奎斯從白俄羅斯走路到巴勒斯坦逃離迫害，他沒有護照，只在靴子裡藏了一把槍，還有在背包裝了一本數學課本。當時氣溫在零度以下。為了生存，他短暫加入巡遊馬戲團，團裡的雜技演員教他如何安全跌倒。當他抵達克拉科夫時，已經有兩百人加入他的行列，其中包括五十名兒童。

費登奎斯最後在巴勒斯坦落腳，從事苦力工作，當地持刀攻擊事件層出不窮，但是他很快就學會如何自衛，其他人也有興趣學習，於是他將自己的經驗寫成了一本書：《巴西柔術與自我防衛》（*Jiu-Jitsu and Self-Defense*），後來成為剛成立不久的以色列國防軍的必讀書目。當他得知柔道創辦人嘉納治五郎要造訪巴黎，便飛去巴黎與嘉納治五郎見面，送了一本自己的著作給對方。嘉納治五郎很喜歡，詢問費登奎斯從哪裡拿到這本書。「這本書是我寫的。」他說。「我不信。」嘉納治五郎回說。費登奎斯回答：「用刀攻擊我。」沒多久，刀子就飛了過來。之後，嘉納治五郎決定延攬費登奎斯，負責在歐洲推廣柔道。〔14〕

費登奎斯搬去巴黎之後，取得物理學博士學位，在一間由兩位諾貝爾獎得主成立的實驗室工作，後來他開發了一台可以協助分裂原子的裝置。費登奎斯的傳記作者提到，一九四〇年隨著蓋世太保步步緊逼，費登奎斯攜帶了兩個裝滿軍事機密資料的行李箱，以及可用來製造核武的兩公升重水逃亡。他的任務就是絕不能讓這些東西落入納粹手中。費登奎斯找不到前往英國的船隻，只好步行，這次是和他太太一起。最後他們加入了由英國軍官伊恩．佛萊明（Ian Fleming）策劃的盟軍海上撤離行動，這名軍官正是詹姆斯．龐德（James Bond）系列小說的作者。

撤離過程中，費登奎斯發現他的膝蓋疼痛加劇。他略懂解剖學，於是開始追蹤膝蓋的傷勢如何影響其他身體部位，包括腳、背部和肩膀。這些部位會影響他的走路姿勢，連帶影響他的心情。費登奎斯開始將所有身體活動拆解成更細部的動作，後來他發現，影響這些動作的不僅是身體的壓力，還包括情緒壓力。

戰後，費登奎斯開始結合身體與心理療法，改善身體的靈活度，提升生活品質，這就是「費登奎斯方法」（Feldenkrais Method）。他的核心論點是：當我們的人生進入動盪期，身體也會受到衝擊。為了創造全新的自我，我們必須改變身體的活動方式。我們必須調整走路、坐下、站立、躺臥、跳舞，甚至做愛的方式。我們不僅要重新改寫我們的人生故事，還要包括身體故事。

我很喜歡他的說法，部分原因是，我曾經歷十七小時的癌症手術，創造了醫學奇蹟，成功保住左腿，但是比右腿短一英寸，少了一半的股四頭肌，腓骨被放置在大腿、而不是小腿上。接下來幾年，我接受的物理治療次數比一般人一輩子還要多，我必須重新思考如何穿衣、爬山、寫作、睡眠，還有所有你能想到的娛樂活動。

所以當我聽到受訪者描述他們在轉變期如何努力改造身體，我一點都不覺得驚訝。他們會採取極端的健身計畫，參加熱瑜珈，報名泥漿硬漢比賽（Tough Mudder），學習交際舞，嘗試搖擺舞，改吃素。我當時真的很驚訝，有那麼多人深信，只要稍微改變身體活動的習慣，就能開啟新機會，大幅翻轉個人的身分認同。換句話說，改造身體變成了轉變思維的跳板。所以，在公園騎單車就和寫日記、烹飪、或是繪畫一樣，能夠激發你的創造力，因為它同樣是一種想像行為。你為自己想像新的人生，雖然只是小小的幻想，卻透露了令人心安的訊息，因為這代表你已經開始憧憬未來，不再被過去束縛。

以下分享一些案例，說明人們在面臨混亂的過渡階段時，如何透過改造身體來轉變人生：

- 艾瑞克・史密斯會開始練習拳擊，是因為他在一年內接連失去幾位親人，後來對止痛藥上癮，並且開始帶特教學生。「我太太會逼我去。如果我回到家時看起來很不爽，我太太就會指著大門。我會在大半夜出門，打十回合的沙袋，回到家時已經換了個人。白天指導重度障礙學生的時候，我總是充滿同情心、愛心，態度溫和；到了晚上，我就去拳擊館用力揍人。」
- 克里斯・霍華德（Chris Howard）在與一名女性結束婚姻關係後，隨即與一名年長男性談起一段有毒的戀情，後來亦告分手，之後他決定從東岸搬到舊金山。抵達西岸後，他加入一個由馬戲團藝術家、滑稽歌舞劇演員、女狂人組成的團體，固定參與空中特技表演。
- 約翰・艾文惠斯離開灣區搬到冰河國家公園一帶後，退出高爾夫球俱樂部，接受嚴格的體能訓練。「不只是為了減肥。就好比為了攀登那該死的山，你的腳必須好好鍛鍊，不然就會起水泡。保持身體健康不只是為了穿泳衣好看，更重要是為了保命。」
- 蘇珊・奇帕克開始學習踢踏舞，藉由舞蹈旋律，化解父親離世和腦瘤帶給她的傷痛。「它讓你暫時跳脫自我。不論是繪畫、唱歌或跳舞，這和你盯著銀幕看電影很不一樣，你會感覺自己就身在電影中。你的身體出現了變化，這使你覺得自己有能力影響這世界。」

- 冰壺可能算、也可能不算是運動，不過自從莎拉・霍爾布魯克的先生帶著全家人從布魯克林搬到特魯萊德（Telluride）之後，她就決定加入冰壺隊，她說：「因為我所有朋友星期一晚上都在那，我覺得很孤單，我想要和他們一起。另外，我也開始採取三十天全食療法（Whole30）〔v〕，一方面是我朋友都在做，另一方面是我想要減肥，當時我胖了不少，因為每天早上我都會去咖啡店，畢竟只有在那裡，你才會碰到鎮上其他人。」

創造力不一定是獨自一人的活動，不一定沉悶無趣，也不一定要非常偉大。不需要遵循任何典範。人們渴望透過創造力活動達成一個重要目的：重新開始，這正是自古以來所有創世神話所要傳達的意涵。創造力是永無止境的循環，創造之後毀滅，然後再創造。當我們投入創造力活動，等於觸及了我們最有人性的部分：創造新生命的能力。

v 二〇〇九年由體育營養學瑪莉薩・哈維格（Melissa Hartwig）與物理治療師達拉斯・哈維格（Dallas Hartwig）共同開發的飲食療法，為期三十天，在這段期間不得食用奶類、穀類、豆類、酒精、糖或任何加工食品。

原註

1 Alastair Sooke, *Henri Matisse* (Penguin Books) and *Henri Matisse: The Cut-Outs*, edited by Karl Buchberg, Nicholas Cullinan, Jodi Hauptman, and Nicholas Serota (Tate Publishing).
2 Sooke, p. 3.
3 Sooke, p. 5.
4 Solomon, *Beethoven*, p. 149.
5 Marie Forgeard, "Perceiving Benefits After Adversity," *Psychology of Aesthetics, Creativity, and the Arts*, vol. 7, no. 3.
6 Nancy Andreasen, *The Creative Brain* (Plume), p. 43.
7 *The Writer's Chapbook*, edited by George Plimpton (Public Library). 鮑德溫受邀在耶魯大學演講的新聞刊登於一九八三年十一月三日的《耶魯日報》（*Yale Daily News*）第一頁，但是我記得文章中並沒有引用那幾段話。
8 James Pennebaker, *Opening Up by Writing Down* (Guilford Press).
9 Pennebaker, p. 18.
10 Pennebaker, p. 21.
11 Pennebaker, p. 23.
12 Pennebaker, p. 72.
13 夏普寫了一本必備指南《創意是一種習慣》（*The Creative Habit*, Simon & Schuster），「真正原創的東西」那段落出自六十七頁及其後。
14 我主要是參考：Norman Doidge, *The Brain's Way of Healing* (Penguin Books)，特別是第五章、第一百六十頁及其後，「用刀攻擊」那段對話出自一百六十四頁。

11 分享它
學習他人智慧

SHARE IT
Seek Wisdom from Others

許多協助我們度過轉變期的工具，都包含了與時間相關的要素。它們能幫助你放下過去，結束某個人生階段，開始新計畫，分享你個人的新故事。正因為具備了時間要素，所以這些行動大致符合以下三個階段：漫長的告別、混亂的過渡或是全新的開始。

不過，其中有一項工具完全不具有時間特性：它會浮動；它會反覆出現；它會一直發生，但有時候只發生一次；它有時效性，但偶爾又沒有。它能幫助你把自己的故事分享給其他人。它會在你最需要的時候，幫助你與朋友、至親、同事、陌生人、同樣受苦的人、鄰居或導師建立連結，得到你最需要的意見。

我從採訪內容清楚看到固定的模式：我們會從外人身上尋求不同類型的支援。每個人在尋求意見時，都會有屬於自己的表現型（phenotype），就好比我們天生會採取特定方式，安排自己的時間或是創造人生意義。我們喜歡被安慰、被要求、被激勵、被召喚，另外有某些人則喜歡被刺激。不論我們尋求哪種類型的建議，這些建議在我們人生轉變期所扮演的角色都是一樣的。

我們需要幫助。

「我想每個人一生中都會遇到像麥可．尚恩這樣的人」

羅基．林恩．拉許（Rockie Lynne Rash）一出生就陷入了你能想像得到的絕望處境。「我是一九六四年十一月十四日，在加州北部特勞曼市（Troutman）的垃圾桶裡被發現的，我被遺棄，就快要死了。後來我被送到鋇泉兒童之家（Barium Springs Home for Children），在那裡長大。」羅基大約兩歲時，上了年紀的佛列德（Fred）與伊瑟爾．拉許（Ethel Rash）夫婦因為無法生育，所以來到孤兒院，希望能領養小孩。

「我的第一個印象是，經營孤兒院的非裔美國女士指著我說：『嗯，你不會想要領養這小孩。他的頭是扁的。』」現在羅基的頭還是扁的，他說他相信這是住在孤兒院時產生的缺陷。「這也是為什麼到現在我一直留長髮，這樣你就不會注意到。」

從一開始，被領養的生活就充滿挑戰。羅基說，他母親只有三年級學歷，不識字，不知道要怎麼撫養小孩。羅基的父親是韓戰老兵、文盲，一出生就是浸信會教徒，不信任醫院、銀行、學校和其他公共機構。他們家幾乎沒什麼錢。

「我第一次被帶去看醫生時，他們竟然打電話報警，他們以為我被虐待。」羅基說。

就某方面來說，羅基的確受到虐待。拉許夫婦為他取名羅基，是因為他們希望這個小孩身體結實、強壯，喜歡狩獵與體育活動，但是羅基天生就對藝術比較有興趣。「我想做的所有事情，都是我爸不希望我做的，」羅基說，「晚上他會把我關在房裡，將房門上鎖，不讓我出門。」

大概六年級的時候，羅基在地方教堂舉辦的舊物拍賣會現場看到一座唱盤，上面放著一個喇叭和兩張專輯，分別是「吉米・亨德里克斯體驗」樂團（Jimi Hendrix Experience）的《軸心：大膽如愛》（*Axis: Bold as Love*）與接吻合唱團（Kiss）的《活著》（*Alive!*）。「他們說整套賣七十五美分。我走去我媽身邊，問她：『我可以買嗎？』她給了我一美元。於是我把整組音響買了下來，然後藏在衣櫃裡。因為如果被我爸發現，他會沒收我的音響。」

羅基全心投入音樂世界。他除草賺錢，然後到傑西潘尼（JCPenney）買了一把吉他。八年級時，他加入了由成年人組成的樂團。後來他在《吉他世界》（*Guitar World*）雜誌看到洛杉磯吉他技術學院（Guitar Institute of Technology）刊登的廣告，便把廣告圈起來。「我這一生的主要目標，就是想辦法進入這所學校。我不知道該怎麼做。我住在北卡羅來納州的一條泥路上。我覺得自己被困住了。」

就在此時，許多心地善良的人、完美陌生人、幸運天使等羅基意想不到的外人，開始出現在他的生命中。在他最毫無頭緒的時候，就會有某個人出現在他身邊，帶領他穿越樹林。

一位新兵招募員來到羅基就讀的中學，表示軍隊可以提供大學學費。「我爸曾告訴我，我畢業那天他就會把我踢出家門。他已經投入了很多時間撫養我這個小娘炮，我該離家了！所以山姆叔叔成了我的救命稻草。」

於是羅基加入軍隊，成為陸軍第八十二空降師傘兵。「其他人都很痛恨軍隊，但是我這輩子從沒有一天吃到三餐。每個班長都是參加過越戰的步兵戰士，要求嚴苛，無法忍受任何鳥事。然而，這是第一次有成年男人稱讚我。有位黑人陸軍上士身高六呎五（約一九六公分），我非常怕他，他對我要求很嚴格。我從跳傘學校畢業那天，他猛地一拍，將傘兵之翼徽章刺進我胸膛，對我說：『孩子，如果你能做到這件事，以後任何事都難不倒你。』」

羅基在軍中服役了三年，退役時獲得美國軍人權利法案（GI Bill）給予的津貼，之後他搬到加州，報名吉他技術學院。「我想要成為艾迪．范海倫（Eddie Van Halen）〔i〕，事情就這樣發生了。」但是他在學校總覺得格格不入。「我很可靠，我可以彈吉他。但是我不喝酒、不抽菸、不吸毒，滿無趣的，沒人想跟我打交道。」

羅基順利取得文憑之後，再次迷失了方向，他坐進車裡一路往東開，抵達卡羅來納某個髒亂的濱海小鎮。他加入某個爵士三重奏樂隊，在晚餐俱樂部表演（多半是演奏類似伊帕內瑪姑娘的曲目）〔ii〕，晚上就到廢棄的錄影帶門市後方躲進睡袋睡覺，身旁只有一台冷藏箱與音箱。現在他又走入了另一個死胡同。

某天晚上，他去附近的卡拉巴什小鎮，聽麥可．尚恩（Mike Shane）的演唱會。中場休息時間，羅基向對方自我介紹。「你就是那個在島民渡假飯店非常有名的年輕人？」尚恩問。「但願如此。」羅基回答。「從明天晚上開始，你可以跟我一起，」尚恩說，然後交給羅基一卷卡帶，「回家練習這些曲子。」隔天羅基回到演唱會現場，他已經學會每首歌曲。「我的意思不是只有一個晚上。」尚恩說。

後來他們兩人合作了整個夏季。尚恩指導羅基如何表演、演出時如何多多運用自己的身體、如何讓觀眾著迷。到了秋季，尚恩說他要前往納許維爾（Nashville）錄製專輯，希望羅基能跟他一起。「帶著你的背包，我們會在那裡待一陣子。帶上你的音箱，帶上你所有的東西。」兩人開車到納許維爾，晚上就住在音樂街（Music Row）附近的名人堂飯店（Hall of Fame Hotel）。

「那時候我就應該察覺整件事不太對勁，因為我們訂了兩個房間，」羅基說，「每次我們旅行，為了省錢，都會共用一個房間。那天晚上我沒睡好，醒來時看到門下有一張紙條。」

你屬於這裡。我會把你的東西送過來。
我已經幫你付了兩星期的房費。

他是大恩人。

麥可．尚恩不是狼。

羅基開始工作。他去打零工，寫歌。他重新出發，在大型郵輪上演出。後來他結了婚、又離婚，生了一個女兒。若干年後，又有一位神奇的外人走進他的生命，讓他有機會前往曼哈頓，在環球唱片公司主管面前試唱半小時。「他們告訴我可以唱兩、三首歌。我唱完三首歌之後，他們沒有趕我出去。所以我接著唱了另一首，然後又一首。當天試唱結束後，那位主管直接和我簽了一份唱片合約，安排我住進豪華且俯瞰中央公園的飯店裡，他們幫我訂了總統套房。」

當年被丟棄在北卡羅來納的垃圾桶裡、瀕臨死亡的小男孩，如今站上了美國娛樂業的頂峰。他利用第一張專輯發行後累積的人氣，成立了名為「向部隊致敬」（Tribute to the Troops）的組織，至今已經募得數十萬美元，為那些父親或母親在軍中服役期間不幸犧牲性命的孩童支付大學學費。他這輩子得到許多人照顧，這些人代替了他父母，現在他自己成了數千名孩子的父母，即使他可

i 一九五五～二〇二〇，荷蘭裔美國搖滾吉他手，被媒體譽為二十世紀極具影響力與獨創性的吉他手，因喉癌病逝。
ii〈伊帕內瑪姑娘〉（Garota de Ipanema）是爵士樂名曲，可說是巴薩諾瓦（Bossa Nova）樂風的經典代表。

能不認識他們。他之所以覺得有義務照顧那些孩子，要歸功於改變他一生的那個男人。

「我想我們每個人一生中都會遇到像麥可．尚恩這樣的人，」羅基說。「從象徵意義來說，我認為他就是上帝，是他帶我到我該去的地方。如果你聽過我的專輯《信心》（*Faith*），第一首歌是〈我所屬的地方〉（Right Where I Belong），歌詞寫的是迷路、被找到，犯錯、做錯事，當對的人出現，為你開啟一扇門的時候，你就有足夠勇氣穿越那道門。」

老奶奶的智慧

幾年前，有位朋友請我和她的一位朋友聊聊，那位朋友和某家大型媒體公司發生了一些衝突，之前我也曾和那家公司鬧得不愉快。我朋友的朋友打電話給我；我記得他是英國人。我花了一點時間分享我自身的經驗，沒想到他花更長時間敘述自己遇到的狀況。後來他謝謝我和他通電話。「但是我覺得我沒幫到什麼忙。」我說。「喔，正好相反，」他回答，「我覺得很棒。我奶奶常說：『對別人說出你的問題，你的問題就少了一半。』」

他奶奶是對的。

正經歷人生轉變期的人，常覺得與身邊的人有隔閡。這是過程中很不好受的部分，你感覺自己被隔絕、孤立、遺棄，覺得傷心。正在換工作的人每次聽到最常被問到的問題：「你是做什麼的？」往往不知道如何回答；小孩有上癮問題或是罹患心理疾病的人，一旦被問到看似最沒有惡意的問題：「你小孩還好嗎？」多半會臉色大變。我生病時正是這種感覺。我接受化療後，虛弱地躺在床上，因為腿部開刀無法行走，再加上免疫系統問題，也不能出門，只能盯著窗外，看著人們輕鬆自在地在街頭散步，我只能喃喃自語說：你不會明白這種感受。你無法體會我的心情。

當你處在「之間」的狀態，意謂著你會感到孤單。你既不屬於這裡、也不屬於那裡，所以常覺得無處可去。

這也是為什麼當你經歷轉變期，與其他人建立連結很重要。人類天性喜歡分享。哈佛大學研究人員發現，人們說話時，其中有三十%到四十%的內容，只是為了把他們的主觀經驗告訴其他人。〔1〕他們之所以這麼做，原因是自我揭露能獲得最多回報。當我們說出自己的想法時，大腦會釋放有助於減緩痛苦的化學物質，激發我們體內的特殊系統，促使我們與其他人建立更良好的關係。當人們述說自身最傷痛的經歷時，他們的血壓、心跳、和其他生理功能會在短時間內被激化，但隨即又恢復到向別人告解之前的正常水準，而且接下來幾星期會一直保持穩定。人們甚至會準備好放棄金錢，只為了說出更多個人煩惱。〔2〕這種想要分享自身經驗的渴望，也會感染陌生人。團體治療時越多人開口，參與者就會越喜歡這個團體。他們越是願意談論自己，就越有可能宣稱他們從團體中獲得啟發。〔3〕

老奶奶不僅感覺敏銳，她還是一位神經科學家。

這項研究的一大重點是：聊天不是一個人的消遣。我們之所以需要尋找其他人，或是從加入團體治療起步，是因為擁有聽眾能帶給我們力量。這些聽眾會反過來形塑我們的故事——我們的聽眾變成了共同敘事者。敘事心理學家發現，我們邁入青少年後，會開始期望創造前後連貫的人生故事，也就是從這時候開始，我們會非常倚賴共同敘事者，其中有許多是成年人，例如父母、老師、宣教士、教練等等。〔4〕即使我們長大了，還是期望找到有智慧的長者。不妨想想在各個神話中出現的大師、老奶奶、尤達、叔叔、權威、聖者、導師、賢哲們。我們需要哲學家喬治・赫伯特（George Herbert）所說的重要他人（significant others），我們必須透過這些人的回饋，理解我們自身行為的重要性，幫助我們創造事件的意義。如果少了這些人幫助，我們很容易當局者迷。〔5〕

但是，我們最看重哪些「重要他人」？如果你會對其他人說出自己的痛苦，你就知道對方會提供各種意見，從單純的肯定到溫柔的批評，再到嚴厲的攻擊。哪種意見最有幫助？我問了每位受訪者這個問題，答案比我預期的還要多元。我們將每個人的回答內容編碼，結果發現可以將受訪者歸納成四種類型：安慰者、輕推者、打臉者、典範者。不過第五類也很常見，所以我決定把它納進來，只不過這種人的回答有時候聽起來很刺耳，我所說的第五類是：愛唱反調的人（naysayer）。

各類型的人數比例如下：安慰者（我愛你；我相信你；你可以的）排名第一，有超過三分之一的人選擇這個類別；輕推者（我愛你，但是或許你應該試試看）排名第二，大約有四分之一的人選擇這個類別；打臉者（我愛你，但是別那麼自以為是）排名第三，大約有六分之一的人選擇這個類別；典範者（你可能不認識我，但是請跟隨我）排名第四。最後一個類別：愛唱反調的人，他們通常會說我們是笨蛋、我們瘋了，或是我們絕對不會成功。對某些人來說，這就夠了，反而激發他們需要的動力。

以下舉出一些案例，說明不同類型的「重要他人」會如何在生活中塑造我們的故事。

安慰者：「我給你買一張車票，我給你買一張機票。」

一場車禍奪走了羅瑞塔．帕拉姆女兒的生命，她被迫成為兩個孫女的主要照顧者，痛失愛女的她，人生失去了方向。她在亞特蘭大一所歷史悠久的黑人學院聯盟圖書館擔任主任，她覺得不能在工作時表露出悲傷，回到家也必須在孫女面前表現堅強。「各地的朋友打電話給我，」她說，「可是我不接任何人的電話，我不想和任何人說話。我只想遠離所有人。」

但是有一個人例外。「我和這個人交情不算深厚，」羅瑞塔說，「她是我們在路易斯安那州巴頓魯治（Baton Rouge）分館的主任，她兒子上大學時過世了，我想是因為愛滋病。那段時間她經常打電話給我，我有空的時候也會打電話給她。有時候我會把車停在路邊，她就讓我哭個夠，然後陪我聊天。」

那位朋友扮演了什麼角色？「她會安慰我，」羅瑞塔說，「她讓我知道我有那樣的感覺很正常。她會告訴我：『你知道，你會好起來的，但是現在不用急著好起來。』接著她會說：『不要讓任何人告訴你該怎麼悲傷。』因為我先生的做法就是想辦法讓你分心，他不希望你一直去想那件事。但是她會說：『不要讓任何人告訴你該怎麼做，只有你自己能決定。』」

人類和所有哺乳動物一樣，很需要陪伴。[6]大猩猩會成群移動，鬣狗會成群咯咯叫，披有尖刺的豪豬會結伴同行，肥胖的河馬會群聚行動。我們會和家人、團隊、群眾以及工作夥伴一起行動。研究人員發現，在危機時刻，人們通常需要借助身邊其他人來維護自尊。朋友越多，你就越健康，不過這要看你願意向朋友傾訴多少心事。被公司解僱的人如果願意與至親好友聊聊，痛苦就會少一些，返鄉老兵與愛滋病毒帶原者也是一樣。歷經艱苦磨難的兒童，通常具備學者所說的適應能力（adoptability），或者說擁有容易被人接納的特質。〔7〕就和羅基一樣，他們很討人喜歡，容易相處，善於激勵他人，總會伸手拉其他人一把。

我聽過一個非常有趣的案例，證明身邊人的安慰確實能幫助我們克服困境。這個人名叫威廉．格里菲斯．威爾森（William Griffith Wilson），從小被人遺棄，生性害羞、壓抑，參加過一次世界大戰，後來做生意失敗。一九三四年十一月，他前往俄亥俄州亞克朗市（Akron）探望一位上了年紀的酒友，卻發現他朋友在傳道的引導下成功戒酒，他覺得很不爽。當時他心想：我需要喝一杯！他在五月花飯店大廳來回踱步，酒吧傳來的笑聲與玻璃碰撞聲讓他心煩意亂。然後突然間，他想通了：「不，我不需要喝一杯！我需要另一個酒鬼。」

威爾森背對著酒吧，走去電話亭，終於找到了另一位酒友羅伯特．史密斯博士（Dr. Robert Smith）。兩人共同成立了匿名戒酒會。從第一次會面開始，他們就要求參與者，跟其他同樣努力想要戒酒的人分享個人的痛苦，這正是匿名戒酒會組織成功的關鍵。「你知道，我們的聊天完全是雙向交流，」威爾森寫道。「我知道我很需要這個酒鬼，這個酒鬼也很需要我。」他稱之為「互惠互助」，後來這就成為匿名戒酒會的主軸。〔8〕

將近一世紀之後，人們已經習以為常，不論是來自同路人或是沒有經歷過類似處境的人，無條件支持都有可能成為救命稻草。有時候我們需要主動尋求安慰，有時候安慰會自動找上門來。不論是透過哪種方式建立連結，有不少人明顯偏愛這種支持方式，根據我的研究，這類型的人數比例達三分之一。

其中一個案例是遊戲設計師克里斯．霍華德，他與太太離婚的過程充滿火藥味，後來他開始與男性約會，丟了工作，生活陷入困境。「有好幾個月，我只能靠著吃豆子和米飯過活，我開始接受心理治療，每星期去健身房四天，為了心理健康著想，我開始聯絡我的好友，告訴他們：『我現在正經歷非常多事情。我已經崩潰，沒辦法用以前我喜歡的方式陪在你們身邊，但現在我需要你們的愛。』

「我真的很感動，很多人不只是口頭說會陪我，他們真的這麼做，」他接著說。「他們跟著我一起哭，來我家看我，對我說：『你住的地方沒有很遠。我給你買一張車票，我給你買一張機票，休息一星期，不論多久，你可以住在我這裡，我們一起努力振作。』」

牙買加裔網站設計師莎拉．庫柏好不容易在矽谷的谷歌找到令人羨豔的工作，但後來決定辭職追求自己的夢想，成為喜劇作家。「我一直睡不著，因為你會覺得，如果你在谷歌不快樂，很可能永遠都不會快樂。離職前一星期我甚至考慮，不如告訴公司說我改變心意了。但是後來我聯絡上前同事，他說每個要離開谷歌的人都有過類似的經驗。後來我老闆把我介紹給一個人，這個人離開谷歌之後開始投入寫作。許多人在我的部落格上留言說：『我只是想要幫你。』」從此之後她再也沒有回頭。

德韋恩．海斯原本在密西根的出版社工作，他太太懷了雙胞胎女孩卻胎死腹中，他陷入憂鬱，婚姻瀕臨破裂。「我們公司的科技部門有一位巴基斯坦開發人員，」他說，「這個人身材高大，留著長長的鬍鬚，是非常虔誠的穆斯林，他太太和我太太同時懷孕。當我回去上班時，已經有好幾個星期沒有看到他，當然我自己也避免跟人接觸，我一直待在自己的辦公隔間。有一天我走出去，立刻聽到他的聲音。我轉身，他走到我面前，張開雙臂緊緊抱住我，然後對我說：『我祈禱阿拉賜予你，比現在承受的痛苦還要多一千倍的快樂。』這正是我需要的。」

輕推者：「這讓我想到我爸過世那天對我說的話。」

來自布魯克林的自由記者艾美．康寧漢在五十多歲時成為禮儀專員。每當她覺得不安時，就會向一位特別的人求助。這個人名叫雪萊．艾克曼（Shelley Ackerman），是一位占星師。「我不知道原來我相信占星，」艾美說，「但是每當我要做一件大事之前，都會打給她。她會幫助我重新想清楚所有事情。」

艾美的父親在南卡羅來納州去世，參加完葬禮後艾美深受感動。「南方有些文化是我在紐約看不到的，這裡的人會透過商會或扶輪社，與禮儀師建立緊密連結。當時我突然靈光一閃。」於是艾美和朋友討論，詢問家人的意見，最後決定報名殯葬禮儀課程。

她打電話給雪萊。「艾美，我愛你，但是我覺得你要再仔細考慮一下，」她說，「你現在的想法有點表面。」艾美覺得有些受傷，但是她確實聽進去了。「那時候我才想到，我哥哥在我出生前就過世了，」她說，「我伯父也過世了，他們的爸爸也很早就走了。我們家經歷太多死亡，我花了很多時間努力讓傷心的人變得快樂。我把這些想法告訴雪萊，她覺得那很重要。」

艾美取得殯葬學學位之後，開始架設自己的網站「啟發葬禮」（Inspired Funeral），這是雪萊取的名字，她告訴艾美，要在星期天中午十二點二十八分正式開站，因為在星相上這是吉時。到了預定的時間，艾美坐在電腦前，打開YouTube播放邱吉爾葬禮影片，當愛國歌曲〈我向你立誓，我親愛的祖國〉（I Vow to Thee, My Country）響起，她忍不住流下淚來。

原本只是膚淺的想法，如今變得深刻。

偶爾我會跟我女兒玩一個遊戲。自從她們進入青春期，三不五時就會拿著自己寫的文章給我看，我會問她們：「你們希望我告訴你們寫得有多好，或是告訴你們如何讓內容變得更好？」她們想過所有可能的回答，最後終於說出了自己很得意的答案：「兩個都要。」

讚美別人固然很好，但是讚美的同時如果能輕推一下，就更好了。近幾年，推力成了熱門話題，行為科學家一再發現，我們做出明智決定的能力，並沒有我們想像中的那麼好。諾貝爾獎得主、行為科學權威理查・塞勒（Richard Thaler）與凱斯・桑思坦（Cass Sunstein）在《推力》（*Nudge*）這本書中提到，「人們做決定的能力實在好不到哪裡去。」[9]他們補充說道，在面臨極為罕見、困難重重或是情緒高漲的情境時（也就是經歷人生轉變期所遭遇的情況），我們會更難做出理智的決定。他們認為背後的原因包括：人類偏好維持現狀、習慣規避風險、喜歡從眾。

很多時候，我們只需要有人輕推一下、小心地戳一下、或是好意地刺我們一下。有四分之一的受訪者表示，他們更喜歡身邊的至親好友做出這些反應。就如同艾美・康寧漢所說的，他們希望有人幫助他們釐清思緒，提醒他們不要忘記夢想，鼓勵他們努力成為心目中最好的那個人。

艾瑞克・維斯托佛某天在密西根湖附近騎摩托車時出車禍，不幸失去雙腿，自此之後陷入自怨自艾。他在好市多的主管向他保證絕不會辭退他，他雖然得到了安慰，但是他真正需要的是有人輕推他一下，幫助他重新融入這世界。「我姊姊似乎想利用臉書推我一把。首先，她成立了「贊助我」(GoFundMe)粉絲專頁，這對我來說真的很重要。我覺得很感動，我已經好多年沒有跟這些人聯絡，他們卻願意捐款給我。我知道他們有自己的家庭、自己的困難，但他們還是想要幫我。很多人開始追蹤我們的粉絲頁。真的很感人。」

珍奈・布勞爾的先生經常聽她抱怨，在大急流城無家可歸聯盟工作時遭遇的種種挫折，某天她先生終於忍不住對她說：「珍奈，是時候了。你必須離開。」「即便到了離職當天早上，我還想著：『我不能這麼做！我不能這麼做！』」珍奈說。「然後他說：『你不能這麼做？這工作讓你不開心，你必須離開。』他甚至找了一份新工作，分擔全家財務壓力，減少我的負擔。」

克里斯・卡西勒(Chris Cassirer)的父母是中學戀人，他母親是夜店駐唱歌手，在克里斯八歲那年出櫃。克里斯被兩位來自紐澤西州藍領階級的媽媽撫養長大，讀中學時被霸凌、被刀刺傷、被罵「娘炮」，連頭髮也被燒過。他開始吸毒、輟學，後來從一位變性人阿姨口中得知，他母親是在外遇生下了他，他的生父死於嚴重的心臟病。就在他人生最混亂的時候，一位治療師送給他維克多・弗蘭克的著作《活出意義來》。「這本書改變了我的人生，」克里斯說，「作者提到，他在集中營看著身邊的人一一死去，後來終於明白，沒有人可以奪走你選擇希望的權利。這讓我想到我爸過世前對我說的話：『有一天你一定會很棒。』我明白我必須做出選擇，實現他說的話。」

最後，克里斯成為明尼蘇達州某所大學的校長。

他需要的只是有人及時推他一把。

打臉者：「你不知道他媽的你的人生發生了什麼事。」

海倫・庫爾科在紐約市華盛頓高地區長大，家人個個體弱多病。「我媽因為氣喘嚴重，必須待在氧氣帳裡，走路不能超過一個街區的距離。從我十六歲開始，我爸多次精神崩潰。我一直覺得我媽是因為生我才生病的。直到我三十五歲那年，才知道在我出生六個月後她才發病。某一天我爸無意中告訴我這件事。我們兩人坐在廚房餐桌前默默流淚。」

所以海倫成了照顧者，照顧家人、朋友、客戶。長達四十年時間，她一直是一位成功的講師經紀人，到了職涯晚期則成為一名取得認證的人生導師。但是她一直很擔心自己的情況。她在十幾歲的時候經歷了傷痛，無法好好控制體重，缺乏自信心。「就在某個時候我突然領悟，我必須和自己好好相處，對我來說這是最重要的事。」

她參加「艾哈德課程訓練班」(est Training)[iii]、里程碑論壇（Landmark Forum），閱讀《創作，是心靈療癒的旅程》(*The Artist's Way*)；她加入讀書會和寫作團體；她在婆羅摩庫瑪立（Brahma Kumaris）[iv]位在印度拉賈斯坦邦阿布山山頂的全球總部待了五天，和其他兩百位參與者討論如何改善這個世界。但是她在六年內接連失去了三位好友與雙親、公司被出售、重掌公司的夢想破滅，她徹底迷失了。「就好像我再也搞不清楚我是誰一樣。」

iii 全名為Erhard Seminars Training，是維納・艾哈德（Werner Erhard）在一九七〇年代開發的心靈成長訓練課程。

iv 起源於印度的心靈運動。信徒相信所有靈魂的本質都是善良的，上帝是一切善良的根源，他們希望教導人們超越與身體相關的標籤，例如：種族、國籍、宗教和性別，建立一種立基於「靈魂意識」的全球文化。

某天她和一群朋友坐著聊天，她開始對大家發牢騷。「我一直碎碎念我對人生有哪些幻想，突然間我朋友溫蒂對我做了一件雪兒（Cher）在電影《發暈》（*Moonstruck*）裡所做的事：對尼可拉斯．凱吉（Nicolas Cage）賞巴掌，而且是兩次，然後對他說：『給我振作一點！』這正是我需要聽到的話，能幫助我徹底甩開腦袋中那些狗屁想法。」

一個賞巴掌的人。我們很多人都需要這樣的人。有些人更喜歡這種人。

西元前四十四年，羅馬演說家西塞羅（Cicero）寫了一篇專文〈論友誼〉（How to Be a Friend），他在文章中強調，好朋友會說出你真正需要聽到、而不是你想要聽到的話。「如果朋友之間只有吹捧、討好與肯定，這絕對是最糟糕、最有害的關係。不論你怎麼說，性格軟弱、虛情假意的人為了討好你，什麼話都說得出口，除了真話以外。」[10]現代社會學也支持這種說法。從小被嚴厲管教的小孩，更有可能擁有健全的人格[11]；在工作中願意正視痛苦真相的成年人，參與度會提高三倍，而且認為主管的領導力高出五倍。[12]

然而我們依舊不願對身邊的人說真話。我們認為維持和諧比說話坦率更重要。兩位研究人員研究了迴避衝突是否是明智之舉。結果發現，友善的溝通會讓人開心，因為它能增加短暫的愉悅感；誠實的溝通則會創造更深刻的意義，有助於實現長遠目標。最後他們得出結論：「人們最終會發現，誠實的溝通比他們原先預期的更讓人覺得快樂、有意義，也更能促進社交連結。」

我的訪談結果也反映了這種偏見。雖然賞巴掌並不是人們最希望從人生導師身上得到的回應，但是喜歡直言不諱的人卻覺得，如果聽不到真話，他們就活不下去。

安柏．漢森（Amber Hansen）就是這樣的人。她是來自達科他州南部的畫家與版畫家，就在即將取得堪薩斯大學藝術碩士學位之際，她的作品卻沒有通過審核。「這真的是重大挫敗，因為這是我一輩子努力追求的目標。突然間我不再是藝術家；我不屬於這裡。如果連這都做不了，我還能做什麼？我一直哭不停。」後來一位朋友要她別再哭了，出發去旅行。「我在柏林待了十天，遊遍整個德國，然後去了阿姆斯特丹，回國後我改念電影，拍了一部作品，與我小時候的夢想有關。」這部作品最終讓她取得藝術創作碩士學位。

珍妮兒．漢契特也是這種人。她是加州本地人，多年戒酒不成，直到遇見她的贊助人戴夫。「我第一次見到他的時候，他看著我，對我說：『你就是個壞女人。我來這裡不是為了愛你。有一堆人愛你，但是這樣能幫助你戒酒嗎？你說的那些狗屁我一句都不信。對你來說，如果看起來像隻鴨子、叫聲也像鴨子，那麼它很有可能是消防栓。你滿口胡言亂語，根本不知道他媽的你的人生發生了什麼事。』他是對的。我需要戴夫這樣的人打醒我，讓我開始質疑自己的認知。」

還有來自聖地牙哥的戲劇教授莉莎．波特。她在瑜伽靜修期間接受塔羅占卜，她提到女兒黛西是特教生、備受煎熬。「那個女人看著說：『你怎麼知道她很煎熬？我覺得是你覺得煎熬。』她的話改變了我的想法。我說：『喔，哇，你說得沒錯。我把自己所有痛苦投射到她身上。她看起來非常快樂。她不會到處跟別人說，我的老天啊，我真希望可以像一般十三歲小孩那樣天真胡鬧。』一個陌生人讓我明白了這一點。」

典範者：「只有瑪丹娜一直陪著我。」

麥可・安傑洛在紐澤西的普蘭菲爾德（Plainfield）長大，從小身邊沒有任何角色典範。「我爸媽簡直瘋了。他們是好人，但是他們被瘋子撫養長大，根本不知道怎樣做會更好。」麥可沉浸於童話故事、迪士尼動畫，很小的時候就喜歡男生，所以他做了一件許多邊緣人會做的事：向外人尋求指引。他轉向名人求助。

「上中學後我開始實驗自己的風格，辛蒂・羅波（Cyndi Lauper）成了我的仿效對象。我把瀏海染成橘色，蓋過一隻眼睛。穿著復古夾克，上面別滿了搖滾徽章，還有一個巨大的粉紅色三角形圖案。結果我被狠狠揍了一頓。」

麥可開始逃學，在上課日偷溜去曼哈頓；勉強畢了業；報名美容學校，然後開始在沙龍工作。在這段期間，他選了一位女性當他一輩子的遠距神仙教母。「只有瑪丹娜一直陪著我，對吧？她就像個大姊姊，是站在我肩上的奇妙仙子。她嘗試了許多事物，像是卡巴拉（kabbalah）、瑜伽、皮繩愉虐（BDSM），某種程度來說，她為我照亮了前方的路。當她開始反省時，我也終於斷開維持多年的不健康關係。我心想：『真是夠了，別再胡思亂想。該是腳踏實地面對現實的時候了。』當我說她的《光芒萬丈》專輯裡每首歌都是唱給我聽的，我是真心這麼認為。」

不是所有角色典範都是我們認識的人。一開始我對這種說法有些存疑，卻一再聽到受訪者這麼說，尤其是人生故事與身邊其他人大相逕庭的受訪者。我也可以談談自己的經驗。十幾歲時我有一些奇怪嗜好，例如雜耍和默劇。當時是一九七〇年代，我住在喬治亞州薩凡納市，方圓五百英里內，我不知道誰也有相同的興趣。我必須翻閱破舊的平裝書，或是向過夜營隊輔導員請教，慢慢摸索其中訣竅。雜誌成了我的導師。後來我夢想成為作家，我從帕特・康洛伊（Pat Conroy）身上學到的，比我認識的其他人都還要多，他的作品真實描繪了我家鄉的偏僻景象。

現在，如果擁有非傳統或非主流的嗜好，已有了更多元的選擇。只要上網，就會出現各種角色典範。我太太成立了一個組織協助全球創業家，後來她發現了她所說的乘數效應（multiplier effect）：即使是單一的角色典範，也能激勵整個國家或整個大陸。[13]約翰霍普金斯大學的研究人員在小學校園裡發現類似效應：有色人種學生如果遇到有色人種老師，比較不會輟學。[14]相同原理也適用於高齡化：中年人如果找到成功樂齡典範，就更能順利地應對人生轉變。[15]

或許最讓人意想不到的是：你不一定要跟這些人熟識。史丹佛大學的一位社會學家發現了**弱連結的力量**（strength of weak ties）：萍水相逢的人對你人生帶來的影響，往往比熟識的人還要大。原因是：你朋友通常和你很像。[16]我的受訪者有更進一步的說明：改變他們人生最多的人，有時候是鄰居，有時候是陌生人，有時候是素未謀面的人。

其中一個案例是艾莉莎・科倫塔耶，她原本住在紐約一間狹小公寓裡，因為感情不順，加上在科技業的職涯發展面臨瓶頸，一直覺得自己很失敗。後來有位新鄰居搬進樓上的公寓。「有幾個星期她會消失不見，然後又回來，看起來生活無憂無慮。有一天我攔住她。『你去哪？為什麼你看起來這麼開心？』她說：『我去當駐村藝術家！』我問說：『那是什麼？』她說：『我在那裡待了六星期，專心寫詩，他們會供應三餐，提供住宿，很不錯。』我說：『聽起來像是天堂。』」那個週末，艾莉莎申請了二十個類似的計畫，最後獲得明尼蘇達州駐村計畫錄取，她也因此遇見了未來的先生，搬到中西部定居。

克里絲蒂・史普拉貢從澳洲移居洛杉磯，部分原因是想要擺脫疱疹帶給她的羞愧感，她大量閱讀書籍、聽錄音帶、看YouTube影片，希望從中得到指引。「我的導師都是勵志演說家，」她說，「像是歐普拉、摩根・史考特・派克（M. Scott Peck）；我很喜歡《心靈地圖》（*The Road Less Traveled*）這本書。現在我正在聽狄帕克・喬布拉（Deepak Chopra）的節目。我一直在進步，我認為他們是我的老師。在我需要的時候，他們正好出現。」

薩爾・詹班科在耶穌會修道團待了九年之後離開，那時候他沒有任何資產、沒有收入、沒有家、沒有未來。「在耶穌會你要立誓一生清貧，所以當我想要租一間公寓時，沒辦法通過信用查核，最後只能申請住房法案第八條（Section 8）的補助計畫。」[v]薩爾寄出四百份求職履歷，結果只收到兩通回電。「其中一通是一位女性打來的，她說：『我這裡沒有適合你的工作，但是你的經歷看起來挺有趣。我只是想要祝你好運。』另一通是一名男子打來的，他想要找人協助處理人事相關業務。『我不確定你是否適合這個工作，』他說，『不過，其他來應徵這份工作的人都是二手車業務。我很確定你不是二手車業務。我想給你一次機會。』後來薩爾當上PayPal人力資源部門主管，持續追求卓越職涯，最後成為矽谷知名的高階主管教練。

「我一直記得那句話，」他說，「到現在，我也一直為那些不屬於常態範圍內的人提供機會。某個我完全不認識的人改變了我的人生，我也希望自己能改變某個人的人生。」

唱反調者：「我爸媽拿我和威利．羅曼比較。」

我會問受訪者：「在你面臨轉變期的時候，是否有導師、朋友、至親或是有智慧的外人提供建議？」通常接下來我們會談到哪類建議最受用。不過也有例外情況。採訪過程中偶爾會出現另一類人，他們會提供很不一樣的意見，但事實證明他們的確能幫助別人度過困境。

這種人喜歡批評、愛潑人冷水、凡事抱持懷疑、經常口出惡言。

他們就是愛唱反調的人。

所有人都認識來自流行文化圈的這位名人。歐普拉．溫芙蕾永遠不會忘記當年開除她的巴爾的摩地方新聞台主管，她在這家電視台工作七個月後被解僱，那位主管說她「不適合上電視，總是投入太多感情」。[17]湯姆．布雷迪（Tom Brady）職業生涯大部分時間，都是透過反向刺激激勵自己：參加國家美式足球聯盟（NFL）選秀時，一直等到第六輪才被選上；某年因為捲入「洩氣門事件」（Deflategate）[vi]，被禁賽四場，更讓他心生不滿。他特地保留了國家美式足球聯盟通知禁賽的信件，當作額外獎勵。「這是提醒自己不要忘記的好方法。」他說。[18]那年的超級盃布雷迪有出賽，隔年贏得冠軍。

v 一九七四年的《住房與社區發展法案》是美國聯邦法律，修訂一九三七年的《住房法案》，增設第八條有關住房補助的內容。在第八條計畫中，租戶以其收入的三〇％支付租金，其餘租金則由聯邦資金支付。

vi 二〇一五年，新英格蘭愛國者隊與印地安納波里斯小馬隊比賽，事後有人指控愛國者隊工作人員故意在比賽用球上動手腳，導致充氣磅數低於聯盟規定，同時指控愛國者隊四分衛布雷迪知情不報。

某一年瑪丹娜獲選為《告示牌》年度女性，領獎時她提到，她在十多歲時第一次搬到紐約，結果遭到霸凌，被人持槍搶劫、持刀性侵；在她事業的中期，被人辱罵是蕩婦、巫婆、撒旦；到了事業晚期，她得到的待遇甚至更糟：完全被無視。「我要告訴那些懷疑我、唱衰我的人，所有對我破口大罵，說我做不到、說我不行、說我不可以的人，你們的否定只會讓我更堅強，讓我更努力前進，讓我成為現在的鬥士、成為現在的女人。所以謝謝你們。」〔19〕

雖然受訪者提到的愛唱反調的人沒這麼粗暴，但還是會造成傷害。許多愛唱反調的人是父母。布林．恩特金讀中學時成績平平，當時她希望在柬埔寨為女孩創辦一所學校。「我爸媽說：『這恐怕不是好主意。』我心想，他們不相信我能做到。我一定要證明給他們看。」她真的做到了。克里絲蒂．摩爾讀中學時懷孕，只好休學，她父親說她將來一定一事無成。「他說我甚至拿不到普通教育發展證書（GED）。」但是後來克里絲蒂成功取得博士學位。夏儂．沃茲讀九年級時，某一天學校的家庭作業要求父母，拿自己的小孩與某位歷史人物比較。「因為那是一所天主教學校，所以多數父母都回答聖女貞德或聖母瑪利亞。我父母居然拿我和《推銷員之死》（*Death of a Salesman*）的威利．羅曼做比較。〔vii〕我心想，家裡只有我一個小孩是有原因的。」後來夏儂在美國成立了知名的槍枝管制倡導組織。

有些唱反調的人來自職場。泰勒．丹尼斯（Tyler Dennis）的父母是威斯康辛大學的社會學家，他在十九歲讀大學時被診斷出睪丸癌，被迫放棄對藝術的愛好，後來他在紐約市外頗負盛名的石倉中心（Stone Barns Center）旗下的有機花園工作，他因此有了新想法：成立自己的蔬菜農場。「我老闆認定我絕對做不成。『當小農只能勉強混口飯吃；我們競爭的餅就這麼小。』我理解他說的，但是我無法忍受別人對我指手畫腳，去做就對了，這樣反而能帶給我很大鼓勵。」現在他努力經營灰西鯡農場（Alewife Farm），這座農場已被石倉中心官網列入推薦農場名單中。

安．瑪麗．狄安潔洛的身高只有一米五五左右，第一次參加喬佛瑞芭蕾舞團（The Joffrey Ballet）甄選時，舞團總監告訴她：「我們現在不能錄用你，因為你太矮了。」安．瑪麗因此被惹怒了。她回去上班，之後順利加入舞團，成為首席芭蕾伶娜，最後當上舞團副總監。「我媽經常引述卡爾文．柯立芝（Calvin Coolidge）說過的一段話：『這世上沒有任何事情能取代堅持。才華無法取代堅持，徒有才華卻一事無成的人比比皆是。天份也無法取代堅持，空有天份卻不懂得利用的人不勝枚舉。教育無法取代堅持，這世上到處是受過教育的敗類。唯有堅持與決心是無所不能的。』」

從唱反調到輕推，從安慰到打臉，外部聲音在我們的人生轉變期扮演了關鍵角色。如果我們是唐吉訶德，他們就是桑丘．潘薩（Sancho Panza）〔viii〕；如果我們是湯姆，他們就是哈克；如果我們是雪莉〔ix〕，他們就是拉維恩。當我們重新架構、改寫自己的人生故事時，這些人就是共同敘事者。在我們最孤單的時候，他們成了救命恩人。他們是我們的知己、同伴，有時甚至是批評者，激勵我們再往前一步，最終塑造出新的自我。

vii 銷售員威利．羅曼因為年紀太大，在職場上已無用武之地，家庭關係又陷入緊張，最後選擇自殺換取保險金。

viii 《唐吉訶德》小說中的人物，是主角唐吉訶德的隨從。

ix 《拉維恩與雪莉》（*Laverne & Shirley*）是一九八〇年代的電視喜劇，講述兩名女子同住在一個屋簷下的故事。

原註

1 Diana Tamir and Jason Mitchell, “Disclosing information,” *Proceedings of the National Academy of Sciences of the United States*, vol. 109, no. 21.

2 Tamir and Mitchell.

3 Pennebaker, *Opening*, p. 3.

4 Robyn Fivush, *Family Narratives and the Development of an Autobiographical Self* (Routledge); McAdams, *Stories*, p. 79.

5 Kurtz, *Spirituality*, p. 87.

6 Bridges, *Transitions*, p. 95.

7 Meg Jay, *Supernormal* (Twelve), p. 139.

8 Kurtz, *Imperfection*, p. 84.

9 Richard Thaler and Cass Sunstein, *Nudge* (Penguin Books), p. 7.

10 Marcus Tullius Cicero, *How to Be a Friend* (Princeton), p. 155.

11 Jen Lexmond and Richard Reeves, *Building Character* (Demos), p. 13.

12 Emma Levine and Taya Cohen, “You Can Handle the Truth,” *Journal of Experimental Psychology*, vol. 147, p. 9.

13 由我太太琳達・羅登伯格創辦與經營的團體「奮進」（Endeavor），已針對乘數效應進行廣泛研究，可參考：“The ‘multiplier effect’ in Argentina,” Endeavor, February 13, 2012, endeavor.org/blog.

14 Seth Gershenson, Cassandra Hart, Constance Lindsay, and Nicholas Papageorge, “The Long-Run Impacts of Same-Race Teachers,” IZA Institute of Labor Economics, 2017.

15 D. S. Jopp, S. Jung, A. K. Damarin, S. Mirpuri, and D. Spini, “Who Is Your Successful Aging Role Model?” *The Journal of Gerontology*, vol. 72, no. 2.

16 Mark Granovetter, “The Strength of Weak Ties,” *American Journal of Sociology*, vol. 78, no. 6.

17 “5 Things You Didn’t Know About Oprah Winfrey,” *Vogue*, January 29, 2017.

18 內容取自《湯姆與時間》（*Tom vs. Time*）實境秀節目第1集，節目在臉書平台上播出，主角為湯姆・布雷迪。

19 “Madonna Delivers Her Blunt Truth During Fiery, Teary Billboard Women in Music Speech,” billboard.com, December 9, 2016.

12 啟動它
展示新自我
LAUNCH IT
Unveil Your New Self

某一天，事情就這麼發生了。你的生活開始出現回復正常的跡象，一抹微光乍現，當你吸氣時，下巴不再緊繃，呼氣時不再嘆息。你的過去不再像是長長的陰影；你的未來開始變得清晰。即使這一刻發生在轉變階段初期，你還沒來得及徹底告別、還沒有完全走出混亂，但是依然具有重要的象徵意義。

這時候你要啟動新專案、分享自己所做的改變、慶祝自己的進步。展現全新的自我。

「我展現全新的我，拯救許許多多和過去的我相似的人」

史蒂文．哈桑（Steven Hassan）出生於皇后區法拉盛（Flushing）的中產階級家庭，是家中第三個小孩。他母親在學校教八年級學生；父親經營一家五金行。「我十七歲那年，兩個姊姊都已經結婚離家，」史蒂文說，「我爸問我想不想接手五金行。當時我開始寫詩和短文，我一心想要成為作家。我說：『一點也不想。』後來我去了皇后學院（Queens College）。」

史蒂文主修創意寫作。「我的個性內向，非常害羞，而且真的對性充滿好奇。」大三時某一天他坐在自助餐店裡，三位面帶笑容的日本女孩開始撩他。「她們問說能不能和我坐一桌，跟我聊天，後來她們邀請我去她們住的地方，認識來自全球各地的朋友。」

那天傍晚什麼事也沒發生，一群學生相互討論如何聚集不同背景的人，史蒂文向他們道謝，然後走出門外。其他人也跟著出門，問他隔天能否再過來。他禮貌地拒絕了。「我記得他們一直走到車旁邊，外面下著雪，一群人連鞋子也沒穿。他們圍住我的車，對我說，除非我答應隔天再來，否則他們不會讓我離開。我記得當時我心想，這些人真是瘋了，但是我這個人很有原則，也覺得有些內疚。」

史蒂文真的回去了，而且同意週末和他們一起度假。一輛廂型貨車載著他們開了四十五分鐘，最後抵達市區外某個地點。當貨車穿越大門時，主辦人宣布，他們要和統一教合辦一場工作坊。「我說：『等等，我是猶太人。沒有人跟我提到任何關於教會的事情。』他們說：『有什麼問題嗎？史蒂文，你有偏見嗎？你反對基督教嗎？』」

他們還說貨車要到隔天早上才會開回去。那晚他們一起唱歌、吃東西、交朋友。「這讓我想到夏令營。」史蒂文說。兩天的工作坊後來變成三天，然後是七天；史蒂文開始翹課，辭去兼職，跟家人鬧翻。「我開始相信我們正處在歷史的轉捩點。關於誰會是地球上的救世主？誰會來拯救世界，終結所有戰爭與饑荒，創造如同伊甸園一般、人人和睦相處的世界？我心中也有了答案。」

那個人就是文鮮明牧師（Reverend Sun Myung Moon）。後來史蒂文成了統一教信徒。

史蒂文不只成為統一教教徒，還成了文鮮明很喜愛的弟子。他剪去頭髮，穿上西裝，交出銀行帳號，然後被告知，當文鮮明統一全球之後，他可以選擇掌管某個國家。他之所以能取得這樣的地位，原因是他很擅長招募會員，很懂得如何說服他們撒旦已經接管他們的家庭，並讓他們相信他知道他們唯一真正的目標是什麼。

史蒂文每天晚上只睡三到四小時，放棄自慰與做愛，定期禁食。「我把自己逼到極限。」他說。加入統一教兩年後，某個星期五早上五點半，史蒂文開著一輛小貨車到巴爾的摩郊外接信徒。他已經連續兩天沒睡。「我以八十英里（約一二八公里）的時速撞上聯結車後方，」他說，「小貨車被壓扁，我卡在貨車內，必須把車門鋸掉。」

史蒂文的腿斷了，傷勢嚴重。他在醫院住了幾星期，終於可以好好睡覺、吃飯。他獲得「神聖家庭」允許，打電話給他真正的家人，特別是他姊姊。「我們從小一起長大，關係很親密，」他說，「她告訴我她愛我，我還有個從未見過面的外甥。『我希望他能認識他的史蒂文舅舅。』」

史蒂文告訴姊姊，他會過去看她，只要她不告訴他們父母。但是她沒有遵守協議。「我爸媽找來一群前統一教信徒，開始對我反洗腦，」他說，「我的情況相對容易一些。他們只要拿走我的拐杖，我就沒辦法逃跑。」但是他已經被徹底洗腦，很難動搖。某天早上，史蒂文的父親開車載他兜風，史蒂文差點掐斷他的脖子。「我也差點沒命，但是我真的相信死亡比背叛救世主要好。」

接著他父親轉向他並掉下眼淚。「如果我是你兒子，你唯一的兒子，你會怎麼做？」他問。「以前我只看過我爸哭過一次，」史蒂文說，「這是我第一次願意花一些時間從他的角度去思考。」史蒂文同意空出五天和前教徒聊聊。如果還是不成，他父親同意載他回教會。

後來他們再也沒有回去教會。史蒂文終於知道什麼是洗腦；他聽到有人把統一教信徒比成納粹黨；他認真閱讀精神科醫師羅伯特．傑伊．利夫頓（Robert Jay Lifton）的著作，了解毛澤東如何操控人心。之後他經歷了典型的人生轉變期。他感到羞愧、內疚。他很遺憾必須捨棄教會的朋友和使命感。他下定決心要重拾以往的嗜好：閱讀。

史蒂文花了一些時間復原，後來面臨了一個重要抉擇：現在他想要成為什麼樣的人？他可以隱瞞自己曾經是統一教信徒，重啟人生，不會有人知道。或者，他可以把自己獲得的啟發轉化成正面行動，回應其他絕望家庭的求助呼聲。

他父親開了第一槍：「你已經付出代價了，就繼續過你的生活吧。」但史蒂文不是很確定。後來他找到羅伯特．傑伊．利夫頓位在中央公園西（Central Park West）的公寓。「那時我陷入憂鬱，大學沒畢業，曾加入統一教，正在思考要如何搞定自己的人生。他留著一頭白髮，是全球知名的心智操控權威。我告訴他，他的書救了我的人生。他說：『哪一本？』我說明後他回答說：『我只是透過二手資料研究這些問題。但你有實際經驗。你應該向我這樣的人解釋那是什麼感受。』」

利夫頓協助史蒂文申請耶魯大學，後來史蒂文取得心理諮商碩士學位。這段期間他提出了自己的理論，解釋團體如何操弄個別成員的行為、想法與情緒。

史蒂文終於準備好公開展示自己的新身分。他開始四處演說，上電視節目，進入國會演講。他依據《資訊自由法》（Freedom of Information Act）要求調閱文鮮明的資料；關注前邪教成員的近況；成立了一個組織幫助家庭成員解救他們的孩子，擺脫邪教、性販運集團與恐怖份子的控制。後來他結了婚，第一任太太不幸溺斃後又再婚，和第二任太太領養了一個兒子。

他認為自己之所以能成功地塑造新的自我，並非利夫頓、他父親，甚至他姊姊的功勞，他將這歸功於文鮮明。「加入統一教那段期間我有很高的期望，但願自己對這世界能產生更大的影響。以前我只想寫詩，或許在社區大學教書。過去我連面對十二個學生說話都會很緊張，但是加入統一教之後，他們希望我能走上台，在上千人面前即興演說。

「我的敘事既諷刺又離奇，」他說，「加入過邪教，反而讓我有自信幫助其他人擺脫邪教。我公開自己的經歷，利用蛻變後全新的我，拯救許許多多和過去的我相似的人。」

他的人生形態是開口向上的錐體，正好反映了他的成長歷程。

第一個正常時刻

最初執行這個專案時，我聚焦在重大議題，也就是導致人們焦慮、不安、身心失調、步調混亂的大規模趨勢與社會轉變。可是在一次次的採訪過程中，我卻被許多小主題吸引，這些小步驟與模式似乎暗示了更大的真理。其中之一我稱為第一個正常時刻（the first normal moment）。

來自麻州布魯克萊恩（Brookline）的賽斯．穆努金，青少年時期患有強迫症，後來從哈佛大學畢業，二十多歲時染上毒癮。他人生的谷底發生在紐約，那時他開始吸食海洛因。「海洛因有個副作用，就是會讓你嚴重便祕。」賽斯說。「有段時間我沒有工作，我室友想辦法把我隔離起來。我有好幾天沒大便。我知道，為了讓身體正常運作、出門再去買毒品，我一定要上廁所。我把手伸進屁股裡，慢慢把屎塊挖出來，大概花了一小時。這真的很丟臉、很沒面子、很洩氣；但是在當時的情況下，我不得不這麼做。」

四年後，賽斯終於成功戒毒，在新聞業找到第一份工作。他發現重新回歸正常生活的一大挑戰，嗯，就是處理再平常不過的瑣事。「最頭痛的是，我得要搞清楚怎麼繳帳單。我以前從沒做過這件事。現在我已經結婚，有了小孩，在麻省理工學院取得終身教職。不過有一件怪事還是會帶給我快樂：寫支票。我真的很開心能準時付帳單，因為這代表我的銀行戶頭裡有錢。」

過沒多久，我去採訪麥可．安傑洛，他在十多歲時遭到霸凌，之後成為曼哈頓地區的頂尖髮型設計師。但是他離了婚，人生失去了方向。「我沒想到自己竟然這麼脆弱，」他說，「以前我可以做任何事。我在米特帕金區（Meatpacking District）開了一家美髮沙龍，雖然經歷兩次災難，一次是經濟崩盤，一次是團隊瓦解，但我還是繼續營業。即使遭遇嚴重風暴，我仍舊待在船上。可是現在，我不知道要去哪裡買雞蛋三明治。

「有非常多史詩故事都在探討人生轉變，」他接著說道，「例如：英雄旅程、史黛拉重拾以往風采。[i]但是，偏偏沒人創作一部電影劇本，描述一個人如何努力想辦法支付有線電視帳單。我的情況是，我打電話給我的會計師，要求他接手處理以前由我先生支付的帳單，那時候我就知道我能做到。那就是我的生活常態。」

一個月後，一位好友的七歲女兒和他太太，在十八個月內因為癌症接連過世。他告訴我，他也認為最讓他覺得握有掌控權的事，就是繳交有線電視費用。

之前我們曾提到，很多人碰巧都會保留靴子當作紀念物，現在又有類似的巧合，前面幾段的故事裡有三種類型的人，他們各自面臨不同的環境，卻有相同的體悟。

支付有線電視費用，或是除草、疏通水槽等日常瑣事，到底有何深刻之處？

近年心理學家觀察到，若要過著有意義的生活，就必須建構完整的後設敘事（metanarrative），這個敘事涵蓋了所有我們認為真正重要的事情，包括：工作、家庭、服務、崇拜、美等等。〔1〕這個敘事必須明確陳述，是哪些因素塑造我們的身分認同，這麼做的好處之一是：在經歷那些平日困擾所有人的不愉快經驗時，能夠更全面、更理性地理解整件事，然後堅持下去。正如同心理學領域的知名研究學者羅伊・鮑邁斯特（Roy Baumeister）所說的：「向下流動比向上流動更容易。」〔2〕

不過採訪完後我發現，順序顛倒過來也是可行的。如果我們找不到超越自我的宏大意義，就會把注意力放在微不足道、偶然發生的事情，幫助自己度過日常生活，重建人生意義。我們陷入困境時，會緊緊抓住一些小事。我們會關注看似不重要或不經意出現的行為，這些行為非常重要，代表我們有能力堅持下去。其中之一就是第一次出現的正常行為。例如：經歷慘痛的損失之後，第一次大笑；長時間臥床休養後，第一次坐在馬桶上；遭到公開羞辱後，第一次走進超市。

時間久了，這些小小的成功會累積成為更大的成就、更完整的敘事。這些累積是必要的，第一次成功通常占有超乎想像的重要份量。第一次成功就好比在通往康復的馬拉松跑道上、看到第一個出現的里程數路標，那是縫補破碎心靈的第一針。山謬・詹森（Samuel Johnson）發現，他會進入某種萎靡狀態，變得非常「懶散、無力，完全看不清鎮上時鐘的指針」，然而光是從椅子上站起來這個簡單動作，就會讓他的心情變好。〔3〕當然，詹森不需要支付有線電視費用，但是他確實

i 典故源自一九九八年上映的電影《當老牛碰上嫩草》（*How Stella Got Her Groove Back*），主角史黛拉是四十歲的投資經紀人。某次與好友去牙買加度假，結識一位二十歲的年輕男孩，迸出愛情火花。

理解，有時候我們需要先行動才能轉換情緒，透過最簡單的身體動作開啟重生之路。

以下是「第一個正常時刻」的其他案例：

- 凱西・凱斯一歲的兒子被診斷出第一型糖尿病幾星期後，她開始計劃帶著兒子離開德州，前往華盛頓特區。「我坐在醫院裡想著，我們應該取消這次旅行。因為我得帶著這些藥物、這些針筒、這些急救用品一起旅行。然後有位護士說：『我們可以幫你。』他們幫我做好通過安檢的準備。我在朋友家架設了醫療工作站，一切都很順利。回頭看那次旅行，大大提高了我的自信。如果不是那次經歷，我想我們也不會搬進露營車裡四處遊玩。」
- 克里斯・沃德爾（Chris Waddell）在滑雪道上弄傷了背部，回到米爾德堡（Middlebury）頭幾個月，「雨一直下不停，地面滿是泥濘，讓人覺得厭煩、鬱悶。」那年夏天，他的教練帶他去紐西蘭，加入美國帕拉林匹克（Paralympic）團隊。〔ii〕「我第一天的表現糟透了。總教練看著我，像是在說：這傢伙甚至滑不到一百碼。但是過了幾天，我第一次成功站在單板滑雪板上完成過彎動作，這正是我需要的突破。」後來他陸續贏得十三座帕拉林匹克獎牌，成為史上獲得最多獎牌的單板滑雪選手。
- 珍妮兒・漢契特恢復正常之後不久，和先生開車載小孩去加州半月灣（Half Moon Bay）度假。「我和他們團聚後，一起旅行了好幾次，這是其中一次。我負責開車，擋風玻璃上沾滿了一堆死蟲和其他髒東西，我完全看不清路。我先生說：『打開雨刷。』因為我已經酗酒吸毒好多年，車上根本沒有雨刷液。我忍不住笑了出來。是在哈囉嗎？我車上哪有雨刷液？他說：『剛剛我們停車加油的時候我加了一些。』於是我打開雨刷，坐在後座的小孩跟著哈哈大笑，當下雖然覺得很荒謬，但那是我人生中超級開心的時候，因為我明白了一件事，首先，這是很好的跡象，代表我的生活已經恢復正常。」

計畫趕不上變化

第一個正常時刻或許是重回正常狀態的第一步，但絕不會是終點。隨著時間過去，人們開始採取一連串新行動。他們會種植番茄，參加國際演講協會，挑戰閱讀普魯斯特的作品，整理櫥櫃，徒步朝聖，在遊民收容中心擔任志工。他們會開始啟動個人專案（personal project）。

個人成長需要設定目標，這個理念由來已久。齊克果曾在一八四〇年代說過，一個人夢想破滅後，必定會轉向另一個夢想，他將這個過程比擬為輪作（crop rotation）。[4]到了一九六〇年代，心理學家發現，計畫（the plan）是人類行為的重要特色。[5]有能力戰勝逆境的人，往往擁有自主能力，清楚自己的目標，懂得考慮未來。他們會擬定計畫。

在一九八〇年代，劍橋大學心理學家布萊恩．李托開始運用個人專案的概念，進一步分析人們如何度過艱困時期。李托加入了一場大膽的運動，挑戰流行了五十年的一個主流觀點，也就是

ii 帕拉林匹克簡稱帕運會或帕奧，是專為身心障礙者而舉辦的綜合型國際體育賽事。

認為每個人的性格是固定不變的，例如：外向、內向等等。李托認為我們有些性格雖然固定不變，但是有些性格會受到周遭環境或是情況影響。我們會開始建立新的生活方式、新習慣與新專案，回應人生事件。

已經有數百份與個人專案有關的研究顯示，這些專案對於形塑我們的身分認同至關重要。平均而言，我們一次最多同時進行十五個專案，內容包羅萬象，從取得機長執照，到前往大峽谷國家公園健行，或是在佛列德回家前補好牆上的洞。女性通常希望有人協助她們完成專案，男性則傾向獨立完成專案。如果我們陳述這些專案時展現出堅定的決心，例如：清理車庫，而不是把它當成一種期望，例如：另外找時間清理車庫，就更有可能完成專案。〔6〕

上述研究結果激發了我的靈感，所以我又加了一題與個人專案有關的問題：「請告訴我你手邊正在進行的三項個人專案。」我們團隊分析所有受訪者的回答之後，發現了一個有趣的模式。所有人的專案大致與意義的三大要素相呼應。有些與能動性有關（撰寫回憶錄、取得瑜伽證書）；有些與歸屬感有關（幫我媽搬進輔助生活住宅、成為稱職的父親）；另外有一些與使命有關（修改第十三條修正案〔iii〕、掃除幫派暴力）。

我們總共分析了五百多項個人專案，在我的分析模型中，五六%與能動性有關，二七%與歸屬感有關，十七%與使命有關。可以明顯看出來，人們多半會先追求以自我為中心的專案，接著是與其他人有關的專案，最後才是影響整個世界的專案。換句話說，能動性優先，接著是歸屬感，使命則排在最後。

如果再進一步分析，我們發現有四分之一的受訪者提出的三項專案全都屬於同一類別（大部分屬於能動性）。有四成受訪者的其中兩項專案屬於同一類別，另一個屬於不同類別（能動性占比依舊最高，接著分別是歸屬感與使命）。不過最讓我覺得有趣的是，大約有三分之一的受訪者提出的三項專案分屬不同類別，這代表他們的意義來源相當平均。

以下是三個專案分屬三個不同類別的案例：

- 貝維莉．巴斯（Beverley Bass）是美國航空（American Airlines）史上第一位女機長，九一一恐怖攻擊事件發生當天，她正駕駛波音七七七從巴黎飛往達樂斯，當天有兩百二十五架班機被迫降落在加拿大紐芬蘭與拉布拉多省甘德市，她駕駛的航班是其中之一。她的故事後來成為東尼獎（Tony Award）得獎音樂劇《來自遠方》（*Come From Away*）的靈感來源。她提到的三項個人專案分別是：雇用私人助理（能動性），協助她女兒應徵上美國航空的工作（歸屬感），努力拓展她為女性機長成立的組織業務（使命）。
- 布里塔妮．威倫德出生於南卡羅來納州的基督教福音派家庭，後來逃到夏威夷投入陶瓷創作。她的三項個人專案分別是：採訪有趣的人、刺激靈感（能動性）；為她和男友打造一台全新巴士，作為兩人的生活空間（歸屬感）；將老舊糖廠改建為藝術家聯合工作室（使命）。
- 布萊德．克洛迪曾在博思艾倫擔任顧問，離開後一直無法找到滿意的工作，他的三項個人專

iii 該修正案廢除了全美各地的奴隸和強迫勞役制。

案分別為：維修小屋的燈泡（能動性），開車接送小孩（歸屬感），為他居住的紐澤西普林斯頓市創造更多科技工作（使命）。

- J．R．麥克連曾是卡車司機，後來改當護理師，他的三項專案如下：蒐集波特蘭附近的石頭（能動性）；帶領弱勢家庭的小孩爬山，為他們提供輔導（歸屬感）；推動單一支付者健康醫療系統（使命）。
- 哈麗亞（Khaliya）出生於紐約，原名為克莉絲汀．懷特（Kristin White），之後嫁給阿迦汗王子（Prince Aga Khan），他是一千五百萬名伊斯瑪儀什葉派穆斯林的精神領袖。但後來哈麗亞接連遭遇搶劫、離婚等厄運，最後她成為全球公衛專家。她提了三項專案：撰寫回憶錄（能動性），與新任丈夫努力懷孕（歸屬感），改變我們看待心理疾病的觀點（使命）。

持續遷移

採訪後期某一天我突然想到：許多人在經歷轉變時，似乎一直在遷移。起初我並沒有刻意蒐集這些故事，但是似乎有某種模式自動浮現。於是我重新翻閱逐字稿，看看能否找到證據。

我的老天，還真的有。

六一％的人提到，他們在人生轉變期間，經歷了某種形式的遷移過程。他們賣了房子，轉換工作場所，移民到其他地方，搬進護理之家。混亂的過渡階段最不受歡迎，只有二六％的人表示會在這個階段遷移；至於選擇在「漫長的告別」或「全新的開始」等階段遷移的人數比例均為三七％。要如何解釋如此高比例的數字？

從某種程度上來說，遷移稱得上是最古老的故事主題。從摩西到孔子、再到達賴喇嘛，人類史上最偉大的宗教故事都屬於探索之旅。[7]范亨奈普一開始研究「通過儀禮」時，將人生轉變視為一種遷移行為，也就是從某個地方轉換到另一個地方。英雄旅程也充滿了類似隱喻。[8]

到了更近期，心理學家開始觀察到，人們在經歷創傷時總感覺被困住，包括身體與情緒。遷移能幫助我們擺脫困境。[9]遷移會讓我們感覺自己正在採取行動，回應當下處境，重新找回能動性；讓我們有機會認識新朋友，更有歸屬感；促使我們將心力投注在某件事上，產生使命感。來自新罕布夏的三位研究人員，曾要求人們說出人生中的難忘經驗，結果發現，與遷移有關的難忘記憶多達其他難忘記憶的兩倍。[10]他們的解釋是：每次遷移，我們都會整理自己的物品，喚醒與重溫過往記憶，重新與那些我們淡忘的重要意義建立連結。

當然，有些人遷移是為了孤立自己，特別是在轉變初期。邁克．赫布（Michael Hebb）原本是餐廳老闆，後來卻落得身敗名裂，他只帶了自己的高爾夫球具，搬去波特蘭市區外的露營車；阿米凱．劉．拉維（Amichai Lau-Lavie）向信奉極端正統派猶太教的家人出櫃後，就搬到以色列內蓋夫沙漠的嬉皮社區。不過，還有一些人覺得遷移象徵著治癒過程。對他們而言，遷移代表某種符號，就像是清晰可見、引人注目的公共標誌，公開宣告我們正在經歷轉變（包括字面上與隱喻意義），我們將會移居到全新的心靈空間。

有些人遷移是基於個人原因。卡洛琳．葛拉漢結束第二段婚姻後開始接受心理治療，後來在位於佛羅里達中部的住家後院建造了一棟樹屋。「它就在一棵老橡樹上，沒有玻璃窗，只有紗窗。

我出租原本的房子，自己搬進樹屋。裡面有燈光、乾淨的自來水，我可以到外面使用洗手間。」

有些人遷移是基於醫療理由。艾瑞克．維斯托佛因為騎摩托車時出車禍，不幸失去雙腿，婚姻陷入危機，他決定搬進大急流城一棟牧場風格的住宅，方便他行動。「發生這麼多事情之後，我太太真的想要自己動手搬家。我們找了幾個人幫忙搬運家具，其他全是我們一手包辦。我們花了六星期才搬完。安頓好之後我們說，終於可以好好生活了。」

有些人遷移是為了工作。珍妮．韋恩在奧克拉荷馬的教會服務，前任主任牧師過世後被升為主任牧師，後來她開始休假，並要求執事會在她休假期間重新裝修、油漆她的辦公室，等到她正式成為教會第一位女性精神領袖之後，信徒比較容易接受她的新角色。

我們也聽到有些人遷移是為了家庭。簡．艾格伯特在太太自殺後成了單親爸爸，他決定辭去紐澤西州一家上市公司的執行長職務，帶著三個兒子搬回去他的家鄉：阿姆斯特丹。「我說：『我們為什麼不去荷蘭重新開始？』他們都很贊同這個想法，他們和我媽非常親密，所以我們把房子租出去，在寄宿公寓住了一段時間，後來終於建造了屬於自己的家。」

不過就某種意義上來說，所有人都是為了相同的原因遷移：他們需要改變生活周遭的景物，為自己的人生故事設計全新場景。卡里加．巴基決定離開她先生以及他們在奧勒岡鄉間成立的靈修營地，追求自己的願景，最後在波特蘭定居，成為醫療院牧。「我想轉變本身就是一種遷移，」她說，「有時候遷移是指身體從某個地方移動到另一個地方。但也可能是指內在轉變，從某個或許你稱為故鄉的地方，轉換到另一個地方。你離開某個身分、認知、某個你可能稱為歸宿的東西。你之所以這麼做，是因為靈魂有一定的軌跡。這條軌跡並非是線性的。曾經帶給你快樂的某件事，有可能突然間對你變得毫無意義。但是你的靈魂仍持續前進，你的自我必須跟隨你的靈魂。所以你必須放下過去的自我，擁抱空虛，然後找到新的人生夢想。」

打開第三隻眼

在復原過程中，無論是小步前進或是大步移動，都是重要的里程碑，但是有時候你需要採取更超然、能夠引發共鳴的行動。你需要一場儀式。就好比許多人透過儀式宣告轉變開始；也有不少人藉由儀式宣告轉變結束。有意義的行動包括展現你的新身分，許多受訪者表示，這是很有效的做法。這讓我們聯想到某個日本文化傳統：打開第三隻眼。

羅伯特・楊（Robert Yang）出生於南加州，父母為了逃離毛澤東統治，從中國逃出來。「我上中學時，就是那種態度友善、不會性騷擾、很合群的傻蛋，我的意思是我不會主動鬧事。還有，我是同性戀，但是我在學校一直沒有出櫃。」

羅伯特後來進入加州大學柏克萊分校就讀，但依舊覺得自己有社交障礙。「其中一位室友是個直男，從事小規模毒品交易。我一直問他怎麼談戀愛，因為我不知道要怎麼約同志出去什麼的。」後來羅伯特終於開始約會，搬去紐約讀研究所，和一位紐西蘭人結婚。在這段期間，他將自己的感情生活與宅男生活相結合，設計酷炫的同志電玩遊戲。第一款遊戲是模擬同志離婚；後續推出的遊戲越來越逼真、露骨。但是他不僅沒有被排擠，反而因此獲得紐約大學教職。他的個人簡介開頭寫著：「羅伯特・楊製作了許多關於同志文化與親密關係的電玩遊戲，非常受到歡迎。知名作品包括：模擬他過去浴室性愛經驗的《喝茶公廁》（*The Tearoom*）、模擬男性淋浴的《基佬搓搓澡》（*Rinse and Repeat*），他設計的《散熱器二》（*Radiator 2*）包含三款模擬同志性交的小遊戲，在Steam平台上累積超過十五萬名玩家。」

羅伯特提到，他上研究所後承受了龐大壓力，一直努力想要開發出讓自己有成就感、又能大賣的電玩遊戲，但是父母給他很大壓力，希望他能達成符合傳統價值觀的成就。他運用了源自日本的儀式幫助自己紓壓。「我有一個達摩不倒翁。」他說。他指的是用紅色混凝紙漿製作的娃娃，以禪宗創始人為原型，出售時眼睛部位沒有上色。「當你開始進行某個專案，就可以把其中一隻眼睛的瞳孔塗成黑色，象徵許願；當你完成專案時，再將另一隻眼睛的瞳孔塗成黑色。當我取得紐約大學教職之後，我打開了第二隻眼。」

在日本，打開第二隻眼代表你實現了個人目標。這個技巧可以幫助你具體想像自己的夢想、紀念自己的成就。我家裡也有一個達摩不倒翁，那是我完成第一本書時留下的，那本書主要是描寫我在日本鄉間某所國中教書一年的體驗。

你可能會認為這種慶功儀式有些多餘。畢竟，達成個人里程碑這件事不太可能引發恐慌，所以不需要透過某種方式去克服、或是讓自己恢復常態。但是如果你曾經歷過漫長的醫學治療、參與作戰，或是曾經短暫與世隔絕以完成艱鉅的專案，你一定了解，這種回歸人生的恐懼是真實存在的。我還記得自己化療即將結束時，心想：現在該怎麼辦？我已經做了我能做的；我一直待在這個奇特的地方，受到特別保護，在這裡我不需要做任何決定或是遵循任何社會規範，就如同詩人哈基姆·貝（Hakim Bey）所說的「臨時自治區」（temporary autonomous zone）。[11]但是現在我被迫離開，想到未來我的生活將再度恢復正常，我就心驚膽跳。我不能回到過去的我，但是還不確定自己想要成為什麼樣的人。

但是現在我明白了，我需要運用某種方式紀念這個里程碑。或許是某個有意義的行動、動作或慶典，讓我具體看見自己的轉變，同時向身邊的人宣告，歷經改變且持續變化的我，已經從不正常的狀態中走出來，回歸正常生活。

有些人會藉由犒賞自己，來紀念人生達成某個里程碑：

- 布雷特・帕克（Brett Parker）原本在紐約擔任律師，後來罹患帕金森氏症，他在七天之內前往七大洲參加七場馬拉松賽，甚至在腿上刺了數字七的紋身。「我要用這種方式對疾病說：『去你的。』」
- 傑米・李維在高盛任職，為了讓女兒接受唯一不傷肝的療法，他毅然帶著全家人從倫敦搬去波士頓。他訂做了幾件T恤和圍兜，上面印有一個圖表，顯示史嘉莉的膽紅素數值的波動。「感覺就像：『那個數字代表她的死亡，這個則代表她的生命。』」
- 利・溫芝辦完離婚手續、達成減肥目標後，買了一匹馬。「我本來不打算做這麼奢侈的事。我也知道養馬是多大的承擔或承諾，諸如此類的啦。但是我有足夠的錢，不想只是吃吃喝喝犒賞自己，所以就買了。」

還有一些人會規劃獨特的儀式來紀念這一刻：

- 凱特．霍格在密蘇里州擔任宣教士，是龍捲風災難倖存者。每當有家庭因為災害失去家園、搬進新家，她就會舉行一場特別的禮拜儀式，包含禱告、一條披肩、一塊麵包和蠟燭，「我想透過這個方法告訴他們：『過去已經成為過去，現在是全新的時光，我們祝福未來的日子。』」
- 萊澳．伊頓完成漫長的環歐之旅後，終於帶著太太潔麗的骨灰來到終點站：克里特島，他和潔麗曾在這裡生活多年。「我走去村莊外的小花園。我們曾經一起在這裡種蔬菜，栽植葡萄，釀紅酒。我和一群朋友去了我們稱為神之奠酒（the libation of the gods）的地方。我們把她的一部分骨灰撒在上面，然後將剩下的埋在她最愛的橄欖樹下。離開時我朋友說：『潔麗回家了。別擔心，我們會好好照顧她。』」
- 經營髮廊的麥可．安傑洛和他先生史考特努力多年，試圖挽回兩人的婚姻，但是非單一伴侶關係只是讓情況更加惡化，一次橫越美國的旅行最後以淚收場，他們待在猶他州的飯店房間裡，整夜沒睡。「我大概睡了一小時，」麥可說，「當我翻身看著他，我知道是時候離開了。這是我們第一次願意好好交談，沒有一開口就吵架；我們傾聽對方說話，沒有一直為自己找藉口。我心想，我還有好多話想要對他說，難道這會是我最後一次看他的臉。我不知道自己怎麼了，我一直盯著他的戒指看，一想到他會拔下那枚戒指，心裡就覺得很難受。所以我握起他的手，幫他拔下戒指，對他說：『我愛你，現在你自由了。盡你所能成為真正優秀的人吧。希望你快樂、成功、實現自己的目標。』接著他拔下我的戒指放在我的掌心，對我說我是他此生的摯愛，他不會因為那些糟糕的事情埋怨我。他說：『麥可，我是真的打從心底原諒了你。』我們洗了澡，梳妝打扮。然後我們兩人共進了一頓美好晚餐，點了一份草莓起司蛋糕，它完全就是我們婚禮蛋糕的迷你版。接著他開車載我去機場，我搭機回家，重新開始我的生活。有時候，最幸福的終局不會是你期待中的結尾。」

展現你的轉變

在展現新自我的漫長旅程中，最後一步不能只有你自己知道，不能是隱晦、抽象或是說不出口的。你必須公開與別人分享，讓人覺得驚奇，這一步不能省略。

你一定要與其他人分享你的轉變。

一般人不一定會公開分享自己的人生里程碑，尤其是牽涉到私密的細節。在古代，一般人很少會自我表白。索福克里斯（Sophocles）[iv]不會談論他接受康復治療的親身體驗；耶利米（Jeremiah）[v]不會透露他和太太一直很難懷孕，但後來他們終於有了自己的小孩！

直到現代，這種個人揭露的行為才變得普遍。美國文化歷史學家保羅・約翰・伊金（Paul John Eakin）觀察到，現代自傳體興起，似乎與個人空間出現同步發生。[12]正因為我們開始重視隱私，所以我們的公共形象必須捨棄隱私的部分。但是網路文化崛起又意謂著，我們越來越常在認識的

iv 古希臘劇作家、三大悲劇詩人之一。

v《聖經》中的人物，公元前七和六世紀期間的希伯來先知。

每個人以及不認識的許多人面前，揭露最私密的事情。

不論人生發生轉變的原因是什麼，我的受訪者都提到，向其他人宣告他們已經完成轉變，是很有意義的過程。他們會慶祝癌症治療滿週年或成功戒癮滿週年，他們會在貼文加上主題標籤#MeToo或#ItGetsBetter，他們會在社群媒體上宣告自己離婚或是被裁員。我曾在紐澤西某家醫院發表演講紀念「全國抗癌日」(National Cancer Survivors Day)，日期是六月第一個星期日。主任解釋說，病患之所以喜歡參加活動，是為了讓護理師和醫生看到他們的頭髮已經長回來了，可以盛裝打扮，從此擺脫整天穿著長袍、表情憂鬱的病患身分。匿名戒酒會也有類似的傳統，目的是讓成員彼此建立連結，成員會悄悄走到之前酗酒的人面前對他們說：「我是比爾．威爾森的朋友。」這是一種榮譽勳章，意思是：**我也經歷過比爾．威爾森的十二步驟方案**。(匿名戒酒會的成員如果擔心自己在機場酒癮復發，可以廣播呼叫：**比爾．威爾森的朋友，請到登機門……**接著就會有同樣要搭機的戒酒會成員出現。)

難道我們不應該好好慶祝這些時刻？這些成就值得驕傲，因為它們的確是成就。我們終於度過另一次人生轉變期，而且在過程中學會了一些技巧。從敘事角度而言，現在我們要開始幫自己的故事收尾，準備好和別人分享我們的故事。

以下是展示新自我的一些案例：

- 莉莎．盧多維奇成為醫學催眠師兩年後，終於鼓起勇氣更新自己的領英個人檔案。「我在公寓裡坐一整天，不停打字、重新打字，修改我的檔案，可是就是沒辦法完成。我很擔心別人會怎麼看我。你腦子進水了。你在開玩笑嗎？這太奇怪了！最後，當我按下發布鍵，大聲宣告我是醫療催眠師，突然間所有恐懼都消失了。」

- 克里斯蒂安・皮喬里尼退出新納粹運動十年後，為某本雜誌撰寫了一篇文章，譴責自己那些年充滿了仇恨。「刊登那篇文章是我人生的重要轉折點，因為這是我第一次在這麼多讀者面前公開說出我的過去。」隔年，他和一些朋友共同成立了「仇恨後的人生」組織。
- 卡爾・貝斯勉強接下歐特克執行長職務若干年後，參加公司在拉斯維加斯舉辦的年度顧客大會，並上台發表演說。「以前我連在十五個人面前說話都很害怕，但現在我站在台上面對一萬五千人發表演說，我第一次覺得我值得站在這裡，這是很大的轉變。」
- 蒂芬妮・格萊姆在戴德變性後，選擇繼續留在他身邊，和他一起成立YouTube頻道。「當時經營這個平台的人不多。我們看了非常多錄影帶，這對我們幫助很大，但是我們沒看到情侶一起經營YouTube頻道的案例。所以我們決定記錄兩人共同轉變的過程，包括當他改變身體性徵之後，我如何學會理解、接受這個事實。」
- 大衛・菲古拉在開往汽車旅館途中決定斬斷婚外情，日後他採訪了多位男性，請他們談談自己的焦慮，後來他出版了著作《所以那些傢伙在做什麼？》（*So What Are the Guys Doing?*）。出版前夕他把新書拿給兒子看。艾力克斯讀了三章之後，就把書丟到房間另一邊。「我真的被你氣死了，」他說，「你竟然想要背叛媽媽，拋棄我們。」「我聽了很火大，」大衛說，「我告訴他：『天殺的，好好讀完那本該死的書。』」一個月後他在上班時間打給我，對我說：『我看完那本書了。謝謝你，老爸。』我當下淚流滿面。我只對他說：『部分是為了你，艾力克斯，但是也因為我愛你媽，所以那天晚上我沒有跨出那一步。』我想告訴你，那種坦誠溝通，反而讓我們更愛彼此，更欣賞彼此。」

小勝利、大改變、私密儀式、公開宣告，這些都是擁抱新開始的必經過程。你要一步步改進，才能達成最重要的成就：改寫自己的人生故事。

原註

1 傑羅姆・布魯納撰寫的《編寫故事》（*Making Stories*）與《意義的行為》（*Acts of Meaning*）都有提到人生是後設敘事的概念。
2 Baumeister, *Meanings of Life*, p. 21.
3 Robert Richardson, *William James* (Mariner Books), p. 244.
4 Tim Harford, *Messy*, Riverhead Books, 2016, p. 28.
5 Bruner, *Making Stories*, p. 28.
6 李托在《我、我自己和我們》（*Me, Myself, and Us*）書中概述個人專案的發展歷史，關於身分認同、十五個專案、兩性差異與陳述專案等內容可分別參考此書以下頁數：p.187, p.183, p.196, p.208。
7 Ronald Grimes, *Deeply Into the Bone* (University of California), p. 103.
8 Van Gennep, *Rites*, p. 181.
9 Van der Kolk, *Body*, p. 53.
10 Kenneth Enz, Karalyn Pillemer, David Johnson, "The Relocation Bump," *Journal of Experimental Psychology*, vol. 145, no. 8.
11 Hakim Bey, TAZ (Autonomedia).
12 Paul John Eakin, *Living Autobiographically* (Cornell), p. 91–92.

13 說出它
建構新故事

TELL IT
Compose a Fresh Story

在所有工具當中，最後一個反而最先吸引我，而且是其他所有工具的基礎。這個工具是讓我們順利度過人生轉變期的重要關鍵，我們卻花最少時間談論它，它就是：更新你的個人故事。

「我們必須努力再生一個小孩。現在。」

艾倫．考夫曼（Aaron Koffman）出生於洛杉磯，是家中唯一的孩子，父母親彼此水火不容。「我媽想要四個小孩；不幸的是，我爸媽在我六個月大的時候就離婚了。」艾倫描述他的童年就像一顆乒乓球，每隔兩週的週末他會和父親一起度過，十歲之後他搬去和父親同住，然後每隔兩週的週末住在母親家，他父親再婚後情況變得更糟。

「基本上我必須自己養育自己，」他說，「我要設法娛樂自己，設法教育自己。到了舉行猶太成年禮那年，我們必須舉辦兩場派對，因為我父母絕不可能待在同一個房間裡。所以我想盡辦法逃離他們，十六歲那年我申請到雪城大學。」

這是可怕的錯誤。

「我太年輕了，」艾倫說，「上學兩星期後，我感覺，我他媽的到底在想什麼？雖然我在這裡說著相同的語言，卻像是待在另一個國家。」艾倫回到加州找到一份工作，在「仁人家園」(Habitat for Humanity) 擔任志工，從此愛上了都市計畫。這個來自破碎家庭的男孩，後來投入畢生心力興建房屋。之後他前往柏克萊讀大學，然後到麻省理工學院讀研究所，後來因為九一一事件受到衝擊，他決定搬到紐約協助重建。

但他真正想做的是成為父親。「我想利用穩定矯正所有的不穩定。」他認真談了幾次戀愛，終於在三十三歲那年遇見了現在的太太希瑟 (Heather)，當時她是社區貸款員。四年後兩人結婚；度蜜月時她懷孕了。他們的兒子伯帝 (Bodie) 在八月最後一週出生。艾倫說這是他人生的最高峰。

他人生的低潮在九個月之後出現。

「很奇怪，一切要從某天早上說起，」他說，「當時外面正在下雨。有個朋友剛好從洛杉磯來。那天我們的保姆遲到了，我們和樓上住戶共用同一個保姆，我真的很不喜歡這樣。這個保母當時懷孕了，她是個模特兒，有些任性。她一進門就說她先生認為她應該辭職。我看著她，心想：我應該他媽的對她說，我受夠了她的廢話。但是我必須出門見我朋友，我已經遲到了；而且我知道，我得先和希瑟討論才能這麼做；所以我直接跳上一台優步。」

他的運氣沒有好轉。雨一直下不停。他太太工作到很晚。當時艾倫在一家房地產公司擔任合夥人，那天公司正好談定一筆大交易。下午五點三十五分他傳訊息給保母，說他會晚一點到家，然後迅速跳上地鐵。正當他走出地鐵站時，接到保母電話。

「她從不會打電話給我，」艾倫說，「她尖叫說伯帝午睡後就一直沒醒過來。做父母的很害怕發生這種事。我開始快跑，我已經二十年沒這樣跑過。」

當他抵達住家所在的街區時，心臟狂跳不止，他害怕自己是心臟病發作。他轉過街角時看到一台救護車，消防員正在幫他九個月大的兒子急救。「我當場大叫：『發生什麼事！』一位消防員說：『我們抱他下來，幫他做人工呼吸。我們會直接去布魯克林醫院。』我就說：『他媽的幹嘛要到布魯克林醫院，兩個街區外不是有急診室？』那位消防員說：『那間急診室無法處理。』」

載著伯帝的救護車離開了。艾倫跳上第二台救護車跟在後面。「這時候我才意識到這大概是最可怕的惡夢。我努力告訴我自己，他已經得到需要的照護。可能是有什麼東西卡在他喉嚨裡，但是他會沒事的。然後突然間，他的救護車穿過布魯克林大橋，這時我才發現救護車的燈沒亮。那時我就知道了。」

伯帝．費爾費克斯．考夫曼（Bodie Fairfax Koffman）在五月最後一個星期四晚上七點被宣告死亡，那天他正好出生滿九個月。艾倫說：「我腿軟跌坐在地上，不停大吼說：『不！』我們本來要幫他慶祝這特別的一天。我太太是烘焙高手，今天本來準備做個四分之三寶寶蛋糕。」〔i〕

紐約市八卦小報紛紛報導這個消息。警方展開多次調查，但是沒有任何人被起訴。這起死亡案件最終被認定是意外事件。艾倫恨透了那位保母。「我想殺了她。」希瑟勸他冷靜。其實多數時候他是傷心欲絕。

i 新生兒九個月大等於已經四分之三歲了，許多家庭會準備蛋糕來為寶寶慶祝，蛋糕體是四分之三個圓形，再加上許多裝飾。

「我心想，老天一定是在跟我開玩笑。我知道，和許多小孩相比，我的痛苦不算什麼。但是我小時候過得很辛苦，成年後也是。希瑟二十五歲那年，她爸爸中風過世。我真的以為，從現在開始上天會眷顧我們。我不敢相信竟然會發生這種事。」

對艾倫來說，接下來是他人生中最痛苦的轉變期。

他最難克服的情緒是：悲傷。

他利用哪些儀式哀悼這件事？他整整一年沒有刮鬍子；那一年他每天穿的衣服都是伯帝最喜歡的顏色：藍色；他在前臂刺上大寫字母B的紋身。「我想把自己對他的記憶具象化，」艾倫說，「我常捲起袖子，我希望每天都想到他。刺青是藍色的，就和伯帝的眼睛一樣。」

這就是他的紀念方式：「一位失去孩子的家長建議我保留幾件孩子的髒衣服。我不希望他的氣味消散掉。」

他失去了什麼？每天推嬰兒車的樂趣、為孩子拍照的樂趣。

他如何安排自己的時間？採取沙盒模式。「我們兩人的老闆都告訴我們，我們需要請假多久都沒關係。一開始我們根本不想離開公寓。有時候我會走進他的嬰兒房，躺在小毛毯旁邊。基本上我們什麼事也不做。某天我們和警探約好，十一點半他會來我們家，結果十點他打來說取消。希瑟哭著問說：今天我們能做什麼？我們要怎麼填補這個空檔？」

他開始培養哪些創意習慣？「我朋友給了我一個美麗的玻璃罐和一疊字卡，他說：『任何時候你想到他，就寫下你的想法或是回憶，然後折好放進玻璃罐裡。』突然間我被幸福包圍，那種感覺太棒了。」

在轉變期間他有搬家嗎？「我們決定不搬家了。原本距離搬進新家只剩三星期，我們終於能擁有大一點的空間。但是後來我們決定放棄，因為我們必須待在這裡。每天我都要躺在那條小毛毯上，我會睡在小毛毯上。只要待在他的房間，我就能真正得到安慰。」

最後，他如何寫出新的故事？

「我們馬上開始動筆，」艾倫說，「伯帝星期四過世。隔天早上希瑟生理期來。我們等到星期二才舉辦葬禮。在這段時間我們經歷了很多。雖然我沒有想要自殺，但是我感覺，要能熬過這段時間，死亡是唯一的辦法，這樣就再也感受不到痛苦。況且我們知道，死亡只會抹殺掉兒子留下的一切。而且我們必須相互扶持。

「那個星期一晚上我們熬夜寫悼文，」艾倫接著說，「而寫下我們的思緒、一起聊聊這件事，以及思考如何讓我們的故事延續下去，讓我們當下決定，我們必須努力再生一個小孩。現在。」

希瑟第一次嘗試就成功懷孕。就在九個月大的兒子過世九個月後，希瑟生下一名男嬰。伯帝的故事還沒有結束，他們籌備紀念活動、募集資金、翻修公園，紀念這個兒子，但是艾倫的故事有了新的開始。光線發生折射，光束出現分岔，艾倫畢生努力維繫的整體碎裂了，之後又重新聚合。最終他的新故事戰勝了一切。就某種程度上來說，他並不覺得意外。這段體驗完全符合他個人故事的碎裂本質。艾倫說，他的人生形態是一面稜鏡。

撰寫下一篇章

如果說，轉變過程能幫助我們在經歷重大事件衝擊後再度變得完整，那麼，修復我們的人生故事就是整個過程的關鍵，它能讓你重塑自我的技能臻於完美。故事是人生轉變的一部分，它能將其他所有部分整合在一起。以前我是那樣。後來我經歷了人生變化。現在我是這樣。

近幾年我們經常被提醒，故事是人類生存的重要心理基礎。〔1〕人類的一個顯著特徵是：我們能夠將看似不相關的事件，轉化成前後連貫的敘事，成為個人或大眾可以吸收的完整故事。我們天生就具備這種能力。我們有一半的大腦參與了富有想像力的工作，包括將我們的生活轉化成持續發展的編年史，然後透過這些敘述創造意義。〔2〕「我們透過敘事做夢，」文學學者、詩人芭芭拉・哈迪（Barbara Hardy）寫道，「我們透過敘事編織白日夢、記憶、期待、希望、失望、相信、懷疑、計劃、修改、批評、構思、瞎扯、學習、仇恨與愛。」〔3〕

當然，敘事也有缺點。我們的大腦渴望在這世界中找到某些模式，但這些模式其實是我們自己編造的。當我們看到隨機閃爍的亮光，會自行編造一套有說服力的說法，解釋這些亮光傳達什麼訊息，但事實上根本沒這回事。〔4〕當我們觀察體育團隊和金融市場的表現時，通常會運用某些虛假的概念（例如：動能或連續得分），創造出吸引人的敘事，然後在這些虛構故事上押注，最後卻輸得一敗塗地。〔5〕

我聽過許多人被危險的敘事引誘，這些人的經驗值得我們深思。來自鹽湖城、負責撰寫宗教報導的佩吉・佛萊契・斯塔克從醫生那裡得知，她的雙胞胎女兒中有一個活不過兩歲後，便設法說服自己相信，她從沒有生下這個女兒。「我就只是躺在床上，心想：嗯，我真的只想要一個小孩，所以我就當作自己只有一個孩子吧。當我告訴麥克我的想法，他說：『絕對不是這樣！卡蜜拉永遠是我們家的一份子。我們會在天堂相遇。』他說得很對。」

蜜雪兒・斯溫患有厭食症與強迫症，某天慢跑時不小心在冰上跌跤，不得不放棄慢跑的習慣。後來她收養了十一位小孩，多年來她一直說服自己相信，是她先生辜負了她，因為他的責任就是要讓她快樂。「後來我明白了，『噢，這不是他的責任，這是我的責任。從此之後我開始長大，最後我決定要讓自己快樂。』」

不過分享個人故事帶來的好處遠遠超過缺點。說故事能幫助我們將平時發生的例外、意外或其他事件，轉化為漫漫人生中有意義、可控制的篇章。這種整合行為，就是說故事送給我們最好的禮物。它將非常規事件變成常態。它將難以言說的事件變成了故事。小說家希拉蕊・曼特爾（Hilary Mantel）曾說過一句非常有啟發性的話：**說故事讓我們有能力掌握自身故事的版權。**〔6〕

我聽過不少感人的案例，顯示人們如何利用個人敘事療癒自己。

羅基・琳恩・拉許一直不願說出自己被遺棄、童年生活不愉快的故事，直到他的唱片公司將他介紹給一位擁有類似成長經驗的詞曲創作人。「被拋棄、家境不好，就是這些事。」羅基說。「他和我寫了〈那就是歌曲誕生的地方〉（That's Where Songs Come From）這首歌。歌詞寫說我不想被同情，我是幸運的傢伙，『噢，你難道看不出來，這就是歌曲誕生的地方。』對我來說，這次經歷是重大時刻，我終於說出來了。」

瑪麗－丹尼斯・羅伯茲小時候多次遭到性侵。「至少有三個成年男子在不同地點把手放在我身上。」她為了逃離悲慘的過去，決定前往全球陷入衝突的地區擔任和平使者與救援工作者。她極力壓抑童年時期的恐怖經歷，後來她離婚又再婚，之後加入亞特蘭大的寫作團體。「我分享了大幅修改過的故事版本，用了一堆行話、術語，」她說，「老師悄悄走到我身邊，對我說：『你必須把之前不想寫、最可怕的故事寫出來。』後來我終於坐下來寫下整個故事，我完全停不下來。當下我的情緒非常混亂，不停流眼淚，就在那一刻我意識到，我可以說出來。我應該說出來。」

達文．谷德溫出生於匹茲堡，熱愛植物，但是在阿富汗服役時被簡易爆炸裝置炸傷。他一直不願分享自己的故事，直到某天他媽媽強迫他在教堂裡大聲說出來。「我想，恢復正常的關鍵是，你必須說出自己的故事，」他說，「否則它就會控制你。我不是說我一直都很順利，但是從那天起，我開始掌控自己的故事，不讓故事控制我。」

保持距離

分享成功的個人故事，是完成人生轉變的重要步驟，但是到底要怎麼做？這些敘述人生轉變的故事具有哪些共同特質？我在訪談時會仔細聆聽受訪者是否會採取特定技巧，告訴自己或身邊的人：我已經承受了打擊，熬過放逐的日子，現在我要重新開始。在人們描述自己的故事時，是否會運用某種方式，將原本的意義真空狀態轉化成有意義的時刻？

我們發現了三種技巧。

首先，他們會與過去保持距離，也就是在人生第一次偏離常軌時述說的故事，與當下述說的故事之間，創造時間落差。他們會將正發生在自己身上的事情，描述為當時發生在身上的事。

觀察這種轉變的指標之一是動詞時態。〔7〕我們越是使用現在式描述改變人生的干擾事件，例如「我打開門，發現地上有具屍體」，那麼這些故事聽起來就越直觀，可是我們更難從中挖掘出意義。但我們越是使用過去式，例如「當時我打開門，發現地上有具屍體，我開始意識到我的人生即將發生改變」，代表這事件已經過去一段時間，因此更容易納入整體的敘事流之中。就如同我朋友、「飛蛾」（The Moth）藝術總監凱瑟琳・波恩斯（Catherine Burns）所說的〔ii〕，「最好的故事雖然說出人生的脆弱，但並不是血淋淋的；它們源自傷疤，而不是傷口。」〔8〕

我從兩種描述模式中發現了這個現象。首先我採訪了一些人，包括：一位書籍編輯，他太太離開了他，幾個月後老闆開除了他；一位單親媽媽剛服刑結束，離開聯邦監獄，但是她不承認自己的犯行；一位父親的女兒第三次接受勒戒治療。這些受訪者還沒有從意外發生的劇變中走出來。我聽完他們的回答後覺得很不好受，因為這些事件才剛發生沒多久，受訪者還在消化感受。

另一方面，我也聽到許多更令人心酸的故事，這些受訪者花了好多年才有辦法與事件保持適當距離，然後從中找到意義。這讓我想到在美國空軍擔任技師的克里斯・夏儂，他在一次摩托車車禍中失去了一條腿（股骨卡在散熱器裡），瀕臨死亡。現在他會抽空待在奧勒岡指導當地年輕人，其餘時間就開著露營車在全國旅遊。「失去一條腿真的改變了我的人生，」他說，「雖然我對一些事情感到焦慮，但是不覺得害怕。我反而更感激。媽的，我甚至感謝自己被輾過。」

ii「飛蛾」是美國的非營利組織，希望成立說故事平台，讓普羅大眾有機會在台上和其他人分享自己的故事。

我想到紐約的電視製作人凱特·米利肯，她解除婚約後健康出現嚴重問題，導致她無法行走。某天她搭計程車去看醫生，正要打開攝影機做生活記錄時，她突然停住。「現在還太早，不適合說這個故事。」她說。後來凱特被診斷出罹患多發性硬化症，陷入了憂鬱。她開始接受另類療法、談戀愛、結婚、生子。她還拍了三十二部微電影，記錄這段人生旅程。「雖然我花了一些時間，但是最終我能夠用超然的態度看待這一切。現在我看到的不是阻礙，而是各種可能。」

我還想起年輕的宣教士凱特·霍格，她曾在密蘇里州普林市遭遇龍捲風襲擊，差點沒命。災難過後沒多久，凱特努力講道，安慰她的鄰居。「我告訴他們，我多麼感激發生這一切。」但是她說，她的內心其實很空虛，因為她一直質疑自己的信仰。「我在想，上帝眷顧我，卻沒有看顧我朋友特里普，他死了。這究竟代表什麼意義？」

後來凱特花了五年學習心理諮商、攻讀博士學位，她運用名為「眼動減敏與歷程更新」（eye movement desensitization and reprocessing）的治療方法，終於將那件事徹底拋諸腦後。「我想不論你在什麼時候經歷創傷，你都會意識到，面對這種事情你其實無能為力。但你可以控制的部分是，事情發生之後，你可以決定如何創造意義。對我來說，好的故事就是：雖然發生了可怕的事情，但是你選擇用積極正面的方式回應。我自己的故事就是如此。」

讓豬學會飛

分享個人轉變故事的第二個技巧，是使用正向語言。

小說家約翰・史坦貝克（John Steinbeck）每次簽完名，都會畫一個怪異的圖案：一隻有翅膀的豬。他稱之為飛豬（Pigasus），不過他是用希臘文。到了晚年，他會在圖案旁加一句拉丁文：Ad Astra Per Alia Porci（顯然不太正確），他翻譯成「豬翅膀上的星星」。他解釋說：即使我們被困在地球上，還是要全力抵達天堂。〔9〕

將近五百年來，許多語言都會使用「當豬會飛時」（when pigs fly）這個說法，代表某個情況發生的機率很低，幾乎不可能發生。這是修辭手法中的誇飾法，希臘文稱之為adynaton，用來描述某個事件永遠不會發生。史坦貝克之所以借用這個片語，原因是有個愛唱反調的教授告訴他，「當豬會飛時」，他就能成為作家。

到了更近代，神經科學家發現，當人生受到干擾時，你要去想像難以想像的結果，這是讓人生恢復正常的重要關鍵。當我們越能夠描繪出看似遙不可及的未來，例如：我會找到另一份工作、我會再露出笑容、我會再戀愛，就越能朝向那個未來前進。這要歸功於我們大腦的鏡像神經元（mirror neuron），這些神經元會模仿我們觀察到的行為。當我們看到某個人跳躍、大笑或是哭泣，我們的大腦也會模仿相同的舉動。〔10〕

故事也會引起類似的反應。讀到某個人跳躍、大笑或哭泣時，我們的大腦也會想像同樣的行為。不僅如此，我們說故事時同樣會出現類似的鏡像反應。如果我們告訴自己，我們會變得更好、更平靜或是更快樂，我們的大腦也會模擬同樣的結果。出現這種反應不代表我們立即能實現這個目標，但是它的確開啟了這種可能性。

史坦貝克是對的：我們可以讓豬學會飛。

神經科學的新發現，幫助我釐清採訪過程中一再聽到的某種說法，一開始我無法理解受訪者為何這樣說。受訪者提到，當他們面臨不舒服的情境時，就會對自己說一些連他們自己都不相信的故事。弄假直到成真，這是最常見的解釋。這句話通常會讓人聯想到威廉・詹姆斯觀察到的現象：如果一開始我們表現出某種行為，我們的感受也會跟著改變。不過我還聽到另一種說法。有人說，如果一開始我們告訴自己某個故事，我們的感受也會跟著改變。

史坦貝克的說法則是：一開始我們必須說服自己，我們能讓豬飛起來；唯有如此，我們才有機會幫助豬隻學會飛翔。

以下分享一些案例，說明人們如何對自己說出正向樂觀的故事，開啟全新人生：

- 艾倫・謝佛的丈夫失業後，她帶著全家人從明尼亞波里斯搬回到達科他州北部，原本她在大城市規劃廣告活動，現在只能屈就一家小型廣告公司，感覺很沒面子。和父母同住一段時間好像也不是辦法。「我先生高興死了，因為我媽每天晚上都會做好吃的中西部美食，還幫我們洗衣服。但是無論我年紀多大，我感覺突然間自己回到了六年級。」所以她編了一段故事解釋他們為何搬回來。「我告訴每個人，以前我幫目標百貨規劃許多有趣的專案，但是到後來，我只是忙著想辦法說服每個人買更多他們不需要的東西。所以我決定回到法哥，幫助小型企業在小型社區發揮影響力。原本我這麼說只是為了合理化自己的行為，但是我越常說這個故事就越相信它。現在我很喜歡這個地方。」

- 布蘭達・史托迪爾（Brenda Stockdale）為了減緩紅斑性狼瘡的症狀，接受了身心療法。現在她經營一家診所，協助其他人運用生物行為療法照顧自己。她說，即使只是小小的自我肯定，也可以改變一個人的思維。她說：「當你陷入恐懼，你會喪失認同感，這時候你只需要立即享受短短時刻，例如：一口食物、一陣香氣、停留在飼料槽上的一隻蜂鳥、剛除過草的氣味。這些微小瞬間一直存在我們四周，我們卻視而不見。只要我們用心捕捉這些時刻，就能喚醒我們的生物反應，那隻蜂鳥、那片草坪瞬間激發了我們的想像力，我們開始幻想自己正在享受一段美好假期，正躺在大溪地的吊床上。我發現如果能善用這些時刻，允許自己跟隨這些瞬間的指引，我們的大腦就會帶領我們，去任何能夠療癒我們心靈的地方。」
- 莎夏・柯恩接連在冬季奧運女子花式滑冰項目失利，失敗的陰影久久揮之不去。「有很長一段時間，我一直在想：為什麼我不夠好？人們會過來問我：『你為什麼會摔跤？』但是現在當我回頭去看，我會換另一個角度看待那個問題。我發覺我缺乏快速反應的能力；有些事情很多人輕而易舉就能做到，但是對我來說卻很難；我每次跳躍時，動作都不太一樣。現在我的想法是，我今天之所以能走到這裡，或許是因為在身體條件限制下，我在心理上不斷要求自己。或許我應該稱讚自己這麼努力堅持，克服種種困難。或許我應該把它看作光榮的故事，而不是令人失望的故事。」

設計完美的結尾

第三種擴大說故事效益的方法是：設計完美的結局。

學者丹・麥克亞當斯比任何人都還努力推廣人生故事的重要性，他花費三十多年研究敘事認同。他最為人熟知的見解是：我們如何塑造人生故事，將會影響我們從故事中獲得什麼樣的意義。最常見的兩種說故事方式分別是汙染敘事（contamination narrative）和救贖敘事（redemption narrative）。如果採用汙染敘事，就會描述重大事件如何讓我們的人生變得更糟。事件本身可能是正面或負面的，但是我們在講述與這事件有關的故事時，最後的結局卻是悲觀的。例如：我喜歡當母親，但是後來我先生背叛我；我中風後雖然康復，但是再也不能騎單車。〔11〕

如果採取救贖敘事，則會描述重大事件如何讓人生變得更好。事件本身可能是正面或負面的，故事結局卻是樂觀的。例如：贏得那座獎真是太開心了，不過特別讓我感動的是，我可以和同事分享這份肯定；父親的離世過程漫長、痛苦，但是反而因此拉近了家人之間的距離。

當你編寫樂觀的故事結局時，有一點很重要：不需要立即實現這個結局。麥克亞當斯說，我們應當好好反思干擾人生的事件，從不同角度看待它，仔細觀察事件的細節，這麼做不僅有益處，而且是必要的。不過另一個同樣必要、而且更有益的做法是：找到方法明確陳述你從這段經歷獲得什麼正向啟發，同時承諾一定會實現這個結局。

還有一點為更重要：我們可以自己決定如何說出人生故事。我們並不是使用永久性墨水寫下來，沒有必要維持連貫或是完全精確。我們可以在任何時候、為了任何原因修改故事，例如：只是為了讓自己好過一些。畢竟，說故事的主要功能之一，就是讓我們將那些經歷牢牢安放在過去，然後從中獲益，幫助我們成長茁壯。只有做到這一點，我們才會知道已經完成轉變。

只有在這時候，我們才算完成故事的結尾。

我在採訪過程中遇到許多人，將他們的人生地震轉化成結局樂觀的故事。克里絲蒂・摩爾提到，她在十七歲時因為懷孕不得不休學，卻也因此沒有落入吸毒或從事低薪工作的命運。「我無法想像沒有我女兒的生活，她真的是無可挑剔的寶貝。我無法想像如果沒有取得博士學位，我會過著什麼樣的生活。這一切都是上帝的恩賜，冥冥之中自有安排。」

達文・谷德溫在阿富汗差點被簡易爆炸裝置奪走性命，但他說那次經驗是好事。「如果沒有那段經歷，我不可能在三年內讀完大學，」他說，「如果不是那段經歷，我不可能重新找回對植物的熱愛，也不可能接受自己的缺點。我承認自己確實有所不足，但不會把它們看作限制。」

西恩・柯林斯曾是本篤會修士，後來離開修道院，因為他是同性戀。他告訴我他有許多不堪回首的遭遇，例如七歲那年有個男孩說他是「娘炮」。「我聽到之後當然就認為他已經知道我的祕密，」西恩說，「我媽來學校接我，我一直哭不停。我告訴她原因，我媽立刻衝去那個男孩家。我求她：『拜託別這樣，拜託！』」男孩的媽媽來開門，西恩的媽媽當面質問對方。後來那個男孩出現了，一直笑個不停。回家路上，西恩又哭了出來。當他媽媽叫他吃飯的時候，他還在哭。「她一臉厭惡地看著我，對我說：『你知道嗎，或許他說的是對的。』」

「就在那一刻我心裡閃過一個念頭：你不能相信任何人，絕不能說出這件事，因為他們遲早會背叛你。我再也不會告訴我父母任何隱私。」

很長一段時間，他真的什麼沒有說。他和母親的關係長期陷入僵局，那次事件是關鍵。「過了許多年，」西恩說，「我三十二歲了，我再次跟我媽提起那件事。她向我道歉，接著她說：『你知道，在戰爭期間我如果不是遇到你爸，我曾經很喜歡一個女人。』她承認在二次大戰爆發前，她和這女人交往過。就在那次事件發生二十五年後，她在我面前出櫃。我向她坦白之後她也向我坦白，我這才明白原來我們兩人這麼像。」

克里斯・沃德爾和其他所有人一樣，清楚知道設定故事結局時，會面臨哪些挑戰。他在二十歲那年成了半身不遂的殘障人士，他以為他的人生就此完蛋。後來他成為帕拉林匹克選手，比賽成績亮眼。但是當職業生涯在三十四歲結束時，他再次覺得自己的人生已經結束。他告訴我，退出競技滑雪運動比起摔斷背部「還要困難許多」。「我完全不知道自己是誰，我感覺被自己的熱情背叛。是它把我推下懸崖。」

所以他決定攀登另一座懸崖。具體來說，他開始醞釀新的夢想，希望成為首位征服位於肯亞境內的非洲第一高峰吉力馬札羅山的殘障人士。克里斯不能用腿，只能用手臂踩著四輪單車踏板，攀登高度達五八九五公尺的這座山。他自行募資，接受高海拔訓練，訂購特製的腳踏車車輪。組織國際團隊協助他，他們把他固定在絞盤上，在山上鋪設木板，幫助他適應巨石、高海拔、身體需求與壓力變化。就在四十一歲那年，他終於出發。

七天的登山行程充滿各種嚴酷考驗。有時候他一分鐘只能移動一英尺。國際媒體都對他的英勇行為讚嘆不已。

但是，就在距離山頂只剩下一百英尺的時候，由於巨石體積太龐大，腳踏車車輪太小，完全無法通過。他不得不放棄這個夢想。

「我徹底心碎了，」他說，「我眼睜睜看著山頂就在眼前。我唯一的任務就是攻頂。這並不是關於一個男人殘廢了、然後克服種種難關的故事。我認為那太老梗了，很可笑。這是一個承諾，我一定會做到。有這麼多人付出心血給我這個機會，可是現在我讓大家失望了。」克里斯的夥伴說服他，最後幾英尺由他們背著他攻頂，然後他在山頂上擺姿勢拍照，聽著當地嚮導用史瓦希里語言演唱祝賀歌曲，他一直覺得自己欺騙了大家，覺得很內疚。

「直到後來我開始跟學生分享自己的故事時，才領悟其中的道理。沒有人是獨自登山的。我必須理解一件事：團隊的價值。因為對我來說，如果我說我一個人登山，根本是幻想。有這麼多人投入大量心力。如果是我獨自一人登山，只會讓我原本希望消除的某種感受一直存在，那就是隔絕感。殘障人士必須被隔開的想法是錯的。我們不需要被隔開。我們需要其他人。這是為什麼我會說，那天的經歷是一份禮物。因為它教會我最重要的一課：我和其他人一樣。」

那天，他學會了改寫人生故事的價值，讓這則故事有了英雄般的結局。

原註

1 McAdams, *Stories*, p. 23.

2 Scott Barry Kauffman, *Wired to Create*, (TarcherPerigee), p. xxviii.

3 Barbara Hardy, "Towards a Poetics of Fiction," in *Novel* (Duke University Press).

4 Boyd, *Origins*, p. 137.

5 James Geary, *I Is an Other* (Harper Perennial), p. 39.

6 Hilary Mantel, *Giving Up the Ghost* (Picador), p. 66.

7 Denise Beike and Travis Crone, "Autobiographical Memory and Personal Meaning," in *Quest*, p. 320–23.

8 Nancy Groves, "The Moth in Australia," *The Guardian*, September 4, 2015. 波恩斯感謝詩人娜迪亞・波茲・韋伯（Nadia Bolz-Weber）讓她知道這句短語。

9 關於「讓豬學會飛」這個片語的應用，我參考了史坦貝克研究中心（The Martha Heasley Cox Center for Steinbeck Studies）的文獻資料，我在他們的網站（sjsu.edu）搜尋到伊蓮恩・史坦貝克（Elaine Steinbeck）寫的一封信。

10 Antonia Damasio, *Looking for Spinoza* (Harvest); Benjamin Berge, *Louder Than Words* (Basic), p. 235; Benedict Carey, "This Is Your Life (and How You Tell It)," *New York Times*, May 22, 2007; Geary, *Other*, p. 89; Pennebaker, *Opening*, p. 151; János László, *The Science of Stories*, Routledge, 2008, p. 141; Wong, *Meaning*, p. 318.

11 若要了解麥克亞當斯提出的敘事結構論點，最好的參考資料如下："Personal Narrative and the Life Story," in *Handbook of Personality* (Guilford Press). 另外可參考：Pennebaker, *Opening Up*, p. 143–52.

結語：「之間」的夢想

成功轉變的奧祕

CONCLUSION: IN BETWEEN DREAMS

The Secrets of Successful Transitions

我父親艾德溫·雅各·費勒二世（Edwin Jacob Feiler Jr.）於一九三五年一月二十三日星期三出生。他的母親是數學老師，父親是一名萬事通律師。

「一九四五年一月二十三日時我十歲，」他說，「我對這件事很自豪，也很喜歡講它。我出生於喬治亞州的薩凡納，我的家族已經在這裡住超過一百五十年，我深愛這座城市，我的生活也以各種方式圍繞著它轉變。我的孩子曾經開玩笑說，我已經成了專業的薩凡納人。這個暱稱一直跟著我。我很驕傲能擁有這份榮譽。」

兩件全球大事塑造了我父親的童年。一是經濟大蕭條。「我們家境普通，全家人住在一個有六個隔間的房子，其中包括兩間臥室和一間衛浴，用一個小型燃煤爐供應暖氣。」

第二件事是二次世界大戰。「所有物資全部投入戰爭。由於實施燃料配給，所以我們不能開車出去。」玩具也很稀有。「這些年我主要的嗜好就是製作模型飛機。我會從格契爾雜貨店購買模型，將所有零件全部裝在一個瓦楞紙盒裡。對我來說，真實性很重要。紙盒裡有平面圖、輕木條、機翼與機身模板、貼紙、棉紙。」

「要非常小心仔細，」他繼續說，「一定要等到膠水乾了，才能繼續黏合零件，我在與弟弟史丹利（Stanley）共用的臥室天花板上，掛了好幾條繩子，用來展示完成的模型。我的左手腕還有一個疤痕，那是X-Acto刀片滑落時割傷的。」

他是猶太人，成長於美國南方種族隔離嚴格的一九四〇年代，生活上面臨了各種複雜挑戰。「讀國中時，我寫了一篇關於貝比．魯斯（Babe Ruth）自傳的讀書心得，」[i]他說，「當時正好有一部電影上映，名叫《貝比．魯斯的故事》（*The Babe Ruth Story*）。老師堅持說，我只看過電影就寫了報告。我堅決不認錯，因為我真的看過那本書。『你們這些猶太小孩老是這樣。』她說。放學後我回家告訴我媽這件事，她立刻穿越兩個街區走去華盛頓大道國中（Washington Avenue Junior High School）。她直接衝去找校長，隔天我就被轉到別班。」

「你對這件事有什麼感受？」

「我覺得有點尷尬，但我認為自己是在做對的事。我根本沒有看過那部電影，後來我聽說那是史上最爛的電影。」

我父親對軍事化精確性的熱愛一直延續下去。後來他成為鷹級童軍（Eagle Scout），取得海軍預備役軍官訓練團（ROTC）獎學金，進入賓州大學就讀，以海軍中尉的身分在威斯康辛號戰艦（*USS Wisconsin*）服役。「菜鳥軍官都會坐在軍官室的另一側，夜間電影會投影在一片麻質布幕上，所以我們只能看到相反的畫面，如果是看棒球電影，你會以為跑者跑向三壘。」

不過他說，他人生的決定性時刻，發生在一九五七年的巴爾的摩。

「讀大學的那段日子，很重要的一件事就是相親，」他說，「那時候我已經非常確定，離開學校後不想繼續留在紐約、紐澤西這一帶。我覺得這裡的人太咄咄逼人、貪求功利。我想回到薩凡納家鄉，因為那裡是『養育小孩的好地方』。我約會的多數女孩都是中西部人，符合這個條件，但是住在巴爾的摩的阿姨葛蕾蒂絲（Gladys）卻建議我，打電話給幾年前我認識的女孩珍（Jane）。「我們約會兩次，立刻發現彼此很合得來，」他繼續說道，「她聰明、有魅力，隔年就要從密西根大學畢業。我特別喜歡她非常有藝術天分、很有品味。所以我們開始密集見面、頻繁聯繫。」

一九五七年六月，駐守全球各地的軍艦全部開往安納波利斯（Annapolis），參加國際海上觀艦式。我父親的父母從喬治亞州出發，珍則從巴爾的摩出發。珍是家中年紀最小的孩子，她爸爸是泌尿科醫生，熱愛閱讀，自耶魯大學畢業；他爸爸捕獵松鼠，要女兒稱呼他上校，這是南方人喜愛的尊稱。雖然兩位長輩與珍的文化背景很不一樣，他們卻相處得非常融洽。

但是那年夏天我父親要出海執勤，珍堅持要和其他男子約會。他們在八月再度見面。「那天我還沒說話，她就脫口而出：『我愛你。』我的第一個反應是：『那就代表你一定會住在喬治亞州的薩凡納。』我向她正式求婚後，我們兩個立刻達成共識，但是她說要先取得她父親同意。他同意了，也允許我利用他們家後院的油箱給我的車子加油，因為他是醫生。」

艾德溫．費勒與珍．艾比蕭斯（Jane Abeshouse）在一九五八年六月結婚。他們住在安納波利斯，直到我父親退伍兩人就搬去薩凡納，我父親和他的父親一起工作，興建低收入戶住宅，我媽則在國中教美術。他倆生了三個小孩，他們為小孩取名就像為颶風命名一樣，名字的第一個字母分別

i 貝比．魯斯（一八九五～一九四八）是美國職棒選手，曾帶領波士頓紅襪隊拿下三次世界大賽冠軍，之後又帶領紐約洋基隊取得四次世界大賽冠軍。

是A、B、C。

我父親說，他的人生在一九七〇年發生了重大悲劇，那年他弟弟史丹利診斷出罹患多發性硬化症。「史丹利擁有一切，」我父親說，「他聰明、有魅力、受歡迎、學歷好，是令人尊敬的法界專業人士。我覺得我媽一直無法釋懷。」史丹利的太太推著他的輪椅到我父母家門前，然後轉身離開，史丹利短暫一生的最後幾年，一直住在我父母家。

我父親這輩子非常驕傲的一件事，就是在一九七五年成立了「領導薩凡納」（Leadership Savannah）這個組織。「我的想法是找出有潛力的領導人，介紹他們彼此認識，討論社區議題。」他父親強烈反對，但他堅持要做。「如果像我這樣的人不去做，就永遠做不成。」他說。我父親要求公民領導人必須符合一項條件：參與的成員要多元。「也就是說，參與的人要包括男性與女性、黑人與白人、有能力負擔與沒有能力負擔的人。」在當時南方的喬治亞州，這種要求相當少見；這個組織一直存續至今。

我父親這一生的重大傷痛，是在六十多歲時診斷出帕金森氏症。有將近十年他還能對外隱瞞自己的疾病。他繼續工作，參加委員會，做他自己。但之後他再也無法隱瞞健康惡化的事實。疾病逐漸侵蝕他的職業生涯、與家人相處的時間與社區服務，在我認識的所有人當中，他是最能保持三者平衡的人。當我父親即將邁入八十歲之際，他已經快要承受不住情緒上的負荷，開始計劃結束自己的生命了。

但是計畫失敗。我曾問他，他對自己做的這件事有什麼感想。「感到慚愧。」他說。接下來幾個月，是我記憶中最悲慘的日子。每次被迫進行的家庭對話，就像是在撕裂傷口，讓人心痛難受。我母親放棄大部分人生，照顧她結縭將近六十年的丈夫。

我們所有人陷入困惑，同時承受莫大的情緒負荷與壓力，這也是為什麼當我開始執行「人生故事專案」時，先從我爸開始是非常有意義的。每個星期一早上，我會用電子郵件問他一個問題。最簡單的原因是：這讓他有事可做，讓我媽有時間休息，我們所有人都有話題可聊。但事實上，我們得到的不只有這些。

我父親人生的最後幾年，常常癱坐在家裡的輪椅上，煞費苦心地將一百五十多篇故事整理成六千字的自傳，就和他小時候對待那些掛在天花板繩子上的模型一樣，他在整理自傳時也是那麼小心謹慎、要求精準，堅持內容詳實。每一篇故事都會搭配一張照片、一張簡報、一封情書；每個事實都會再三確認，最好是經過他孫子確認；每份清單都必須加上哈佛逗號。〔ii〕對我來說，一遍又一遍閱讀這些故事的草稿就像一段旅程，重新回溯我自身想法的源頭。

在我父親過世前某一天，我坐在他身邊，他的身體因為生病越來越虛弱，雙腿、手指、腸道、膀胱都已經無法正常運作，但是他的思考還是像以前一樣犀利。當我問他，八十歲成為作家是什麼感覺，他說：「寫作會激發我思考。為了回答你的問題，我被迫重新回想過去。以前我是個貪心的攝影師，所以有很多照片，只不過沒有什麼故事。」

「它迫使你做哪些事？」

「思考我的過去：我遇見誰、做了什麼、怎麼做的、過程中我是怎麼想的、我影響了誰的人生。」

ii 在英文寫作中，如果要列舉三個以上的名詞，就要在倒數第二個名詞之後加上逗號。

我問他，過程中最有價值的部分是什麼。

「我覺得這個自傳會比我們所有人都還要長命，我對這一點感受特別強烈。」

「如果你可以告訴孫子你從這段經驗得到了啟發，你想要說什麼？」

他想了一會，然後做出了帕金森氏症病患最不常見的舉動：面露微笑。接著他說：「寫故事。」

你的人生意義

歷經一世紀的研究後，學者還是無法針對以下這個簡單的問題達成共識：什麼是故事？〔1〕如果有共識，那就是故事至少要包含兩個對象、行動或事件，而且會隨著時間累積而相互連結。一顆雪球不是故事，流鼻血不是故事；雪球與流鼻血之間如果有連結，才能算是故事。此外，故事必須包含故事主角努力想要解決的問題。一位母親碰巧看到一個流鼻血的小孩和一顆雪球。現在，這就是故事的開始。故事的結尾還必須包含一個要素：一定要有一件有趣的事情發生。不然的話，幹嘛要說這段故事呢？

不過所有人都同意，故事還有一個特點：故事本身不存在意義。必須要有人賦予它意義，這個人可能是說故事的人、聽故事的人，或者兩者皆是。

同樣的原則也適用於我們的人生。

人生故事專案的第一個啟發是，我們的人生就是一則故事。它包含了許多事件，而且到後來不同的事件會相互連結。故事包含了主角試圖解決的問題，還會有好玩的事情發生。但是基本上，我們的故事本身不具有任何意義，必須由我們賦予它意義。就好比我們必須賦予我們的生活和我們的故事意義，我們也必須賦予人生故事某種意義。

我們每個人的人生，就是一個人生故事專案。

學會為我們的人生故事創造意義，可能是我們這個時代最需要、卻是最少人理解的技能。專門研究意義創造的多倫多研究人員保羅．王（Paul Wong）說，創造意義是人類最偉大的探險旅程中，最不為人知的祕密。〔2〕在現代文化，所有人關注的是如何擁有快樂，但是創造意義恐怕更加重要。羅伊．鮑邁斯特和三位同事在二〇一三年發表了一篇劃時代的研究報告，他們發現快樂稍縱即逝，但是意義卻能持久；當我們追求快樂時，焦點是我們自己；但是在創造意義時，我們的焦點是超越自我的事物；快樂關注的是當下，意義則會將過去、現在與未來串連在一起。〔3〕

鮑邁斯特和同事最後歸納出精闢的結論，他們寫道，動物也會感到快樂，不過這種感覺很快就消失，只有人類才會創造意義，因為只有人類才有能力將原本不快樂的事件，轉化成同理、關懷與幸福。「的確，就某些方面來說，有意義、但不快樂的人生，比起快樂、但無意義的人生，更值得羨慕，」他們寫道，「換另一種方式來說，人們追求快樂的行為，可能和其他許多生物很相似，但是追求意義是人類與其他生物的差異所在，是人類獨有的能力。」

管理人生故事的根本目標是：運用某種方式，盡可能擴展我們從中獲得的意義。幸運的是，我們人類很擅長做這件事。從這個角度來說，尋求意義比追求快樂簡單多了。首先，我們要說出個人故事，也就是找出兩個事件，讓它們產生連結，然後從結果中得出有意義的結論。我九歲那年，看到一個霸凌者把一個小孩打到流鼻血，於是我撿起一顆雪球對他說：「如果你再打他，你會後悔。」這是我決定進入執法機構工作的原因。我這一生就是要為弱勢者發聲。

雖然一開始我並不知道，但類似我和我父親共同完成的說故事專案，已證明能賦予人生更深刻的意義。老年學創始人詹姆斯．比倫（James Birren）稱呼這些個人故事為引導式自傳（guided autobiography）。[4]人生是由記憶組成，但如果這些記憶只是獨立的片段，彼此缺乏連結，就不會產生影響。許多研究顯示，細心整理我們的記憶能提升生活品質、增加自信、覺得更幸福、心情更平靜，甚至能減緩臨床的憂鬱症狀。[5]如果我早一點知道這件事，或許會更早就開始向父親提問。

就在我開始向我爸提問後不久，我就出發前往詹姆斯．比倫位於洛杉磯北部、堆滿書的住家拜訪他。當時比倫教授已經高齡九十六歲，很開心有機會和別人談論自己的研究。他說他最自豪的事情，就是發現故事對於老年人具有療癒效果。隨著年紀增長，我們越來越覺得疏離、孤單、失去目的感；也會感覺生活無聊乏味。說故事可以消除這些感受。當我們攀上頂峰，從高處觀看自己的人生，就會覺得與那些看似遙遠的事件、與那些我們似乎遺忘許久的人們，距離更近。

比倫教授還告訴我一件事。他一開始就發現，重新審視自己人生的過程對老年人有好處，但事實上這個過程對所有年齡層都有幫助，只不過效用不盡相同。老年人會透過回顧人生，為他們的過往賦予意義，建構美好的人生敘事；年輕人則藉由回顧人生更透澈理解當下，幫助他們做出重要的決定。當我們年老時，會運用故事更了解以前自己是什麼樣的人；當我們年輕時，則會利用故事了解自己現在是什麼樣的人。不論是哪種情況，說故事都能幫助我們為未來做好準備。

當我準備離開時，比倫教授帶我到某個書架前，要我抽出一本黑色書冊。書背上沒有任何字，封面上可以看到白色的草寫英文字：《詹姆斯．愛默特．比倫：自傳》（*James Emmett Birren: A*

Memoir）。他拿出一支筆，用同樣優雅的筆跡在書名頁上簽名。

致布魯斯：希望你擁有更充實的人生故事

你的人生主題

多數人從人生中擷取的最重要意義是什麼？每次我在採訪最後，都會問受訪者這個問題：「回顧你整個人生，回想那些篇章、場景和挑戰，你能找出核心主題是什麼嗎？」很多人立即回答說：「可以。」這一點讓我很感動。

這些核心主題可以分成五大類。**掙扎**：有三一％的受訪者說出這個答案；自我實現：二八％的人選擇這個答案；接下來依序是服務，占十八％；感激，占十三％；愛，占十％。因為這些答案反映了我們從自己的人生故事中獲得的意義，所以值得更深入探討。

掙扎

受訪者中最多數的人表示，人生會有高低起伏，他們這一生就是要學習適應這些挑戰。有這麼多人選擇這個類別，更進一步強化了先前我們提到的概念：很多人認為人生沒有規則，是非線性的，是難以預測、不可預期的。這種說法讓我們想到維克多．弗蘭克的觀察：當我們的人生陷入最艱難的處境，我們對於意義的需求也最為強烈。「如果人生有意義，那麼苦難必定有意義。」〔6〕

選擇這個答案的人，通常形容他們的人生就像充滿挑戰的攀登過程、漫長的旅程、忽上忽下的雲霄飛車、反覆啟動與停頓。艾美．墨菲曾說，她的人生就是學會適應混亂。「是我製造了混亂，還是混亂發生在我身上」；達雷爾．羅斯說他的人生就是克服逆境，「你一定會發生棘手的事情、面臨艱困時期，但是多數事情或時期會讓你成長、做好準備，而不是摧毀你」；溫狄．阿倫斯說她的人生就是學會敏捷，「你必須思考如何應對人生，培養自己的適應力。」

人生主題：掙扎

揮霍的兒子
為了贏，你必須冒險
人生漫長　信仰飛躍
反覆啟動與停頓
是我製造了混亂，
還是混亂發生在我身上
希望與堅持
死亡與復活
將點連起來，
看看你能走到哪裡
人生就是不斷改變
接受眼前發生的一切，
想辦法解決
被突發事件打擊
擁抱不確定

自我實現

這是第二大類別，選擇這類答案的人表示，他們這一生是要學會對自己誠實，接受自己或提升自己。選擇這個類別的人會用的說詞包括：把我自己放在第一位；擺脫我父母的魔咒；保持真誠、真實。例如：喬．戴普希（Joe Dempsy）說他的人生主題是自重。「保有你原本的樣子，不需要為此道歉」；安東尼歐・格拉納說他的人生主題是獨立，「我必須學會如何把自己與別人區隔開來，重新認同自己」；凱倫・彼得森・馬青加說她的人生主題是自重，「當我忠於自己，這永遠是正確答案」。

人生主題：自我實現

我的不安全感驅動我的人生前進，

我所做的每件事都是出於不安全感

思考我是誰，哪裡適合我

馬斯洛需求層次是真的

在探險和探索過程中失去自我

演變與發現過程

保有你原本的樣子，不需要為此道歉

我是誰，我屬於哪裡？

成長

尋求意義

當我忠於自己，這永遠是正確答案

持續變強大

努力成為更好的人、更好的丈夫

我的成果就是我現在的樣子

服務

選擇第三大類答案的人會說，他們的人生就是要努力讓這世界變得更好。選擇這類別的人包括：南西・戴維絲・科，她說她的人生主題是「將我獲得的善意發揚光大」；萊澳・伊頓說他的人生主題是「努力讓我的工作帶來改變」；馬特・維揚特說他的人生主題是「努力讓世界變得更好，即使只是小小的改變」。

人生主題：服務

與大自然建立連結
努力使我的工作帶來改變
上帝必興旺，我必衰微
做好事，遠離邪惡，大聲說出來
使命：為人們創造機會
啟發與協助其他人的旅程
突破界限
展現上帝無私的愛
做對的事
做一件事讓世界變得更好，即使只是小小的改變
發揮人類的潛能
社會正義
渴望創造改變
以身作則

人生主題：感激

跟隨上帝，所有事情都有可能
享受掙扎
贏得人生的禮物
我很幸運，擁有如此精彩的人生，這是一份禮物
樂觀
上帝支持我，所以沒有人可以阻止我
有趣
我很幸運
人生在世就是一件令人驚奇的事情
我有個夢想，我努力追求夢想、熱愛這個夢想
我們得到的一切都來自於上帝
擁抱機會
無論你在哪，都要覺得快樂
上帝的恩典，上帝會保護我，上帝會關愛我

感激

選擇這類別的人，他們的人生充滿感激、幸運與喜悅。這些人會說：無論在哪都能到快樂；一切都有可能；贏得人生的禮物。選擇這類別的人包括：妮莎・岑諾夫說，「人生就是一場愛的饗宴。我很幸運擁有如此精彩的人生」；大衛・帕森斯說他的人生獲得「上帝的恩典，上帝會保護我，上帝會關愛我」；瑪麗・安・普澤爾（Mary Ann Putzier）曾是修女，後來成為藝術家，就在她舉辦完先生的葬禮、接受化療後不久，接受了我的採訪，她用一句話總結了自己的人生：「我只是很幸運。」六個月後，她就過世了。

愛

最後一類的人表示，他們的人生主題與人際關係有關。這些人常說：為妻子和孩子付出；我媽一直陪在我身邊、帶給我安慰；始終相信愛可以克服一切。選擇這類答案的人包括：莫斯利．鮑爾斯，他說：「如果無法和其他人分享，成功就毫無意義。」麗莎．霍夫曼說：「學習建立關係，而不是破壞關係。」我萬萬沒想到，我父親第一次提到他與我母親六十一年的婚姻時，說了以下故事。「幾年前，我和某個議員的幕僚長在亞特蘭大的商務俱樂部一起吃午飯。他問說：『你好嗎？』我回答：『我們有三個小孩，我們很合得來，理解金錢的價值，重視工作倫理。至於其他的事情，都是次要的。』那位幕僚長說：『我認識這房間裡的每一個人，沒有人敢這樣說。』」

人生主題：愛

始終相信愛可以克服一切
為妻子和孩子付出
我媽一直陪在我身邊、帶給我安慰
家庭與音樂
害怕不被愛、被拋棄
如果無法和其他人分享，成功就變得毫無意義
讓愛引領我
連結
愛
我喜歡說話，我喜歡傾聽
彌補童年
學會建立關係，而不是破壞關係
被愛，重新振作
和人談戀愛

關於人生轉變的五大真相

我父親選擇不照時間順序編排自傳，而把內容分成不同區塊，包括家庭、學校、事業、旅行、政治、攝影等。最後部分是「遺緒」，其中包含了一則故事，標題為「如何解決重大問題」；一封信，標題為「來自你祖父的建議」；還有一份清單，標題為「我在一九七五年學到的事」。

以我父親的情況來說，一九七五年正是經濟衰退最嚴重的一年。對我父親而言，這是他人生中非常關鍵的非線性事件，他自從回到薩凡納之後，工作一直很穩定，但是經濟衰退徹底打亂他的生涯計畫，但也因此讓他日後有機會追求風險更高、待遇更優渥的職業生涯。

「我在一九七五年學到的是」，要好好讚美自己成功完成轉變。

我在執行人生故事專案時，也列出了類似的清單，或許可以稱為「與二百二十五位受訪者談論人生後獲得的啟發」。訪談主題是：線性人生已死；非線性人生會經歷多次轉變；人生轉變是我們可以、而且必須掌握的技能。事實上，我把這份清單取名為「關於人生轉變的五大真相」。

一、轉變愈來愈常見

過去幾代人普遍相信，人生會經歷三個、五個、七個或八個可預測的階段。如果我沒有發現線性人生的說法會產生嚴重誤導，就不會認為這種說法有什麼問題。在以前，這種人生路徑圖能夠帶給人們安慰，但是現在，這份路徑圖再也無法安慰我們。在人生不同階段，我們需要不同的路徑圖。危機不只會在中年時期出現；轉捩點會在任何時候發生；我們渴望打破常規，這股衝動並非遵循大學教科書中的實用圖表。人生會依照自己的節奏發生改變，往往會在我們最意想不到的時刻發生，而且會以幾年前我們無法想像的速度發生。

每位成年人平均每一、兩年，就會經歷一次人生干擾事件，這比許多人看牙醫的頻率還要高。其中有十分之一的人生干擾事件會帶來巨大衝擊，改變一個人的人生，成年人平均一生會經歷三到五次人生干擾事件。不妨想一想，有九成的人與其他人同住，也就是說，在美國幾乎每個家庭至少有一個人正在重新定位自己的人生，有時候是一個人以上，有時候是很多人同時經歷相同的轉變。是時候看清我們真正的樣貌了，那就是：我們永遠在改變。

二、轉變是非線性的

不只有人生是非線性的，人生中發生的轉變也是。過去百年來人們一直認為，人生轉變包含三個明確劃分的階段、會經歷三個明確劃分的時期，不過這種想法已經過時。轉變不是跳房子，而是彈珠遊戲；不是把點連起來，而是自由繪圖。一般人很容易被自己擅長應對的階段吸引，也許是漫長的告別、混亂的過渡或是全新的開始，然後被困在自己最不擅長應對的階段。即使是技能最純熟的人，在管理人生轉變期的時候，也有處理不當的地方。

一步步採取小規模行動管理人生轉變時，也會出現相同問題。一旦人生面臨轉變，我們會以自己的方式運用能掌握的工具。完整的工具組包括：接受眼前處境、創造改變、捨棄舊方法、創造新出路、分享你的轉變、揭露新的自我、說出你的故事。有時確實很難執行，但事實證明這些工具能幫助你恢復正常，找回活力。轉變之所以能持續作為應對機制，是因為它真的有效。

三、轉變所花費的時間比我們想像的要長（但不會比我們需要的還長）

採訪過程中，最讓我覺得尷尬的時刻，就是我問受訪者，他們的重大人生轉變花費了多久。即使最能言善道的人這時候也會變得結巴，一時不知道要如何回答，他們似乎不願意承認：花費的時間比他們期望的還要久。這是最一致的結論。

平均而言，人生轉變期大約持續五年。不到四分之一的人說少於三年；超過一半的人表示大約介於四到十年之間；七分之一的人說時間更長。如果我們把每次轉變所花費的時間，乘上一生中可能面臨的轉變次數，例如三次、五次或更多，就可以明顯發現轉變是終身的活動，但是沒有人教我們怎麼做。

但不知道該怎麼做也有好處。我們只需要做一些事，就會懂得如何應對轉變。我們可以學習一些技能，避開某些錯誤。此外，這些非此非彼、處於過渡狀態的時期終究會結束。當然，某些情緒不會消失，有些傷痕會持續存在，不過有超過九成的人表示，他們的轉變期最終都結束了。轉變所花費的時間比我們想的得要長，但不會比我們需要的還長，一定會有結束的時候。

四、轉變是一種自傳式場合

傳奇的神經學家奧利佛・薩克斯（Oliver Sacks）曾寫道：「或許有人會說，我們每個人會建構和體驗『某個敘事』，這個敘事就是我們自己。」〔7〕如果他是對的（我相信他是對的），那就表示倘若這個敘事出現缺口，就會成為生存事件。人生中出現的干擾、轉捩點、危急時刻、僵局、困境、人生地震，都是敘事缺口，部分必須運用敘事修復來彌補。我們必須填補人生故事裡的情節漏洞。

人生轉變提供了我們需要的環境與機制，幫助我們達成上述目的。轉變是一種自傳式場合，讓我們能夠趁此機會回顧、修改、最終重啟我們的內在自傳，我們只需要稍微修改、增加一兩篇新章節、強化或淡化特定主題。最後我們必須確定，在我的故事、我們的故事、你的故事這三個不同層次的自傳體自我（autobiographical self）之間取得平衡。

五、轉變是人生不可或缺的一部分

這是我清單上最後的項目，也是我一直渴望實現的目標：我們必須重新扭轉人生轉變的概念，不應該將它視為必須辛苦跋涉的惡劣地形，而應該視為能從中汲取營養的肥沃土地。「我們會將任何形式的不舒服當作壞消息。」比丘尼佩瑪．丘卓寫道。〔8〕她還提到，像是失望、尷尬、煩躁、怨恨、憤怒和絕望等感受並非壞消息，它們「讓我們清楚知道，自己究竟困在什麼地方」。

這就是轉變的力量所在。轉變期雖然充滿了騷亂與不安，但同時也能產生正面的淨化作用，激發豐富的創造力。換句話說，轉變本身就是混亂。新一代的科學家教導我們：混亂不是噪音，而是信號；失序不是錯誤，而是設計要素。如果我們將轉變期視為異常，就有錯失機會的風險。但是如果我們將它們視為機會，或許就能敞開心扉接受。

轉變不可能消失；如果想要從中獲益，關鍵就在於：不要拒絕轉變。當可怕的事情發生，請不要閉上你的眼睛；正是在這個時候，英雄會出現。

現在我知道我的基本要素

採訪結束後不久，我告訴一位朋友這段經驗有多麼讓我感動。我說我很幸運能累積非常多有價值的專業經驗，但是這一次最深刻。

「為什麼？」她問。

我沒有想到她會這麼問。我想了整整一分鐘，然後說出了這段故事。人生故事專案進行到大約三分之一的時候，我正在波士頓採訪。某個星期五下午，之前見過面的約翰．莫瑞開車到我岳父家。我之所以認識約翰是因為他寫了一封電子郵件給我，說我的網站上某個連結失效，然後謝謝我在我的書中「自我揭露」。這個詞彙引起了我的注意，於是我邀請他聊聊自己的故事。

我們在前文曾短暫提到約翰的故事，他父親是愛爾蘭裔美國軍人、信奉天主教，母親是北韓人，他父親在南韓服役時認識了他母親。約翰的母親搬去美國後情緒崩潰，因為她發現街道竟然不是用黃金鋪成的。她懷著約翰時割腕，試圖把自己淹死在浴缸裡，但是後來她感覺到約翰在踢腳，於是改變心意。「她決定為我而活，」約翰說，「事實上，我覺得她是決定透過我找到自己的人生方向。」幾年後，他父母離異。

約翰的成長過程充滿憤怒與暴力，夾在兩種不同文化、相互爭吵的父母之間左右為難。十八歲那年，就在他成為卡內基美隆大學大一新生兩星期後，某天當他走在匹茲堡的街道上，突然聽到上帝的聲音。之後他成了信徒，轉學到某一所聖經學院，後來搬到麻州成立教會。他也結了婚，有了三個小孩。「聰明與勤奮一直是我努力的目標。」

接下來他經歷了一連串可怕的干擾事件，簡直就像是發生了十輛車連環車禍；我聽過各式各樣的人生故事，卻從沒聽過像他這般的遭遇。先是他太太因為胃癌病倒，他太太的胃癌類型非常罕見，全球只有七十個家庭經歷這種病症，其中大多數病例來自紐西蘭的毛利部落，他太太的整個胃與大部分腸道必須切除；不久之後，他太太又接受了雙乳切除手術。接著，他們最小的兒子被診斷有自閉症、大兒子過動，二兒子無法承受這一連串的混亂。屋漏偏逢連夜雨，約翰的弟弟搬到他家附近幫忙他，卻不幸意外死亡。約翰成立的教會也關閉了。在這過程中，約翰的太太由於壓力過大必須接受治療，約翰自己也因為情緒障礙必須服藥，兩人的婚姻開始出現裂痕。

「我的聰明和勤奮再也無法發揮作用，」他說，「我需要幫助。」

聆聽這段故事，就和說出這段故事一樣，具有宣洩情緒的效用。最後，我們兩人都哭了。我送他到前門，彼此互相擁抱。

就在這時候，我岳母黛比出現了。約翰長得很帥，黛比就像小女孩一樣有些迷戀他。「那個人是誰？」約翰離去後她問。我把約翰分享的故事對她說了一遍，她沮喪地靠著牆。「為什麼這個人在星期五下午開了一小時的車，告訴你這麼誇張的故事，最後還擁抱你？」

我的回答可以解釋為什麼這段經驗很有幫助。

分享故事能幫助我們強化意義的三大要素。

一、故事讓我們有能力自主。分享故事會讓我們感覺自己具備能動性。約翰和其他所有人一樣，訪談結束後對我說，他很感激有這個機會真正送禮物給我，包括他的時間、誠實與自我揭露。有很長一段時間，我一直不理解為什麼。後來我相信，部分原因與記憶有關，科學家已經找到相關證據。人的記憶並非固定不變，這和我小時候學到的不一樣，以前認為記憶就像存放在我們大腦裡的一個個整潔的小包裹，當我們需要時，就像從櫥櫃裡拿出紀念品一樣，會從大腦中取出某些記憶，不需要的時候再放回去。其實記憶是有生命、會呼吸的實體，我們每次想起時都會出現變化。每次我們回想起某段記憶，回想的方式都會稍微不同。

同樣的道理也適用於說故事。每次我們說出自己的人生故事，說法都會稍微不一樣，有可能是因為聽眾不一樣，或是說故事時身處的環境不同。不論原因是什麼，我們都會在當下創造出我們需要的意義。重新詮釋（reinterpretation）可以算是一種能動行為；當我們感覺失控、缺乏自信的時候，說故事能讓我們有掌控感、有自信。重新說出我們的故事能夠使我們加速復原。

二、故事讓我們產生連結。它讓我們有歸屬感。它讓原本沒有關係的兩個人，建立起一輩子的關係。當然，說故事能產生力量，聽故事也可以，但是更強大的力量來自於兩者彼此的互動。幾乎每位受訪者都提到，和我聊完之後獲得寶貴的啟發，我也有同樣的感覺。我們一起創造了某樣東西，如果只有我們自己，是不可能做到的。當對話結束時，我們都有相同的渴望：再來一次。想聽另一個故事。想要和我們認識的每個人分享這段歷程。

我說的是任何人。我開始進行這個專案時，會刻意挑選特定年齡、或是擁有某些人生經驗的受訪者。我太太是第一個打臉我的人。她是對的。二十五歲的年輕人也會和七十五歲老人一樣，經歷人生的高潮、低潮、轉捩點、主題、模式和形態。原本與某個事件有關的故事，到後來往往變成與另一個事件有關。先前我採訪時，以為會聽到生病或失業的故事，結果卻聽到家庭暴力與瀕臨死亡的故事。每個人都有故事，而且不一定是聽眾或是說故事的人預期中的內容。分享總能帶給我們驚喜。

三、最後一個重點：故事能激發我們，讓我們從此有了目標、重心與使命。它讓我們更有人性、更有人情味。但是出於種種原因，現在我們不再投入這個最古老的消遣。我們很容易覺得，現在這個時代隨處可見寫著「說出你的故事」的霓虹燈閃爍著。但是，除了精心編輯的某些故事片段，例如短暫存在的社群媒體貼文、看過即丟的節日賀卡之外，其實我們不常說故事。我們絕對不會從反思的角度完整說出自己的故事，我們不會揭露自己的脆弱，更無法創造意義。我們這個世代失去了說故事的能力，這也是我們對人生產生不滿的原因之一。

我們必須回到篝火的年代。

我們一定能做到。這一點都不難，你只需要對某個人說，告訴我你的人生故事。當對方說完之後，你跟對方說，我想告訴你我的故事。

接下來，你們兩人會共同創造出一段故事，描述你們兩人的相遇，你們會共同擁有一段有意義的新體驗。

走出森林

和約翰．莫瑞結束談話後，我問說他的人生形態是什麼。他回答說：一條蜿蜒的河流。「或許聽起來有些老掉牙，但是葛斯．布魯克斯有一首歌對我影響很大，」他說，「歌名是〈河流〉（The River）。歌詞寫說，夢想就像河流，流動時會不斷變化；我們只是承載夢想的容器，所以也必須跟著改變。這就是我現在的感受。當我走出黑暗之後，我的敘事有一個重要主軸，那就是我的責任不是要改變世界，而是在這世上成為一個正直的人。」

約翰不知道，十年前我為了撰寫一本關於鄉村音樂的著作，曾和葛斯一起旅行。我聽過他演唱〈河流〉無數次。這首歌接近結尾時有一句歌詞深深觸動了我，它總結了我聽完一千多個小時人生故事之後的最大感悟。幾年前我的人生偏離常軌，深陷焦慮、挫敗與恐懼之中，當時的我最需要聽到這種見解。

即使我們不能控制河流，即使人生不停流動、不停改變、不斷讓人感受到威脅、不斷讓人暴怒，但是我們必須「選擇冒險穿越急流／勇敢與潮汐共舞」。

我們絕不能放棄追求快樂的結局。

我們必須堅持，我們起伏交錯的敘事不會只是往下，也有可能向上轉折。

我們必須寫下非線性時代的傳奇，並且盡可能大聲唱出來。

他們應該告訴我們，回應人生動盪（例如一段故事結束或是夢想結束）最好的方法，就是穿越黑暗，划行穿越洪流，鍥而不捨地走出樹林。我們必須知道：我們並不孤單。樹林裡四處可見和我們一樣的人。一路上我們會遭遇各種干擾，例如河流轉彎、夜間的嚎叫、小徑上的狼群，每個人在不同夢想之間都會經歷這些干擾。

正因為出現這些干擾，讓我們再次懷抱新的夢想。一旦走出樹林，我們就能看到光亮，就能踏上乾燥的土地，遠離狼群；一旦我們消耗掉箭桶裡所有箭、擔心自己再也沒有勇氣戰鬥時，就應該去做最讓我們害怕、但必須去做的事情。

再度回到樹林裡，重新潛入水中，面對另一隻狼。

想像另一個夢想。

是時候再一次盡你所能說出最引人入勝、最鼓舞人心的話。這些話將會演變成一則故事。或許是一則童話故事。

從前……。

原註

1 Anthony Sanford and Catherine Emmott, *Mind, Brain and Narrative* (Cambridge), p. 1–8.

2 Wong, *Meaning*, p. xliii.

3 Roy Baumeister, Kathleen Vohs, Jennifer Aaker, and Emily Garbinsky, "Some Key Differences between a Happy Life and a Meaningful Life," *The Journal of Positive Psychology*, vol. 8, no. 6, p.505–16.

4 關於「引導式自傳」的對話參考自：James Birren and Kathryn Cochran, *Telling the Stories of Life through Guided Autobiography Groups* (Johns Hopkins)，以及我採訪比倫的內容。

5 Ursula Staudinger, "Life Reflection," *Review of General Psychology*, vol. 5, no. 2.

6 Frankl, *Search for Meaning*, p. 67.

7 Oliver Sacks, *The Man Who Mistook His Wife for a Hat* (Touchstone), p. 110.

8 Chödrön, *Fall Apart*, p. 12.

致謝

ACKNOWLEDGEMENTS

我的想法很簡單：邀請人們分享他們的故事。不過，能否成功得看他們如何反應。我要謝謝兩百二十五位同意參與人生故事專案的受訪者。這些了不起的人絕大多數我原本並不認識，但他們還是願意回答我的提問，誠心分享自己的故事，回想人生最親密的時刻，貢獻許多充滿幽默、熱情與情感，令人動容的見解。我永遠感謝他們如此開誠布公，永遠驚嘆他們的人生竟如此神奇的彼此交織、相互連結。我希望這本書提供的想法，能為他們不凡的人生增添些許光彩。

我不是靠自己找到所有受訪者的。我要謝謝過程中遇到的許多人，包括在社群媒體上認識的，他們都會介紹一、兩個人給我採訪；此外也要謝謝每個介紹人選給我的受訪者。我要向以下這些人深深一鞠躬：Laura Adams、Sunny Bates、Subodh Chandra、Anna Marie Clifton、Christina Cohen、Carol Danhof、Gail Davis、KJ Dell' Antonia、John T. Edge、Laurie Hill、Jodi Kantor、Tom Kohler、David Kramer、Cindi Leive、Connie Mitchell、Betsy Musolf、Esther Perel、Brian Pike、Courtney Richards、Lani Santo、Lauren Class Schneider、Pattie Sellers與Lindsey Lusher Shute。

我特別幸運能和一群優秀的年輕人共事，他們幫我們將這些故事編碼、分析、彙整大量數據，然後運用圖像生動地呈現這些數據。我把這個團隊取名為「意義實驗室」（The Meaning Lab），成員們來自不同背景，工作態度非常嚴謹，彼此之間建立了深厚情誼。我很樂意在此表揚這些人的貢獻：Jerimee Bloemeke、Kannan Mahadevan、Spencer Feinstein、Robin Xiao、Nina Premutico、Brad Davis、George Tolkachev、Lucy Ackman與Claire Walker-Wells。我要特別感謝非常優秀的Elda Monterroso從頭到尾一路守護這本書出版，也要特別感謝Kirk Benson提供協助。

我花了很多年撰寫這本書，針對書中提到的許多主題和話題，大量採訪了不同領域的學者。我特別感謝時常接受我諮詢的以下學者：馬歇爾．杜克、羅賓．菲伍仕、丹．麥克亞當斯、Jennifer Aaker、Kathleen Vohs與Cheryl Svenson。

David Black這些年非常有耐心地反覆思索、想像，才讓這本書逐漸有了自己的樣貌。Scott Moyers很懂得如何給予我支持，提升我的信心，不斷追根究柢，這讓他的滿腔熱血更加有意義。謝謝你們。我非常敬佩企鵝出版公司頂尖團隊的工作能力與敏銳度，謝謝Ann Godoff、Matt Boyd、Sarah Hutson、Danielle Plafsky、Gail Brussel與Mia Council。

我很幸運身邊有一群非常優秀的工作者，他們不斷為這本書尋找更多可能性。謝謝無可匹敵的Craig Jacobson與Alan Berger、Elizabeth Newman、Eric Wattenberg。我要特別大聲地感謝Laura Walker的友誼與寬容，謝謝Nick Baum給我靈感。我永遠敬佩所有為我指引正確方向的夥伴：Greg Clayman、Beth Comstock、David Kidder、Charlie Melcher、Andrew McLaughlin與Kaja Perina。

謝謝我的團隊：Josh Ramo、Ben Sherwood、Max Stier與Jeff Shumlin。謝謝我的羅登伯格家人：Dan與Elissa、Rebecca與Mattis，尤其要謝謝Debbie Alan為我介紹了許多在波士頓附近的受訪者。

謝謝我的兄弟姊妹：Cari與Rodd把我介紹給許多了不起的人，在採訪過程中讓我借宿他們家；安德魯再一次讀完這本書所有版本的草稿，釐清許多細節、提供寶貴的見解。謝謝我的父母，過去三十年我寫了好幾本書，我母親珍・費勒很少像這次，如此熱心地支持我。她的鼓勵對我很有幫助，讓我能夠堅持下去。爸，這本書因你而起，如果你沒有回答第一個問題，分享你小時候的玩具故事，就不會有這本書。謝謝你喜歡說故事，謝謝你讓我傾聽與分享你的故事。你應該要看看這整本書，這是你給我的諸多禮物之一。

我特別幸運，能夠與傳奇的Linda Rottenberg分享我的人生故事。全世界都知道琳達充滿神奇的能量、熱情與願景，但是少有人知道她還有一項或許更傑出的能力：與專業創作者共同生活，忍受各種情緒波動、深夜浮現的疑惑、永無止境的要求。不論面對什麼情況，琳達都能妥善處理，和我的非線性人生相比，她倒是顯得非常一致。

謝謝Eden與Tybee，你們在我執行人生故事專案的這些年，也開始分享自己的人生故事。你們熱愛戲劇、書籍、舞蹈、唱歌，還承襲了最古老的傳統，成了數位時代的稀有動物。我這一生最大的快樂，就是看著你們成為自己人生故事的作者，我迫不及待想要知道，你們會把自己的故事帶往何處。

我很確定，你們的家人永遠會是敘事的一部分，特別是你喜愛的同輩親戚：Max、Hallie、Nate、Maya、Judah與Isaac。在人生故事專案結束之際，我要重述我父親在他人生故事專案結束時說的一句話，它會是本書最好的結尾。我希望你們所有人都能實現這本書努力達成的目標：

說故事。

人生故事採訪

THE LIFE STORY INTERVIEW

這個採訪是關於你的人生故事。我很想知道你如何思考自己的人生，如何將人生中的高低潮轉化成前後連貫的敘事。我們的對話內容不需要非常詳盡、全面。採訪流程如下：我會請你把焦點放在最重要的故事，然後挑選出幾個事件，以及人生中特別重要的主題，這些主題或許可以稱為人生的整體形態。我絕不會評斷你。我的目標是理解我們現在如何生活，例如：我們如何度過人生轉變期、干擾事件，如何重建人生，重新找到人生的意義、平衡與快樂。我想你會很喜歡我們的對話。

你的人生故事

請用十五分鐘告訴我你的人生故事（多數人會花更長時間）。假設你正與一位剛剛在咖啡店認識的人說話，你想告訴他們你是怎樣的人：什麼事對你來說很重要？你為何有這種想法？現在的你是什麼樣的人？我特別想知道，你人生的不同篇章如何彼此連結、相互影響？

你人生中的關鍵場景

現在你已經描述了你人生的整體軌跡。我希望你把重點放在少數重要的場景。可能是特別好、特別糟、特別鮮明或是特別難忘的時刻或時期。我希望你詳細描述每個場景發生了什麼事，例如：是什麼事情造成這個場景？這期間你有什麼想法與感受？然後我會問你：這個場景與你的整體人生故事有什麼關聯？

一、高峰

請描述某個特別正面的場景、插曲或時刻。這或許是你整個人生的高峰，或者只是特別快樂或美好的時刻。

二、轉捩點

再次回顧你的人生，你能找到導致你人生故事出現重大改變的轉捩點嗎？

三、有意義的經歷

許多人表示，人生中有過一段極為深刻的經歷讓他們產生超越感（sense of transcendence），覺得自己與這世界合而為一。這種體驗因人而異，有些人是在精神層面，有些人是在自然層面，還有些人是在藝術層面。你有過這種時刻嗎？

四、低谷

下一個場景正好與第一個相反。回想你的人生，你能否找到某個場景代表某個低谷、甚至是整個人生故事的低谷？雖然這個場景可能會讓你不快樂，但是請告訴我到底發生了什麼事：有誰牽涉其中？當時你的想法與感受是什麼？

五、簡單的轉變

回想你的人生曾經發生哪些關鍵轉變，這些轉變可能與住家、工作、家庭或宗教有關。有哪些時刻其他人認為相當困難，你卻覺得相對簡單、可以輕鬆應對？

六、困難的轉變

下一個問題正好相反。你經歷過許多重大轉變，有哪些時刻別人可以輕鬆應對，你卻覺得棘手、不知道該如何應付？

成功轉變的祕密

現在我想把重點放在截至我們採訪為止，你人生中最重要的一次轉變。關於那段時期，我有以下幾個問題：

1. 這是自願或非自願的轉變？因為這個原因，所以轉變過程變得比較容易還是比較困難？
2. 你有為這段期間取名嗎？
3. 在這段期間，你最難克服的情緒是什麼？
4. 你是否曾經主動發起、創造，或是舉辦任何儀式、慶祝活動或正式的紀念活動？
5. 你有保留過去的紀念品嗎？
6. 你會哀悼過去嗎？
7. 你能否告訴我，你必須放棄哪些舊習慣？
8. 在這段期間，你如何安排自己的時間？
9. 你能否告訴我，你投入哪三項創造力活動，重建全新自我？
10. 是否有導師、朋友、至親或是有智慧的外人提供你建議？
11. 你認為這是你的自傳式時刻嗎？
12. 轉變期分成三個階段：漫長的告別、混亂的過渡、全新的開始。哪個階段對你來說最困難？
13. 整個轉變過程花了多久？
14. 最後，你是否用了什麼方式對外宣告你已重獲自由、快樂，或是有了全新開始？

你人生的五條故事主軸

接下來，我想談談你人生中重要的故事主軸。故事主軸指的是長期引發衝突、痛苦或挑戰的原因，或是你非常重視的某個領域。日後我會在書中提到五大人生場域。請告訴我，你人生中最重要的故事主軸是什麼，接著說出第二個、第三個。這五個故事主軸分別是：認同、愛、工作、身體、信仰。

未來

接下來，我會問幾題與未來有關的問題。

請告訴我，你正在執行的三項個人專案。你的個人專案可以是一件小事，例如清理貓砂；也可以是大事，例如終結全球飢荒。

你的人生故事包含了過去的人生篇章，以及你如何看待或想像未來。那麼你人生故事的下一個篇章是什麼？

請描述你對未來的人生故事有什麼夢想。

你的人生形態

現在，剩下最後兩個問題。

回顧你整個人生的所有篇章、場景與挑戰，你能歸納出某個核心主題嗎？

如果換另一種方式回顧人生，你的人生會呈現哪種形態？請說明你為什麼選擇這個答案。

延伸閱讀

FURTHER READING

在我執行人生故事專案的這些年，我讀了超過三百本書，以及多達七百篇學術研究報告。我引用的所有重要參考資料都已列在各章原註中。這裡我沒有列出所有參考書目，只推薦與書中提到的某些主題有關的書單，供有興趣的讀者參考。

說故事。若要了解說故事相關的科學論述，可參考：*On the Origin of Stories*, Brian Boyd, Belknap Press of Harvard University Press; *The Storytelling Animal*, Jonathan Gottschall, Houghton Mifflin Harcourt; *Louder Than Words*, Benjamin Bergen, Basic Books.

關於敘事心理學，可參考：*The Stories We Live By*, Dan P. McAdams, Guilford Press; *How Our Lives Become Stories*, Paul Eakin, Cornell University Press; *Making Stories*, Jerome Bruner, Harvard University Press; *Memories That Matter*, Jefferson Singer, New Harbinger Publications.

反敘事宣言聽來有些憤世嫉俗，不過有本書很值得一讀：*Keeping It Fake*, Eric Wilson, Sarah Crichton Books.

人生形態。許多學術書籍都詳細探討人生形態的議題，包括：*Aging by the Book*, Kay Heath, SUNY Press; *The Oxford Book of Aging*, Thomas Cole, Oxford University Press; and *Time Maps*, Eviatar Zerubavel, University of Chicago Press.

關於成年期議題，我很喜歡以下這本書的論點：*The Prime of Life*, Steven Mintz, Harvard University Press; and *Midlife*, Kieran Setiya, Princeton University Press.

意義。若要了解意義相關研究，我認為以下幾本書值得參考：*The Human Quest for Meaning*, Paul T. Wong, Routledge; *The Power of Meaning*, Emily Esfahani Smith, Broadway Books; and *Meanings of Life*, Roy Baumeister, Guilford Press. 另外我也很推薦以下幾本書：*The Happiness Hypothesis*, Jonathan Haidt, Basic Books; *On Purpose*, Paul Froese, Oxford University Press; and *Shop Class as Soulcraft*, Matthew B. Crawford, Penguin Press.

轉變。有很多書探討這個少有人談論的話題：*The Rites of Passage*, Arnold van Gennep, Routledge; *Remembered Lives*, Barbara Myerhoff, University of Michigan Press; *Adapt*, Tim Harford, Farrar, Straus and Giroux; *Rising Strong*, Brené Brown, Random House; *Option B*, Sheryl Sandberg and Adam Grant, Alfred A. Knopf.

心理學。有幾本書很不錯，以新穎的角度探討人生轉變、復原與重生等心理學理論：*The Brain's Way of Healing*, Norman Doidge, Penguin Books; *In the Realm of Hungry Ghosts*, Gabor Maté, North Atlantic Books; and *Supernormal*, Meg Jay, Hachette Book Group.

混沌理論。關於複雜性科學，我推薦以下幾本書籍：*Chaos*, James Gleick, Penguin Books; *The Drunkard's Walk*, Leonard Mlodinow, Vintage Books; *Messy*, Tim Harford, Riverhead Books; and *Sync*, Steven Strogatz, Hachette Books.

回憶錄。教導人們如何分享個人故事的書籍有很多，我真心推薦以下這幾本：*The Art of Memoir*, Mary Karr, HarperCollins; *When Memory Speaks*, Jill Ker Conway, Vintage Books; *Writing About Your Life*, William Zinsser, Hachette Books; 還有一本書真的非常精彩：*I Is An Other* by James Geary, Harper Perennial.

最後，一定要再加上這本完美結合個人故事與精闢解析的好書，這份書單才算完整：*Far from the Tree*, Andrew Solomon, Simon & Schuster.

INSIDE 34

人生故事專案

我們如何與生命中的意外動盪共舞

LIFE IS IN THE TRANSITIONS

作　　者　布魯斯・費勒（Bruce Feiler）
譯　　者　吳凱琳
總 編 輯　林慧雯
封面設計　黃新鈞（金日工作室）

出　　版　行路／遠足文化事業股份有限公司
發　　行　遠足文化事業股份有限公司（讀書共和國出版集團）
地址：231新北市新店區民權路108之2號9樓
電話：（02）2218-1417；客服專線：0800-221-029
客服信箱：service@bookrep.com.tw
郵撥帳號：19504465　遠足文化事業股份有限公司

法律顧問　華洋法律事務所　蘇文生律師
印　　製　韋懋實業有限公司
出版日期　2024年8月　初版一刷
定　　價　550元
I S B N　（紙本）9786267244661
（PDF）9786267244647
（EPUB）9786267244630

國家圖書館預行編目資料

人生故事專案：
我們如何與生命中的意外動盪共舞
布魯斯・費勒（Bruce Feiler）著；吳凱琳譯
－初版－新北市：行路出版：
遠足文化事業股份有限公司，2024.08
面；公分（Inside；34）
譯自：Life Is in the Transitions
ISBN 978-626-7244-66-1（平裝）
1.CST：人生哲學　2.CST：自我實現
3.CST：生活指導
191.9　　113010528